Angie Berbuer

Mein Glück ist meine Entscheidung

AF196580

Das Buch

*»Das Einzige, was ich muss, ist dankbar sein. Mich meines Über-
lebens freuen. Die Dinge annehmen, wie sie sind, wenn es nicht in
meiner Macht steht, sie zu ändern oder zu verstehen. So halte ich es
bei den negativen und den positiven Dingen des Lebens. In guten wie
in schlechten Zeiten. Niemand hadert mit seinem Glück, oder? Warum also mit seinem Unglück hadern? Ich bin realistisch und pragmatisch. Nach vorne gucken, weil hinter dir eh alles in der Staubwolke
verschwindet, die das Leben hinterlässt. Das ist meine Devise.«*

Angie Berbuer ist 21 Jahre alt, als sie bei einem schweren Autounfall beide Unterschenkel verliert. Kurz darauf beginnt die
junge Kölnerin, in den sozialen Medien aus dem Krankenhaus
über ihre gesundheitlichen Fortschritte zu berichten. Das Echo
auf ihre Posts ist groß und Angie merkt: Ihr Lebensmut gibt
anderen Menschen Kraft. Dies hat sie sich zur Aufgabe gemacht
und inspiriert bis heute mit ihrer Offenheit, Positivität und
ihrem Humor immer mehr Menschen.

In diesem Buch erzählt sie von ihren Höhen und Tiefen, wie
sie letztlich jedes Hindernis überwand und dabei ihrem Motto
stets treu blieb: die Frau zu sein, die ihr Lächeln nie verliert.

Die Autorin

Angie Berbuer (23) lebt mit ihren Hunden in Köln und arbeitet als Content Creator. Nach ihrem Unfall 2019 ist sie mit
ihrer Geschichte an die Öffentlichkeit gegangen. »Aufgeben«,
sagt sie, »war nie eine Option.« Angie gilt als TikTok- und
Instagram-Star. Unzähligen Menschen hat sie seitdem mit ihrer
Offenheit, ihrem Humor und ihrer Präsenz Mut gemacht. Ihr
Motto: »Ich habe nicht keine Beine, ich habe 3 Paar.«

ANGIE BERBUER
MIT ANDREA SCHLITZER

Mein Glück ist meine Entscheidung

Wie ich meine Beine verlor und mein Lächeln behielt

Deutsche Erstveröffentlichung bei
Topicus, Amazon Media EU S.à r.l.
38, avenue John F. Kennedy, L-1855 Luxembourg
April 2022
Copyright © der deutschsprachigen Ausgabe 2022
By Angie Berbuer und Andrea Schlitzer

Umschlaggestaltung: bürosüd⁰ München, www.buerosued.de
Umschlagmotiv: © Ina Bohnsack
Lektorat, Korrektorat und Satz: VLG Verlag & Agentur,
Haar bei München, www.vlg.de
Gedruckt durch:
Amazon Distribution GmbH, Amazonstraße 1, 04347 Leipzig /
Canon Deutschland Business Services GmbH,
Ferdinand-Jühlke-Straße 7, 99095 Erfurt /
CPI books GmbH, Birkstraße 10, 25917 Leck

ISBN 978-2-49671-054-0

www.topicus-verlag.de

Einen wunderschönen guten Morgen, ihr Lieben!

So begrüße ich die Welt da draußen, wenn ich morgens in den sozialen Netzwerken poste. Doch egal, zu welcher Tages- oder Nachtzeit ihr diese Seiten aufschlagt, ob ihr mich persönlich, über Social Media oder gar nicht kennt: Was ich mit dieser Begrüßung sagen will, ist, dass ich mich freue, einen wunderbaren Tag mit euch verbringen und euch mitnehmen zu dürfen in mein Leben. Mein erstes und mein zweites. Danke, dass ihr mich begleitet.

Ganz viel Vergnügen bei der Lektüre wünscht euch eure

Angie

Kapitel 1

Totalschaden

So war das nicht geplant. Ich habe heute keine Zeit für einen Totalschaden. Ich habe mir Zeit genommen, um mit Dario sein neues Auto abzuholen, das schon. Genauer gesagt wäre ich sogar ziemlich sauer gewesen, wenn er mich *nicht* gebeten hätte, das Auto mit ihm abzuholen. Andersherum hab ich ihn schließlich auch mitgenommen, als ich mein Auto gekauft habe. Mit Dario kann man nämlich nicht nur ausgesprochen gut Jägermeister trinken (was wir heute natürlich noch nicht gemacht haben), superlecker kochen und Typen auffliegen lassen, die Mist über mich erzählen (ich hatte mal ein paar Dates mit einem Jetzt-nicht-mehr-Freund von ihm). Dario und ich teilen auch unsere Leidenschaft für schöne, sportliche Autos. Inzwischen fährt er trotzdem wieder seinen alten Polo, aber das gehört ans Ende der Geschichte. Wie gesagt: Zeit. Totalschaden. Nicht geplant. Trotzdem wird es ein Happy End, irgendwie, für mich. Später, nicht heute. Heute ist der 5. November 2019.

Ich weiß noch, was ich an diesem Tag anhatte: ein schwarzes T-Shirt von einer bekannten Sportmarke, das riesig groß war und entsprechend locker saß, weil es eigentlich als Schlafshirt gedacht war. Ich hatte es auf einer Messe bei einer Tombola gewonnen, das Los für fünf Euro. Ein guter Deal. Ich liebte dieses Shirt, weil es wunderbar weich war und eine tolle Qualität hatte. Dazu trug ich eine schwarze Sportleggins, meine absolute Lieblingsleggins, die sehr, sehr, *sehr* eng saß, aber eine tolle Figur machte. Sie hatte schon ein, zwei Löcher, aber so ist das halt: Wenn man geliebt wird, dann nutzt man ein bisschen schneller ab. Zumindest wenn man ein Kleidungsstück ist. Oder ein Kuscheltier. An den Füßen hatte ich coole Sportschuhe, aber in der Kinderabteilung gekauft. Da führten (und führen) sie oft meine Größe, mit dem Vorteil, dass die Schuhe dort günstiger sind als dieselben Modelle in der Damenabteilung. Ebenfalls komplett schwarz. Man könnte meinen, ich war für eine – meine? – Beerdigung gekleidet, nur in der Sportversion. Allerdings trug ich damals immer und (fast) ausschließlich Schwarz. Das hatte ich mir von meinem Lieblingslehrer abgeguckt, der ebenfalls immer schwarz gekleidet war.

Es war ein ganz normaler Tag gewesen. Wie ein Dienstag so ist. Bevor Dario mich abgeholt hatte, hatte ich einen Freund der Familie besucht, der selbst keine Familie hatte und für mich so etwas wie ein Ersatzopa war. Wir hatten zusammen gefrühstückt, dabei erzählt, und ich hatte ihm ein wenig im Haushalt geholfen. Neben Auszeiten wie diesen hatte ich damals verschiedene kleine Jobs, um Geld zu verdienen, während ich ansonsten in jeder freien Minute für Einstellungstests und Bewerbungsverfahren lernte. Nachher wollte ich noch ins Fitnessstudio, um zu trainieren; ich betrieb Kraftsport und war fast jeden Tag im Studio.

Ich begann allerdings, schwarz für meine heutigen Pläne zu sehen, denn Dario und ich waren spät dran. Seit wir unterwegs waren, war schiefgegangen, was schiefgehen konnte. Für die Fahrt zu dem Händler, bei dem Dario sein neues Auto abholen wollte, hatte er einen Mietwagen besorgt. Mit dem waren wir – mit Ausnahme eines kleinen Zwischenstopps in einem Fast-Food-Restaurant an einer Autobahnraststätte – noch ohne Verzögerung durchgekommen. Vor Ort hatten wir den Mietwagen beim Verleiher abgeliefert, waren dann fünfundzwanzig Minuten durch Kälte und Regen einmal quer durch die Stadt zum Autohändler gelaufen, nur um dort zu erfahren, dass wir doch auch einfach beim Händler hätten vorfahren und den Mietwagen dort hätten stehen lassen können. Sie hätten da eine Absprache mit dem Verleiher. Super, danke. Prima Service, wenn die Info ein bisschen früher gekommen wäre. Als Dario seinen neuen Wagen endlich in Empfang nehmen konnte, hatte der ein paar kleine Kratzer. Nichts Weltbewegendes, aber bei einem Neuwagen darf man da schon mal den Mund aufmachen. Ich machte also an Darios Stelle den Mund auf, der Händler prüfte und guckte, und das Ganze dauerte noch mal. Als wir endlich unterwegs waren und uns auf den Weg Richtung Heimat gemacht hatten, ging der Motor aus. Wir blieben liegen. Der Tank war leer. Dass Händler einen Neuwagen vor der Übergabe nicht komplett betanken – okay. Dass es aber kaum bis zur nächsten Tankstelle reicht – nicht okay. Nicht nur nicht okay, sondern richtig mies. Wir riefen also den Händler an, bei dem wir eben erst abgefahren waren, und der versprach, uns einen vollen Benzinkanister zu bringen. Das machte er auch, aber das ganze Späßchen dauerte weitere dreißig Minuten. Dann noch mal zur Tankstelle und endlich, endlich auf die Autobahn.

Ich frage mich nie: »Was wäre, wenn?« Was wäre gewesen, wenn der Tank voll und wir eine halbe Stunde früher unterwegs gewesen wären. Wenn wir das mit dem Mietwagen gewusst hätten. Wenn ich die Kratzer nicht moniert hätte. Wenn wir auf dem Hinweg nicht Bock auf ein Burgermenü mit Bacon und irgendetwas Royalem, auf Nuggets und Pommes mit Sour Cream gehabt hätten. Wenn Dario und ich heute irgendwo sitzen und etwas essen oder trinken, dann ist es wie an diesem

5. November im Fast-Food-Restaurant. Manchmal reden wir die ganze Zeit. Dann sprechen wir fünf Minuten gar nicht und schweigen uns an. Mit Dario ging das schon immer gut. Und es geht weiterhin, heute. Es ist gut, dass sich zwischen uns nichts verändert hat.

Auf jeden Fall hinterfrage ich unsere Entscheidungen nicht. Warum soll ich mich ärgern, warum soll ich hadern, warum soll ich meine kostbare Lebenszeit dafür verschwenden, über Dinge nachzudenken, die geschehen sind? Die vorbei sind? Die ohne Zeitmaschine weder erreichbar noch veränderbar sind? Meine Mutter macht das manchmal: hadern. Dann sage ich: »Kannst du es ändern? Wenn ja, ändere es. Und wenn nicht, dann hak es ab.« Ich würde mich nicht als abgeklärt bezeichnen, auch nicht als fatalistisch, ich unterwerfe mich nicht blind einer angeblichen Bestimmung. Ich glaube zwar fest ans Schicksal, sogar mit ziemlicher Überzeugung. Aber ich glaube auch, dass unser Wille und die Entscheidungen, die wir treffen, durchaus Einfluss auf unser Schicksal haben. Nur glaube ich eben nicht, dass es sich lohnt, unser Handeln *im Nachhinein* zu hinterfragen und sich *nachher* zu wünschen, die Dinge wären anders gekommen. Dafür ist es zu spät. Nicht abgeklärt also, nicht fatalistisch. Sondern realistisch und pragmatisch. Nach vorn gucken, weil hinter dir eh alles in der Staubwolke verschwindet, die das Leben hinterlässt. Das ist meine Devise.

Manchmal, wenn ich ein bisschen makaber gestimmt bin, denke ich, dass es nicht wirklich schade um Darios neues Auto war. Die Marke war mir zu blau. Zumindest, was ihr Lichtkonzept anging. Sämtliche Anzeigen und Instrumente auf dem Armaturenbrett leuchteten blau. Genauso die vielen kleinen Lichtakzente, die sich über den Innenraum verteilten. Das ganze Cockpit glühte blau. Wobei »glühen« das falsche Wort ist. Ich fand im Gegenteil, dass das Blau zum Erfrieren war. Ich war an das warme rote Leuchten meiner bevorzugten Automarke gewöhnt. Ich mochte es, wenn ich in diesen milden, weichen Schein eingehüllt wurde, während ich am Steuer saß. Gemütlich wie eine kuschelige Decke, schützend wie ein wärmendes Feuer in einer kalten Nacht. Außerdem tut warmes Rot nicht so weh in den Augen wie stechendes Blau.

Das mit dem Blau hat sich dann aber schnell erledigt. Wir waren inzwischen auf der Autobahn 61, hatten uns bis Koblenz vorgearbeitet. Noch gut einhundert Kilometer bis nach Hause. Aber erst mal runter vom Gas und durch die Baustelle. Wir waren auf der linken Spur unterwegs, rechts von uns fuhr ein Lastwagen, der uns gefährlich nahe kam. Zumindest wirkte es so; für mich sah es aus, als wollte der Lkw auf unsere Spur wechseln, ohne zu bemerken, dass wir neben ihm fuhren. Als wären wir kleine Ameisen, übersehen von einem Riesen. »Der Lkw ist sehr nah«, sagte ich zu Dario; ich hatte das Gefühl, in die riesigen Reifen gesogen zu werden, die sich so dicht neben mir drehten, dass mir schwindelig wurde. Wie eine dieser großen hypnotischen, zweifarbig gestreiften Scheiben; ein Glücksrad, das sich schneller und immer schneller dreht, bis die Farben verschwimmen und in deinem Kopf alles drunter und drüber geht. Dario war offensichtlich ganz meiner Meinung, denn bei einem kurzen Blick nach rechts erschrak er genauso wie ich, versuchte noch, vom Lkw wegzulenken. Und dann titschten wir schon hin und her zwischen der Leitplanke links und dem Lastwagen rechts. Titsch, titsch, titsch. Der Airbag explodierte mir ins Gesicht, setzte mich kurz außer Gefecht. Und er stank. Irgendwie chemisch und neu und widerlich. Bei diesem Gestank konnte ich nicht lange bewusstlos bleiben, es war wie ein überdimensionales, abscheuliches Riechsalz. Wir waren links zum Stehen gekommen, rechts hatte der Lkw gehalten, neben uns stoppten die ersten Fahrzeuge. Darios Auto war vorn auf beiden Seiten stark beschädigt. So viel zu den Kratzern, die nicht an einen Neuwagen gehören. Als wir ausstiegen, legte Dario keinen

Gang ein und zog auch die Handbremse nicht an; hier würde sich sowieso nicht mehr viel bewegen. Ich weiß noch, dass ich an das Training dachte, das ich eigentlich geplant hatte. Das Fitnessstudio konnte ich abschreiben, das hier würde eine Weile dauern.

Es war dunkel und kalt und es regnete, als ich Darios Heckklappe öffnete, um nach dem Warndreieck und Warnwesten für uns beide zu suchen. Dario stand links von mir, ein paar Zentimeter neben dem Auto. Und dann war ich plötzlich weg. Weg, weil dieser Moment alles änderte. Weil diese Sekunden mein erstes Leben beendeten und einen Teil von mir sterben ließen. Meine Erinnerung an diesen Riss in meinem Leben ist ausgelöscht und begraben. Weg. Genauso wie das Leben, das ich kannte. Ich wachte erst anderthalb Tage später auf der Intensivstation im Bundeswehrzentralkrankenhaus in Koblenz wieder auf. Ohne Beine und mit zertrümmertem Gesicht. Aber mit einem zweiten Leben, in das ich mit meinem Aufwachen hineingeboren wurde.

Aus Darios Sicht war ich weg, weil ich und sein Auto plötzlich zehn, zwanzig Meter weiter vorn standen – nur dass das Mensch-Maschine-Ensemble jetzt um einen Krankentransporter ergänzt worden war, der sich von hinten in das Heck von Darios Wagen gebohrt hatte. Leider mit mir dazwischen, da ich ja am Heck gestanden hatte. Der Krankentransporter hatte uns beide – mich und Darios Wagen – mit Wucht nach vorn geschoben. Zum Glück hatte Dario auf das Gangeinlegen und Handbremseziehen verzichtet. Hätte sein Auto nämlich Widerstand geleistet und sich nicht so einfach vorwärtsschieben lassen, als der Krankentransporter hineingeknallt war, dann wäre ich jetzt nicht nur meine Beine los, sondern mein Leben. Dann wäre ich tot. Aus die Maus.

Ich habe meine Beine später nicht mehr gesehen, denn die waren direkt ab. Sie wurden beim Aufprall zwischen dem

Krankentransporter und Darios Fahrzeug zerrieben. Zerquetscht. Abgetrennt. Aber ich weiß, wie Körperteile aussehen, nachdem sie so etwas durchgemacht haben. So hätte mein kompletter Körper ausgesehen, wenn Darios Auto sich schwer gemacht hätte. Wenn es nicht so einfach gewesen wäre, es nach vorn zu schieben. Obwohl: Mit »ausgesehen« wäre nicht mehr viel gewesen, wenn ich von einzelnen Körperteilen auf das große Ganze schließe. Fast jeder hat nachher zu mir gesagt, ich hätte Glück gehabt. Ich finde, ich habe Schicksal gehabt. Aber ich denke, wir meinen alle dasselbe.

Wenn man mit den schlechten Dingen hadert, die passieren, und man sich ständig fragt: »Was wäre gewesen, wenn?«, müsste man dann nicht auch die guten Dinge infrage stellen, sie prüfen, drehen und wenden, bis sie nicht mehr gut sind? Warum hatte Dario dieses eine Mal keinen Gang eingelegt und die Handbremse nicht angezogen, obwohl er das sonst immer automatisch machte – ohne nachzudenken? Wieso standen meine beiden Ersthelfer so weit vorn in dem Stau, den wir produzierten, dass sie sofort helfen konnten? Wie hoch war die Wahrscheinlichkeit, dass gleich zwei Menschen zur Stelle waren, die berufsbedingt eine spezielle Erste-Hilfe-Ausbildung und beide (!) ein lebensrettendes Tourniquet, also eine Aderpresse, im Gepäck hatten, sodass sie meine Stümpfe professionell abbinden konnten und mich so vor dem Verbluten retteten? Wieso geschah der Unfall so nah am Krankenhaus, dass ich die Fahrt dorthin überleben konnte?

Alle diese Fragen stelle ich nicht, denn keine davon kann ich beantworten. Und keine davon *muss* ich beantworten. Das Einzige, was ich muss, ist, dankbar sein. Mich meines Überlebens freuen. Die Dinge annehmen, wie sie sind, wenn es nicht in meiner Macht steht, sie zu ändern oder zu verstehen. So halte ich es bei den negativen und den positiven Dingen des Lebens. In guten wie in schlechten Zeiten. Niemand hadert mit seinem

Glück, oder? Warum also mit seinem Unglück hadern? Was ich allerdings sagen muss: Das Schicksal hat Ironie. Ein *Krankentransporter* bringt mich fast um? Das klingt, als hätte das Schicksal in sich hineingekichert.

Mein Vater fragte später, wie man so blöd sein könne, auf der Autobahn aus dem Auto zu steigen. Ich nehme an, die Frage war rhetorisch gemeint. Obwohl ich durchaus eine sinnvolle Antwort darauf geben könnte: Man steigt aus, weil man die Unfallstelle absichern will. Weil der Verkehr um einen herum eigentlich schon zum Stehen gekommen ist. Weil ein anderer, nicht beteiligter Autofahrer schneller war als wir und bereits ein Warndreieck aufgestellt hatte, die Unfallstelle also schon kenntlich gemacht war. Weil die pulsierenden Warnblinker kaum zu übersehen gewesen sein dürften, auch nicht für einen Krankentransporter aus Italien. Weil man nicht in einem beschädigten Auto links auf der Autobahn sitzen bleibt und darauf hofft, dass sich das alles auch ohne das eigene Zutun löst.

2019 hat es knapp 2,7 Millionen Verkehrsunfälle in Deutschland gegeben. 2 685 661, um genau zu sein.[1] Fließt ein doppelter Unfall wie unserer auch doppelt in die Statistik ein? Das würde mich tatsächlich interessieren. Denn wir haben schließlich zwei Unfälle gehabt: zuerst mit dem Lastwagen, als wir wie ein Flummi von links nach rechts und wieder zurückgetitscht sind. Und dann der Krankentransporter, der an der Unfallstelle von hinten in mich und in Darios Auto gebrettert ist.

Ich werde oft gefragt, ob der Fahrer des Krankentransporters später – also viel später, natürlich nicht an der Unfallstelle – auf mich zugekommen ist, um mit mir zu reden. »Um sich zu entschuldigen«, meinen die meisten wohl, auch wenn sie »mit mir reden« sagen. Ja, das ist er. Und nein, ich wollte

---

[1] https://www.destatis.de/DE/Themen/Gesellschaft-Umwelt/Verkehrsunfaelle/Tabellen/liste-strassenverkehrsunfaelle.html; Stand: 29.10.2021

es nicht. Ich hadere zwar nicht mit meinem neuen Leben, aber ich gebe dem Fahrer trotzdem Schuld. Das Schicksal befreit uns nicht von Verantwortung, enthebt uns nicht der Folgen unseres Handelns. Er hat die Unfallstelle übersehen. Er hat jede Menge Warnsignale übersehen. Stehende Autos, blinkende Warnlichter, ein aufgestelltes Warndreieck. Anfangs wollte ich deshalb nicht mit ihm sprechen. Es ging vornehmlich darum, dass *er* sich besser gefühlt hätte, wenn wir miteinander geredet hätten, nicht darum, dass es *mir* dadurch besser gegangen wäre. Ich kann ihn verstehen, man will eine solche Last loswerden, sich Schuld oder Verantwortung von der Seele reden, sich vielleicht auch einfach nur erklären oder um Vergebung bitten. Die Verantwortung, die *er mir* damit auferlegte, wollte ich trotzdem nicht. Später wollte ich nicht mehr mit ihm sprechen, weil ich das Ganze hinter mir gelassen hatte. Ich spreche heute ungern über den Unfall, habe keine Lust, die ganzen Details ein weiteres Mal hervorzukramen, weil ich es schon so oft getan habe. Ich bin nicht nur mein Unfall. Ich bin kein Totalschaden. Meine Beine ja, die haben einen Totalschaden erlitten. Darios Auto auch. Meine Lieblingsleggins ebenfalls. Aber mein Leben nicht. Im Gegenteil.

KAPITEL 2

NICHT ÜBERLEBT

Mein Vater findet ja, ich wäre bei dem Unfall besser gestorben. Hat er gesagt. Zwar nicht mir ins Gesicht, aber gesagt ist gesagt. Manchmal überlege ich, ob es nicht respektvoller gewesen wäre, mir das persönlich zu sagen, statt hinter meinem Rücken darüber zu reden. Aber Respekt ist eh nicht die starke Seite meines Vaters. Oder wäre es besser gewesen, wenn er sich das zwar gedacht, aber es für sich behalten hätte? Nein. Denken, aber nichts sagen, ist feige. Das zu *sagen*, ist eigentlich auch nicht das Problem. Das zu *denken,* das ist das Problem. Sein Problem, nicht meins. Denn zum Zeitpunkt meines Unfalls hatten wir eh wieder mal seit ein paar Wochen keinen Kontakt – den hatte ich nämlich abgebrochen, als er mit Schokolade vom Discounter und traurigen Blumen in einer Plastikverpackung an meinem Geburtstag vor der Tür stand.

Nichts gegen Schokolade und Blumen vom Discounter, wirklich nicht. Aber wann mein Geburtstag ansteht, müsste mein Vater eigentlich wissen. Klar, so ein Geburtstag kommt jedes Jahr plötzlich, genau wie Weihnachten. Dieses Mal hatte ich meinen Vater sogar frühzeitig zu einer kleinen Feier im

Familienkreis mit Kaffeetrinken und Kuchenessen eingeladen. Da ich keine Antwort auf meine Einladung bekommen hatte, nahm ich an, dass mein Vater nicht vorhatte aufzutauchen. Und dann stand er doch unangekündigt und zu spät vor der Tür mit einem hastig auf dem Weg besorgten Geschenk. *Das* störte mich, nicht die Discounterschokolade: dass er sich nicht die Zeit genommen hatte, um ein Geschenk zu finden, das zu mir passte. Egal, ob vom Discounter oder nicht. Und mal abgesehen davon hätte er wissen müssen, dass es für mich grundsätzlich Zartbitterschokolade sein muss. Ich esse nur Zartbitterschokolade. Seit Jahren. Das weiß jeder, der mich kennt! Keine Vollmilch mit bunten Schokoladenlinsen drin. Trotzdem sagte ich Danke, schluckte meine Enttäuschung hinunter, versuchte, meinen Adrenalinspiegel wieder zu senken, und bot ihm einen Platz an der Kaffeetafel, Kuchen und ein heißes Getränk an. Statt sich jedoch groß hinzusetzen, vielleicht ein bisschen zu reden – egal, ob mit mir oder mit den anderen Gästen –, schnappte sich mein Vater schnell ein Stück Kuchen, aß es aus der Hand und war wieder weg. Danke, dass du deine Tochter wenigstens fünf Minuten dazwischengeschoben hast! Mensch, ich hätte ihm den Kuchen ins Gesicht schmeißen können, wenn es nicht so schade drum gewesen wäre.

Übertreibe ich? Wenn man das als Einzelfall sieht, dann sicher. Dann wäre wahrscheinlich Coolbleiben, Vergeben und Vergessen die Devise. Aber es gibt noch viele, viele ähnliche Erlebnisse. Wie zum Beispiel das Weihnachtsfest, das wir bei meinen Großeltern gefeiert haben. Zwölf Jahre war ich da, und wir hatten es schön. Ich war so gern bei meinen Großeltern! Zum Glück durfte ich oft dort sein, übernachtete auch regelmäßig bei ihnen und genoss das Alleinsein mit meinem Opa und meiner Oma – übrigens die Eltern meines Vaters. Auf jeden Fall gab es auch Geschenke, sogar mein Vater hatte etwas für mich. Eingepackt in Weihnachtspapier, mit Schleife und hast du nicht gesehen, das volle Programm. Ich freute mich, oh, ich freute mich, strich einmal kurz über das Papier, aber dann konnte ich mich nicht länger beherrschen. Besonders geduldig war ich noch nie, und wenn es um Geschenke ging, erst recht nicht. Wie soll man sich bei einer Überraschung, die man schon in den Händen hält, zusammenreißen? Ich war kein Kind, das vorsichtig die Schleife öffnete oder die Tesastreifen sorgfältig ablöste, um das Geschenk dann bedächtig auszuwickeln. Ich weiß, das steigert die Spannung, aber bei mir musste es schnell gehen. Ritsch-ratsch. Und dann lag das Geschenk in meinem Schoß. Ich musste erst genauer hinschauen und überlegen, so etwas hatte ich noch nicht gesehen, zumindest nicht in Originalverpackung, das typische Rechteck, umhüllt von festem, durchsichtigem Plastik. Nach ein paar Sekunden erkannte ich jedoch, was es war: Mein Vater hatte mir Bettwäsche geschenkt. Ähm, einer Zwölfjährigen? Und dann noch in Lila, der Farbe, die ich am allerwenigsten mag? Die ganz, ganz unten auf meiner Farbwertschätzungsliste steht? Es war wie mit der Schokolade zum Geburtstag: Was hatte sich mein Vater dabei gedacht, mir *Bettwäsche* zu schenken? Bestimmt nicht für die Aussteuer. Und warum *lila*? Er wusste doch – wie alle anderen in meiner Familie –, dass ich Lila verabscheute.

Nicht, dass man mir niemals Bettwäsche oder etwas Lilafarbenes schenken darf. Wie oft bringt man jemandem ein Geschenk mit, den man vielleicht nicht besonders gut kennt. Dann steht man im Geschäft und macht sich Gedanken. Manchmal wählt man etwas Passendes aus, manchmal ist es nicht hundertprozentig perfekt für den Beschenkten. Das ist ein Glücksspiel, und man muss auch ein gewisses Händchen dafür haben. Man kann halt nicht immer wissen, was die Lieblings- oder Hassfarbe des zu Beschenkenden ist, ob derjenige Bücher oder Socken oder Deko oder Vollmilchpralinen mag. Ich finde, in so einem Fall zählt die Geste, und deshalb freue ich mich über jedes Geschenk, das andere mir machen. Aber mein *Vater*! Der hätte mich einfach besser kennen müssen.

Über die Discountergeschenke und meinen Geburtstag, der meinem Vater anscheinend mehr oder weniger in letzter Minute eingefallen ist, habe ich vor einiger Zeit noch einmal mit meiner Oma gesprochen. »Ach, Angie«, sagte sie, »ich muss deinen Vater noch heute an jeden einzelnen Geburtstag erinnern. Er ist einfach, wie er ist.« Ich weiß nicht, ob mich das gnädiger stimmt. Sollte der Geburtstag des eigenen Kindes nicht auf alle Zeiten in einem inneren Kalender festgehalten sein? Was ich mir nach dem Gespräch mit meiner Oma allerdings eingestehen musste: Das mit den Geburtstagen, die man fast vergisst, das habe ich von meinem Vater.

Trotzdem, ich würde gern sagen *leider*, hatten wir zum Zeitpunkt meines Unfalls keinen Kontakt mehr, aber das wäre gelogen. Ich habe es immer wieder versucht und wurde jedes Mal enttäuscht. Schon als ich klein war, waren wir – erst ich alleine, später dann ich und meine Schwester – nicht gerade das Wichtigste im Leben meines Vaters. Ehrlich gesagt weiß ich gar nicht, was ihm eigentlich wichtig war, unsere Familie war es auf jeden Fall nicht. Ich erinnere mich nur, dass er fast nie zu Hause war, immer unterwegs. Und wenn er doch mal bei uns war, hing er am Telefon und musste mit Gott weiß wem furchtbar wichtige Sachen besprechen. Rein physisch war er in diesen raren Momenten zwar anwesend, aber emotional war er kein bisschen bei uns. Es fühlte sich auch nicht nach Friede, Freude, Eierkuchen, heile Familie an. Stattdessen wurde es furchtbar unharmonisch, wenn mein Vater zu Hause war. Meine Eltern hatten nämlich die Gabe, sich gegenseitig wahnsinnig zu machen; auch meine Mutter veränderte sich, sie war immer ganz anders, wenn mein Vater in der Nähe war. Heute würde ich sagen, ihre Beziehung war toxisch, die beiden haben gegenseitig die schlechtesten Seiten an einander zum Vorschein gebracht.

Als ich klein war, hat mich das Verhalten meines Vaters fertiggemacht. Jedes Mal, wenn er ein Versprechen nicht gehalten hat, wenn er nicht aufgetaucht ist oder sich direkt wieder verpisst hat, sobald es zu Hause nicht nach seinen Vorstellungen lief, hat meine Seele einen Kratzer gekriegt. Kratz, kratz, kratz. Kinder sind bereit, bedingungslos zu lieben. Sie verzeihen, suchen die Fehler bei sich, passen sich an, unterdrücken ihr Ich. Sie versuchen, beim nächsten Mal alles richtig zu machen, weil es keinesfalls an ihnen liegen soll, dieses Nichtgewolltwerden. Kinder tun alles für die Liebe ihrer Eltern, so habe ich das jedenfalls empfunden. Aber alles, was mir das gebracht hat, ist eine zerkratzte Seele. Wie eine Schallplatte, die so hinüber ist, dass man das eigentliche Lied vor lauter Hängenbleiben, Springen, Knirschen und Kratzen gar nicht mehr hört. Spoileralarm: Inzwischen ist meine Seele wieder so glatt wie ein Babypopo.

Ich habe tatsächlich nur negative Momente im Kopf, wenn ich an meinen Vater denke, an früher. Ich *weiß* zum Beispiel, dass wir damals regelmäßig Spieleabende gemacht haben, vielleicht zweimal im Monat. Ich habe mich immer wie verrückt darauf gefreut, denn das war meine kleine heile Welt: Papa, Mama, ich. Meine Schwester ist ein paar Jahre jünger als ich, sodass sie später zwar dabei war, aber da war sie halt noch ein Baby, und Babys sind bei GameCube, Mensch-ärgere-dich-nicht und Co. nicht gerade die aktivsten Mitspieler. Wie gesagt, ich *weiß*, dass es diese Spieleabende gab und dass ich sie geliebt habe. Der einzige Abend, an den ich mich aber wirklich *erinnere,* ist der, an dem ich komplett ausgerastet bin, weil mein Vater nicht da war. So abhängig war ich, so sehr wollte ich gesehen, so sehr wollte ich geliebt werden. Tja, das Ausrasten hat natürlich nichts gebracht, außer dass ich es meiner Mutter, die nach jedem Vaterpatzer meine Wut und Enttäuschung abbekommen hat, dadurch nur schwerer gemacht habe.

Ich habe keine einzige schöne Erinnerung an diesen Mann – außer bei Momenten, die fotografisch festgehalten sind. In unseren Familienfotoalben sehen wir nämlich glücklich und perfekt aus, unsere Urlaube müssen wunderbar gewesen sein. So ein hübsches Paar, so eine glückliche Familie! Und das süße Kind erst! Liebevoller Papa, strahlende Mama. Ich weiß nicht, inwieweit ich den Fotos Glauben schenken kann, ob wir wirklich jemals so gewesen sind oder ob alles nur gestellt war. »Ameisenscheiße« ist schnell fürs Foto gesagt, und es sieht dann ja auch wirklich so aus, als würde man lächeln. Für echte eigene Erinnerungen war ich damals noch zu jung. Wenn ich mich hingegen auf das verlasse, was ich in meinen vorhandenen Erinnerungen finde, dann gibt es nichts Positives, woran ich denken könnte, selbst wenn ich wollte. Denn alles, worauf ich mich gefreut habe – worauf man sich als Kind unfassbar freut –, ist vergessen oder ignoriert worden oder irgendwie anders den Bach runtergegangen. Weil es auf der Prioritätenliste meines Vaters ganz unten stand. Ich korrigiere: Wahrscheinlich stand es gar nicht drauf.

Sankt Martin zum Beispiel, da hatte er mir hoch und heilig versprochen, mit mir singen zu gehen. Klar, da freut man sich schon wegen der ganzen Süßigkeiten megamäßig drauf, mit denen man am Ende des Abends nach Hause kommt. Ich habe mich aber vor allem darauf gefreut, mit meinem *Papa* singen zu gehen. Papa und ich. Wir würden etwas Besonderes zusammen unternehmen. Nur wir beide. Stattdessen gab es zu Hause Streit, und er ist abgehauen, bevor wir überhaupt mit dem Martinssingen anfangen konnten. Da saß ich dann, ein zerstörtes, wütendes, angekratztes Häuflein Elend mit einem riesigen Berg an enttäuschten Erwartungen und einer gefährlich großen Vorfreude, mit der ich nun nicht mehr wusste, wohin. Meine Mutter hat versucht, meinen Vater zu ersetzen, wollte an seiner Stelle mit mir singen gehen. Aber ich hatte mir den Abend fix und fertig in den allerschönsten, leuchtendsten Farben ausgemalt, sie hatte überhaupt keine Chance, konnte gegen dieses Wunschdenken nicht ankommen. Sie hat mir einfach nicht genügt. Heute tut mir das enorm leid, weil ich weiß, dass meine Mutter wirklich versucht hat, uns alles zu geben, zu retten, was mein Vater zerschlagen hat, und dafür zu sorgen, dass wir eine schöne Kindheit hatten. Aber als Sechsjährige sieht man das nicht, vor allem dann nicht, wenn grenzenlose Enttäuschung den Blick versperrt.

Was ich trotzdem schon damals ziemlich klar gesehen und irgendwie verstanden habe, war, dass mein Vater an diesem Martinstag endgültig alles kaputtgemacht hat. An dem Abend stand er in der Küche und hat (Überraschung!) telefoniert. Ich habe keine Ahnung, mit wem oder warum, und vielleicht spielt es auch keine Rolle, wer da am anderen Ende war. Wenn, dann kann der- oder diejenige und die Tatsache, dass dieses oh so wichtige Gespräch unterbrochen wurde, nur der Tropfen gewesen sein, der das Fass für meinen Vater zum Überlaufen brachte. Gefüllt hat mein Vater das Fass ganz allein, mit jedem Mal, das wir ihm zu viel wurden, das er uns sitzengelassen hat, das er seiner Wege gegangen ist, das er nicht für uns da war. Er hätte sich freuen sollen, dass wir ihn trotzdem noch wollten. Auf jeden Fall hatte meine Mutter meine Schwester auf dem Arm und die schrie immerzu »Paaapaaaaaa, Paaapaaaa!«, zappelte und wand sich und streckte ihre Ärmchen Richtung Küche. Sie wollte zu ihm auf den Arm, hatte sicher das gleiche Bedürfnis wie ich, von diesem Mann endlich wahrgenommen und geliebt zu werden. Sie war damals ungefähr zwei Jahre alt. Alt genug, um Seelenkratzer davonzutragen, selbst wenn sie heute keine bewusste Erinnerung mehr an den Abend hat. Meine Mutter ist also mit meiner schreienden Schwester zu meinem Vater in die Küche gegangen und hat gesagt: »Leg doch mal auf.« Harmlos, würde man denken, aber mein Vater flippte aus. Volles Fass,

Kindergebrüll, Forderungen, viel zu viel Nähe, Wut, alles auf einmal in unserer kleinen Küche. Ihr könnt euch denken, dass das eine explosive Mischung war. So explosiv, dass wir Angst bekommen haben. Richtige Angst.

Prinzipiell waren wir ja durchaus an die Ausraster meines Vaters gewöhnt. Einmal zum Beispiel bin ich in das andere Kinderzimmer in unserem Haus umgezogen, meine Schwester sollte mein altes Zimmer bekommen. Mein Vater hat also die Bohrmaschine ausgepackt und neue Regale an der Wand angebracht. Er hat jede Menge Bücher daraufgepackt – was auch schön aussah, bis die Regale unter dem Gewicht aus der Wand gebrochen sind. Sie waren einfach zu schwer beladen. So etwas ist schon jedem passiert, der mal ein Loch in eine Wand gebohrt hat. Das ist ärgerlich, aber mein Vater hat sich nicht geärgert, er ist vollkommen ausgerastet, aggressiv geworden, konnte sich nicht beherrschen, auch seinen Kindern zuliebe nicht, die verschreckt danebenstanden und versuchten, sich unsichtbar zu machen. Und das ist nur eins von vielen Beispielen. Mein Vater hatte einfach ein Problem, seine Emotionen zu zügeln, war superschnell genervt, ist sofort aus der Haut gefahren, zumindest dann, wenn wir zusammen waren. Was er sonst so gemacht hat, wenn er nicht bei uns war, weiß ich gar nicht, und das ist wahrscheinlich auch gut so.

An diesem Abend, als meine Schwester zu ihm auf den Arm wollte und er explodierte, war es auf jeden Fall nicht sein »normales« Ausrasten. Wir hatten Angst. Wirkliche, echte Angst. Ich weiß noch, wie wir stolpernd die Treppe hochgelaufen sind in den ersten Stock, meine Mutter mit meiner Schwester auf dem Arm und mit mir an der Hand, während mein Vater brüllte und tobte. Das Treppengeländer, an dem ich mich mit der anderen Hand gleichzeitig abstieß, hochzog und festhielt, damit ich in meiner Hast nicht stolperte, war weiß lackiert, die Stufen waren aus hellem Holz. Alles war hell und strahlend in unserem Haus, das passte überhaupt nicht zu diesem düsteren, dunklen Moment. Zu der Bedrohung, die ich empfand. Hinter uns flog der Kinderwagen, der im Flur parkte, durch die Gegend, überall waren Hände und Arme und Beine und Füße, unsere und die meines Vaters, schnell, schnell, bloß nach oben, weg von dem Chaos in unserer Küche und im Treppenhaus! Eigentlich hatte der Kinderwagen drinnen gestanden, damit er vor Wind und Wetter geschützt war. Jetzt hatte er im vermeintlichen Schutz Schaden genommen, meine Mutter hätte ihn besser draußen stehen lassen, aber wer konnte ahnen, dass der Tag noch einen Kinderwagenflug mit sich bringen würde. Ich glaube, ein Rad wurde dabei verbogen oder angebrochen, auf jeden Fall hat der Kinderwagen seit diesem Tag geeiert.

Ich weiß nicht, warum, aber oben angekommen, sind wir ins Zimmer meiner Schwester geflüchtet. Als wären wir dort in Sicherheit gewesen, als hätten wir uns dort ernsthaft verstecken können! Meine Mutter saß weinend auf dem Bett, drückte meine Schwester an sich und wirkte irgendwie paralysiert. Das Bett, meine Mutter musste verrückt geworden sein, das stand genau im Blick, sobald man die Tür öffnete. Ich fand den Kleiderschrank viel sicherer, der hatte seinen Platz hinter der Tür, also habe ich mich dort drinnen versteckt. Ich bin reingekrochen, habe mich unter den Kleidern, die mir unangenehm ins Gesicht hingen und mich kitzelten, ganz klein gemacht und in der Dunkelheit meinem trommelnden Herzschlag und dem Toben meines Vaters gelauscht. Doch der Schrank fühlte sich falsch an, überhaupt fühlte es sich falsch an, sich zu verstecken, einer musste doch Mama und Sarah beschützen. Also habe ich die Schranktür wieder aufgeschubst, bin auf den Knien rausgekrabbelt und zur Zimmertür gestürzt. Hinfallen, aufrappeln, Tür zuhalten, so macht das vielleicht keine Prinzessin, aber eine Kämpferin. Und eine Kämpferin war ich schon mit sechs Jahren. Also habe ich kleines, dürres Etwas mich gegen die Tür gestemmt, um meinen Vater, einen Hundertzehn-Kilo-Mann, daran zu hindern, ins Kinderzimmer zu kommen. Bei dem Versuch, die Tür zu öffnen, hat er dann auch schnell gemerkt, dass etwas im Weg war. Dass sich ihm jemand – dass *ich* mich ihm – in den Weg gestellt hatte. Mein Vater war damals schon ziemlich kräftig, groß und muskulös, ich hätte ihn niemals aufhalten können. Er hätte mich mitsamt der Tür einfach wegschieben können. Stattdessen hat er die Tür nur einen Spalt weit aufgedrückt, uns angeguckt und dann bloß gelacht. Er hat meine Mama und mich ausgelacht, wie ich dort stand, um sie zu beschützen. »Mach dir keine Sorgen«, sagte er zu mir. »*Dir* würde ich doch niemals was tun.« Ich fand das alles andere als beruhigend.

Das war es dann mit »Laterne, Laterne«. Meine Mutter hat mir zuliebe noch versucht, zum Martinssingen zu gehen, obwohl sie selbst mit den Nerven am Ende war. Schlussendlich haben wir das Einzige gemacht, was sich einigermaßen sicher anfühlte: Nachdem mein Vater weg war, haben wir ein paar Sachen zusammengepackt, sind zu meinem Onkel und meiner Tante gefahren und haben dort zu dritt auf der Gästecouch geschlafen. Meine Tante war eine Freundin meiner Mutter, mein Onkel der jüngere Bruder meines Vaters – über die beiden hatten sich meine Eltern Jahre zuvor überhaupt erst kennengelernt. Schon als Kind habe ich mich oft gefragt, wie zwei Brüder so unterschiedlich sein können. Mein Onkel ist ruhig und verständnisvoll und unglaublich lieb und damit das Gegenteil von meinem Vater. Ich musste immer über seine verschwörerische Miene kichern, wenn er heimlich Pudding für mich aus der Küche stahl. Es war unser kleines Ritual, dass ich immer dann ganz plötzlich furchtbaren Hunger bekam, wenn ich bei ihm und meiner Tante übernachtete und eigentlich schon längst schlafen sollte. Meine Tante schien mir damals viel strenger, aber auch auf sie konnte ich mich immer verlassen – auch nach meinem Unfall haben mich die beiden sehr unterstützt und mir viel geholfen, wofür ich unglaublich dankbar bin.

Ihre Gästecouch war beige, wir mussten eine Fläche hier, eine Matratze dort um- und ausklappen, bis wir die Couch in ein Bett für uns drei verwandelt hatten. Es war eng und heiß, wie wir uns auf den anderthalb Metern Couch zusammenquetschten; ich kuschelte mich mit meinem Kissen tief in den Spalt zwischen Liegefläche und Couchrückwand, als wollte ich mich in einer Höhle verkriechen. In dieser Nacht haben wir genau das gebraucht: Sicherheit, Schutz, Nähe. Kurz danach hat sich meine Mutter von meinem Vater getrennt. Es war die beste Entscheidung, die sie treffen konnte – auch wenn sie bei ihren nachfolgenden Entscheidungen leider nicht mehr ganz so treffsicher war.

Bis heute habe ich nicht verstanden, was eigentlich das Problem war. Warum mein Vater nicht für uns da sein konnte. Sicher, mein Vater und meine Mutter waren viel zu jung, als sie mich bekommen haben, meine Mutter war gerade dreiundzwanzig geworden, mein Vater war nur ein Jahr älter, und zumindest meine Mutter hatte bis dahin selbst kein einfaches Leben gehabt. Ich meine, sie ist zu Hause ausgezogen, um bei ihrer Ex-Stiefmutter zu wohnen. Das sagt doch schon einiges, oder? Meine Eltern hatten noch gar keine Gelegenheit gehabt, zu sich selbst oder gar zueinander zu finden, als ich geboren wurde. Aber sorry, wenn man Sex hat, kann man auch wissen, dass daraus eine Schwangerschaft und schlussendlich ein hilfloses, schreiendes, wunderbares Menschlein entstehen kann, das verdammt noch mal darauf angewiesen ist, geliebt zu werden. Kann das wirklich so schwierig sein?

Ich muss allerdings zugeben, dass mein Vater schon damals klargemacht hat, wie er dazu stand: »Mach das weg«, hat er gesagt, als meine Mutter ihm von der Schwangerschaft erzählt hat. Von mir. Mit »das« hat er mich gemeint. Ungeboren, unschuldig, ungewollt. Es fühlt sich nicht schön an, wenn der eigene Vater dir zweimal den Tod wünscht. Einmal vor meiner Geburt, das zweite Mal nach meinem Unfall. Wobei er mir später »erklärt« hat, nach meinem Unfall, da sei es doch nur darum gegangen, dass ein Leben ohne Beine einfach nicht lebenswert sei. Lieben täte er mich ja schon. Haaaaallooo? Ist da jemand zu Hause im Oberstübchen meines Vaters? Oder vielleicht sogar in seinem Herzen? Als wenn seine »Erklärung« es in irgendeiner Weise besser macht! Wenn dich einer liebt, dann muss derjenige doch vor Freude tanzen und jubeln und singen, wenn du so einen Unfall überlebst und »nur« deine Beine verlierst.

Aber es war sowieso bizarr, damals mit meiner Familie im Krankenhaus. Da wache ich aus dem Koma auf und alle stehen um mein Bett rum und weinen. Ja, Mensch, warum weint ihr denn? Freut euch meines Lebens! Macht 'ne Party! Beim ersten Mal kann ich das Weinen ja noch verstehen, wenn man sein Kind zerschunden, kaputt und mühsam zusammengeflickt in einem Bett auf der Intensivstation liegen sieht. Wenn man sich nicht sicher sein kann, dass dieses Kind wieder aufwachen wird, wenn man sein Kind vor lauter Schwellungen, Verbänden und Schläuchen kaum erkennt. *Dann* darf man weinen, auf jeden Fall. Aber beim dritten, vierten, zehnten Mal? Wenn das Kind aufgewacht ist, wenn es noch ein bisschen neben sich steht, aber da ist. Präsent ist. Am Leben ist. Wenn es die fehlenden Beine ganz gut wegsteckt, wenn es selbst gar nicht so viel trauert, wenn es voller Mut ist, dann muss man aufhören zu weinen. Dann muss man trösten, Optimismus versprühen, Nutellabrote schmieren. Stattdessen waren die Rollen vertauscht: *Ich* musste Trost spenden und Händchen halten, musste Mut machen und meine Familie aufheitern. Das war einfach falsch und völlig verdreht.

In dieser Zeit habe ich oft an meinen Opa gedacht, der einige Jahre zuvor gestorben war. Ich habe meinen Opa geliebt, von ganzem Herzen. Er ist meine Zuflucht gewesen. Bei ihm durfte und konnte ich Kind sein, er war mein Zuhause, mein Vertrauter, derjenige, der mir Liebe, Halt und Sicherheit gegeben hat. Mein Gott der kleinen Dinge. Wir haben Kastanien und Haselnüsse im Park gesammelt, Eis gegessen, Rosen für Oma und Sonnenblumen für mich gepflanzt. Wir sind durch die Stadt spaziert oder haben Karten gespielt. Guckt euch meine Tattoos an: Fast jedes erzählt eine Geschichte über meinen Opa. Unter der Brust, ganz nah am Herzen, habe ich mir Rosen und einen Totenkopf stechen lassen. Der Totenkopf, das ist er, und die Rosen, das sind seine Blumen. Und Omas Blumen!

Irgendwann (lange vor meiner Zeit) ist mein Opa einmal ziemlich betrunken von einer Kneipentour nach Hause gekommen. Davon ist meine Oma aber nicht wach geworden – sondern davon, dass plötzlich alle Lichter im Schlafzimmer angingen und irgendein nasses Gestrüpp zu ihr ins Bett geworfen wurde. Das nasse Gestrüpp entpuppte sich als Rosenbusch mit Wurzeln und allem Drum und Dran, den mein Opa auf dem Nachhauseweg mit besoffenem Kopf aus irgendeinem Vorgarten hatte mitgehen lassen. Unterwegs war ihm nämlich der Gedanke gekommen, Oma in Rosen betten zu wollen. Gesagt, getan. Egal was, mein Opa hat meine Oma über alles geliebt, selbst dann, wenn er nicht mehr geradeaus gucken konnte. Und meine Oma ihn auch. Nicht, dass es bei ihnen keine Höhen und Tiefen gegeben hätte, aber diese Liebe, die war da, und auf die konnte man sich verlassen. Genauso wie ich mich auf seine Liebe zu mir verlassen konnte.

Später habe ich mir an seinem Todestag La Catrina stechen lassen, dazu Kreuze, noch mehr Rosen, Sonnenblumen, Gänseblümchen und Spielkarten. Die Karten, weil Opa und ich bis zum Umfallen Karten gespielt haben (und ja, ich kenne ein paar coole Tricks). Einen Pikbuben – der bei mir kein »B« trägt, sondern ein »J« für den Begriff »Jack«, weil mein Kartenspiel ein englisches ist – stellvertretend für die beiden Söhne meiner Großeltern, sprich: für meinen Vater und meinen Onkel, denn über sie bin ich mit meinen Großeltern verbunden (egal, wie ich zu meinem Vater stehe). Dann eine Herzdame – mit einem »Q« für »Queen« – und einen Herzkönig, die für meine Oma und meinen Opa stehen. Während alles andere auf meiner Haut grundsätzlich in Schwarz gestochen ist, sind die Herzdame und der Herzkönig rot, denn Rot steht für die Liebe und hebt sich außerdem von dem Rest meiner ansonsten einfarbigen Tattoos mit einem echten Knalleffekt ab – genauso wie meine Großeltern in meinem Leben. Die letzte Karte in der Reihe ist ein Pikass, wieder in Schwarztönen, aber mit einer Besonderheit: Das A im Ass steht für Angie – in den Karten bin ich also mit meinen Großeltern vereint. Und das Piksymbol in der Kartenmitte ist nicht einfach schwarz ausgefüllt. Wenn man näher hinschaut, erkennt man darin denselben Totenkopf, den ich auch unter der Brust trage. Soll heißen: Mein Opa steht immer hinter mir – das wird durch dieses Pikass symbolisiert.

Die Rosen in meinen Tattoos stehen für die Liebe meines Opas zu seiner Frau. Und dafür, dass er den ganzen Garten meiner Großeltern mit Rosen überzogen hat! Die Sonnenblumen trage ich, weil das meine Lieblingsblumen sind und er sie mit mir angepflanzt hat. Gänseblümchen, weil wir daraus immer Ketten und Kränze für mich geflochten haben. Und La Catrina, weil sie in Mexiko für den Tag der Toten steht. In Mexiko werden die Toten gefeiert, nicht wie bei uns nur beweint. Bei uns tut der Tod nur weh, unsere Herzen sind erfüllt von Schmerz und Trauer. La Catrina erinnert mich daran, dass man den Tod auch feiern kann, und genauso war es bei mir: Ich war nicht traurig, dass mein Opa gestorben ist. Natürlich bin ich traurig darüber, dass er nicht mehr hier ist, nicht mehr bei mir ist. Aber ich war froh darüber, nein, erleichtert ist das bessere Wort, ich war erleichtert, dass er gestorben ist, weil es ihm nicht gut ging, weil es ihm im Gegenteil ganz schrecklich ging und er gelitten hat. Für *ihn* war es besser zu gehen, selbst wenn es für *mich* schöner gewesen wäre, ihn noch ein wenig länger in meinem Leben zu haben. Ich habe mich für ihn gefreut und für ihn gefeiert, als er gestorben ist. Das war meine Art, ihm etwas von der Liebe zurückzugeben, mit der er mich überschüttet hat. La Catrina erinnert mich seitdem jeden Tag daran, dass man nicht nur trauern, sondern sich über die Leben freuen soll, die gelebt worden sind. Und dann gibt es noch eine Besonderheit, einen Insider zwischen meinem Opa und mir: La Catrina hat bei mir blaue Augen, auch das ist – wie die rote Herzdame und der rote Herzkönig – eine farbliche Ausnahme. Mein Opa fand nämlich meine blauen Augen immer toll, und dafür habe ich ihn noch mehr geliebt.

Aber zurück ins Krankenhaus und zu meiner Familie, die weder getanzt noch gefeiert hat, obwohl ich im Gegensatz zu meinem Opa noch lebte, als sie da alle an meinem Bett standen. Klar, das zeigt, dass ich ihnen etwas bedeutete (und wenn sie wirklich getanzt hätten, hätte ich mich wahrscheinlich weiterhin im Koma gewähnt), aber ein-, zweimal Weinen hätte auch gereicht. Ich glaube, ich konnte das damals klarer sehen als die anderen, weil ich grundsätzlich realistischer bin. Ich bin nicht gestorben, also muss ich auch nicht heulen. Punkt. Meine Familie hat sowieso einen Hang zum Pessimismus, während mein halbes Glas so voll ist, dass es überläuft. Deshalb bin ich damals auch so schnell wieder auf die (nicht mehr vorhandenen) Beine gekommen, deshalb habe ich nicht lange mit meinem Schicksal gehadert, sondern es angenommen. Und ehrlich gesagt: Ich habe was draus gemacht. Mensch, ich bin glücklich! Richtig glücklich. Und nicht *trotz* meiner fehlenden Beine, sondern *mit* meinen fehlenden Beinen. Dass sie nicht da sind, gehört zu mir. Das klingt unlogisch und ein klitzekleines bisschen verrückt, aber ihr wisst, was ich meine: Vergesst die Beine, mir geht's gut!

Deshalb akzeptiere ich es auch kein bisschen, wenn jemand sagt, ich hätte überlebt. Nein, ich habe nicht überlebt, ich bin kein Survivor. Das ist viel zu passiv, und nichts an meinem Überleben war passiv. Ich habe gekämpft, um dahin zu kommen, wo ich heute bin. Ich habe den Schlag weggesteckt, meine Beine verloren zu haben. Ich habe mir mein Gesicht zurückgeholt, das wirklich übel zertrümmert war. Ich habe mir die Laune nicht verderben lassen. Das Leben nicht nehmen lassen. Ich habe mir Ziele gesetzt und erreicht, ich habe Chancen gesehen und ergriffen. Ich habe nie aufgegeben. Ich habe *mich* nicht aufgegeben. Ich bin ein Fighter. Ich habe mich nicht zum Weinen in den Schrank verkrochen, habe mich nicht klein gemacht und versteckt, sondern bin ganz nach oben geklettert (versucht das erst mal, so ohne Beine), habe mich groß gemacht und so laut gerufen, wie ich kann: Hier bin ich.

Kapitel 3

Fightclub

Meine Lieblingsfarbe ist Schwarz. Ich weiß, ich weiß: Ob Schwarz tatsächlich eine Farbe ist, darüber kann man hervorragend diskutieren. Was das Ganze aber nur spannender macht. Ich war an der Unfallstelle nämlich kurz weg, dem Tod Hallo sagen. Das muss irgendwann zwischen dem Moment gewesen sein, als mich der italienische Krankentransporter in das Heck von Darios neuem Wagen geschoben und dabei – schnippschnapp – meine Beine abgetrennt hat, und der Erstversorgung vor Ort. Außer mir hat es bloß niemand mitgekriegt, das mit dem Hallosagen.

Ich muss, mit dieser kurzen Ausnahme, am Unfallort die ganze Zeit bei Bewusstsein gewesen sein, auch wenn ich selbst nichts mehr davon weiß. Ich kann euch also nicht erzählen, wie es ist, an einem Novembertag auf dem rauen Autobahnasphalt zu liegen. Eiskalt und nass wird es gewesen sein, düster, es war ja schon Abend. Aber ansonsten? Ich kann euch nicht sagen, was man denkt oder wie es sich anfühlt oder ob man das Nichtmehrvorhandensein seiner Beine überhaupt spürt. Wie schrecklich der Schmerz ist und wie man solche Pein ertragen kann. Ich weiß auch nicht, ob ich mein Blut gerochen oder das Eisen in der Luft geschmeckt habe. Ob ich Zeit hatte, zu realisieren, dass ich hier und jetzt vielleicht sterben würde. Ob ich etwas sagen konnte oder wollte, ob ich das, was da gerade mit mir geschah, wahrgenommen habe. Ob ich geschrien, gewimmert, geweint habe oder im Schock verstummt bin. Natürlich habe ich nachher mit einigen der Menschen gesprochen, die dabei gewesen waren. Dario. Zeugen. Helfer. Ärzte. Sie haben mir viel erzählt, aber eigene Erinnerungen habe ich nicht. Es ist auch nicht so, dass ich den Unfall dauernd vor meinem inneren Auge abspulen würde, dass ich hinterfrage, was geschehen ist. Im Gegenteil: Ich schaue eigentlich nie zurück. Ich bin fertig damit, stehe ganz woanders im Leben. Der einzige Grund, warum ich gern meine eigenen Erinnerungen hätte, ist der, dass ich diesen einschneidenden Moment einmal mit eigenen Augen und aus meiner eigenen Perspektive sehen möchte. Immerhin hat dieser kleine, kurze Moment mein ganzes Leben verändert.

Habe ich vielleicht sogar meine Beine an der Unfallstelle liegen gesehen? Und wenn ja, habe ich verstanden, dass es meine waren? Habe ich etwas Surreales gedacht wie »Mist, das war meine Lieblingsleggins« oder »Die Schuhe brauche ich jetzt wohl nicht mehr«? Hat es so ausgesehen, als bräuchte man meine Beine nur einzusammeln und mir in die Hand zu drücken, damit ich im Krankenwagen gut auf sie aufpasse, um sie auf dem Operationstisch an den Chirurgen zu übergeben? Ah ja, das linke hier dran, das rechte hier. Und was nicht passt, wird passend gemacht. Wenn man sich einen Zahn ausschlägt (Apropos: Was ist eigentlich aus meinem Zahn geworden, hat ihn jemand aufgesammelt?), wenn man sich beim Hantieren mit der Kreissäge oder dem Küchenmesser versehentlich die Fingerspitze abschneidet oder beim Holzhacken mit einem beherzten Schlag in den Fuß den Zeh abtrennt, soll man das gute Stück ja auch in eine Tüte packen, die Tüte in einen Beutel mit Eis stecken und das Ganze mit ins Krankenhaus bringen, damit es vielleicht wieder angenäht werden kann. Ich meine mich zu erinnern, dass das die Handlungsanweisung aus dem Erste-Hilfe-Kurs vor der Führerscheinprüfung war.

Für meine Beine wäre eine etwas größere Tüte nötig gewesen, niemand hat mal eben so eine Tüte greifbar, und das mit dem Eis wäre wohl auch problematisch geworden, mitten auf der Autobahn. Aber meine Ersthelfer waren sowieso anderweitig beschäftigt, denn es galt, meine Blutungen zu stoppen, damit wenigstens der Rest meines Körpers überleben konnte. Retten, was zu retten war. Mein eines Bein hat tatsächlich ohne mich »rumgelegen«, so makaber sich das anhört. Mein anderes Bein hing noch mit einem letzten kleinen Zipfelchen an mir dran. Als würde es sich festklammern, sich nicht von mir trennen können. Einer meiner beiden Helfer musste das Zipfelchen durchschneiden und das Bein vollends abtrennen, um meinen Oberschenkel abbinden zu können. Er musste sich übergeben, während er das tat und mir das Leben rettete. Auch an dieses Übergeben erinnere ich mich nicht, weiß alles nur von Erzählungen oder aus den Akten. Ich hoffe sehr, dass meine beiden Retter nachts nicht von meinen Beinen, von meinen Wunden, von Blut, Gewebe, Knochen, Muskeln und Sehnen träumen müssen, ich wünsche mir, dass sie die Erinnerung an mich nicht verfolgt, dass ihr Magen und ihr Herz sich nicht verkrampfen, wenn sie auf ihrem Weg zur Arbeit, in den Urlaub oder zu einem Treffen mit Freunden an der Unfallstelle vorbeikommen. Mir geht es gut, mir geht es sogar großartig, dafür haben sie keine Albträume verdient, sondern einen Orden, eine Umarmung, meinen tief empfundenen, echten Dank. Ich habe später natürlich mit beiden Kontakt gehabt, ich habe mich auch bedankt für das, was sie für mich getan haben. »Danke, dass ihr mein Leben gerettet habt.« Das fühlt sich klein an, irgendwie nicht großartig genug für das, was sie geleistet haben. Für so etwas gibt es einfach nicht die richtigen Worte.

Auch meinem Bewusstsein bin ich dankbar. Es hat dafür gesorgt, dass ich nach dem Unfall so lange anwesend war, wie es nötig war, denn eine Bewusstlosigkeit hätte ich vielleicht nicht überlebt. Gleichzeitig hat mein Bewusstsein das Grauen, die Schmerzen und die Angst weggepackt, irgendwo tief in meinem Kopf verbuddelt und vergraben, vielleicht in eine Schublade gesteckt, dann diese in die nächste Schublade gesperrt und alles zusammen wieder in die nächste und immer so weiter. Abschließen, Schlüssel wegwerfen und fertig.

Ich weiß nicht, welcher Teil von mir während all dessen Gelegenheit hatte, sich von dem Geschehen auf der Autobahn wegzustehlen. Mein Körper war beschäftigt, mein Bewusstsein auch, vielleicht also meine Seele? Es war nicht so, wie man das aus Filmen kennt, dass man auf sich selbst hinuntersieht und sich dabei beobachtet, wie man den eigenen Körper verlässt, weil Geist oder Seele etwas zu erledigen haben. Ich lag nur plötzlich nicht mehr auf dem Asphalt, sondern stand im Inneren einer Doppelkuppel. Die hintere Kuppel war riesig, wie eine Halbkugel, die mit ihrer flachen Seite auf den Boden aufgesetzt worden war. Eine Art überdimensionales Iglu. Der vordere Teil, in dem ich stand, war ein kleinerer, ebenfalls kuppelartiger Vorbau, durch den man hindurchmusste, um in die Hauptkuppel zu gelangen. Quasi ein Foyer, wenn das nur nicht so banal klingen würde. Ein Foyer, in dem man wartet und sich aufhält, bevor es endlich losgeht – was immer »es« auch sein mag. Also vertreibt man sich die Zeit, trinkt Champagner und schüttelt anderen Gästen die Hände, bis man weiter vordringen darf, ans Ziel, dorthin, wo man eigentlich sein will. Natürlich gab es in diesem Vorbau weder Champagner noch andere Gäste, aber das Foyergefühl war da: das Wissen, dass das, worum es tatsächlich ging, mich in der größeren, hinteren Kuppel erwartete.

Es hat mich nicht verwundert, auf einmal in diesem Gebilde aus Kuppeln zu stehen. Es war mir im Gegenteil unmissverständlich klar, dass ich in diesem Augenblick hier und nirgendwo anders sein sollte. Sein *durfte*. Es war, so seltsam das klingen mag, selbstverständlich. Genauso wie es selbstverständlich dunkel *und* hell war an diesem Ort. Es war vollkommen düster dort, und trotzdem konnte ich alles ganz klar sehen, obwohl es keine offensichtliche Lichtquelle gab. Es gab auch keine Zeit, es war ein zeitloses Sein, das eigentlich nicht existieren kann. Wie sollten wir jemals ohne Zeit sein? Nicht nur, weil wir uns dauernd stressen, erst hierhin, dann dorthin, nachher noch ganz woandershin rennen und uns die Zeit immerzu wegzulaufen scheint (und das sage ich als jemand, dem Struktur und Pünktlichkeit ausgesprochen wichtig sind). Sondern vor allem, weil wir der Zeit nicht entfliehen könnten, selbst wenn wir wollten. Auch derjenige, der keine Uhr, keinen Kalender, keinen Alltag hat, sieht die Blüten im Frühjahr sprießen und die Blätter im Herbst welken. Er sieht, wie die Sonne unter- und der Mond aufgeht, fühlt, wie es kälter oder wärmer wird, er entdeckt Falten im Gesicht oder bemerkt, dass ein Kind schon wieder gewachsen ist. Wir können uns nicht freimachen vom Lauf der Dinge. Umso einzigartiger war es, an einem Ort zu sein, an dem es keine Zeit gab.

Zugleich war es unglaublich euphorisch dort. Ich sage bewusst »es« und »dort«, weil nicht ich oder meine Stimmung euphorisch waren, der Ort war es. Ich selbst war einfach nur da, fühlte unterschwellig vielleicht eine leichte Freude, Neugierde und Staunen. Es war gut, dort zu sein, es gefiel mir, aber ich hatte etwas zu tun, ich musste hinüber in die große Kuppel. Ich durchquerte den Vorbau oder das Foyer, aber beide Worte wurden mit jedem Schritt noch unpassender, als sie es zuvor schon gewesen waren. Dieses Glitzern! Die Wände, die Decke, alles um mich herum war mit Edelsteinen bedeckt, die anthrazitgrau oder dunkeltiefblau schimmerten und changierten. Eine Höhle, die mich funkelnd und glänzend umschloss. Nachdem ich die ersten Schritte gegangen war, konnte ich erkennen, dass in der Decke ein unendlich langer Schacht nach oben stieg; er streckte sich weiter in die Höhe, als ich sehen oder mir vorstellen konnte. Von dort fiel gleißend helles Licht herab in die Höhle; ein Licht, das keinen Ursprung hatte, das mich auch nicht blendete, sich bloß millionenfach in den Edelsteinen brach und von ihnen zurückgeworfen wurde. Es war magisch, überirdisch, wunderschön und zugleich so unglaublich *selbstverständlich*. Kann ein Ort oder die Tatsache, dass man sich dort aufhält, selbstverständlich sein? Ich weiß es nicht, ganz ehrlich nicht. Vielleicht kann ein Zuhause selbstverständlich sein, das Haus, in dem man geboren wurde, aufgewachsen ist, das man als junger Erwachsener verlässt, in dem die Eltern aber wohnen bleiben, sodass man immer dorthin zurückkehren kann; vielleicht fühlt man sich dort selbstverständlich. Oder sind es geliebte und liebende Menschen, bei denen man sich selbstverständlich fühlt? Keine Ahnung. Null-Komma-null-null-nix Ahnung. Aber diese Höhle und ich in ihr, das war selbstverständlich.

Am anderen Ende der Höhle fiel ein nicht enden wollender Vorhang aus feinen, silberblau schimmernden Wasserperlen von der Decke herab: ein Wasserfall, der den Übergang in die größere Kuppel markierte, nicht groß, nicht klein, sondern genau richtig. So frisch und rein, dass ich durstig werde und meine Haut zu prickeln beginnt, wenn ich heute daran denke. Überhaupt ist dieses ganze Erlebnis, der Ort, mein Sein dort so klar in meinem Kopf abgespeichert, als hätte ich damals ein Handy (mit einer technisch überaus avancierten Kamera) gezückt und ein VR-Video gemacht, in das ich jederzeit eintauchen kann. Während meine Erinnerungen an die Minuten direkt nach dem Unfall und später auf der Intensivstation unscharf oder eben nicht vorhanden sind, weil sie sicher verwahrt in einem ganzen Haufen Schubladen stecken, ist mir jedes kleinste Detail jener

Höhle in die Netzhaut gebrannt. Ich muss nicht einmal die Augen schließen, um diesen wundersamen Ort wiederzusehen. Das Bild ist so klar in mir wie ein Scherenschnitt aus schwarzem Tonpapier, der sich vor weißem Grund in vollkommener Präzision abzeichnet.

Ich wusste, dass ich den Wasserfall durchqueren musste, um in die große Kuppel zu gelangen. Fragt mich nicht, wie ich durch den Wasserfall gehen konnte, ohne nass zu werden oder das Wasser überhaupt auf mir zu spüren, aber es ging. Es war wie ein federleichter, hauchzarter Schleier, der sich für mich teilte. Dahinter befand sich, im Mittelpunkt der Kuppel, ein schlankes, hochgestrecktes Podest, an dem sich Edelsteine hinaufrankten wie eine Welle aus glitzerndem, graublau schimmerndem Efeu. Ich weiß nicht, ob das Podest aus den Edelsteinen erwuchs oder ob umgekehrt die Steine Halt an dem Podest fanden und sich wie ein dichter, schützender Teppich darübergelegt hatten. Auf jeden Fall war dieses Podest eine Säule aus Edelsteinen, auf der das mit Abstand Wertvollste stand, das es an diesem Ort gab: mein Leben. Das war mir in diesem Moment nicht bewusst. Ich sah nur zwei große, eng ineinander verschlungene Edelsteine, die sich aus den kleineren Steinen erhoben und über ihnen thronten. Ein weißer und ein schwarzer Stein, in inniger Umarmung verbunden, während von oben jenes unvorstellbar helle Licht auf sie fiel.

Der große schwarze Stein war genau das: schwarz. Anders als die kleineren, lebendig funkelnden Edelsteine, die das Licht reflektierten, war dieser Stein dunkel und still. Er schluckte das Licht. Mir war klar, dass ich einen der beiden großen Steine wählen musste. Schwarz oder weiß. Und obwohl Schwarz eigentlich meine Farbe ist, legte ich meine Hand auf den weißen Stein.

»Du warst kurz weg«, haben sie mir nachher gesagt. An der Unfallstelle muss ich irgendwann doch für einen kurzen Moment das Bewusstsein verloren haben. Meine Lebensretter haben mich angeschrien, sofort wieder aufzuwachen, bei ihnen zu bleiben, nicht einzuschlafen, nicht nachzugeben. Aufgeben gilt nicht, das haben sie mir später erzählt. Das müssen die Sekunden, die halbe Minute, die fünf Minuten, die Stunde, der Tag, die Woche, der Monat, die Jahre gewesen sein, in denen ich in der Kuppel meine Wahl getroffen habe: Weiß für das Leben, Schwarz für den Tod. Schwarz *vielleicht* für den Tod, sicher bin ich nicht, denn schließlich habe ich mich gegen den schwarzen Stein entschieden, kann also keine Erfahrung aus erster Hand liefern. Aber so wie Schwarz kein Licht zurückwirft, sondern es absorbiert und damit die Abwesenheit von Licht bedeutet, so stelle ich mir auch den Tod vor: Der Tod absorbiert das Leben, nimmt unsere Lebenskraft in sich auf und lässt sie tief in sich verschwinden, bewahrt sie vielleicht sogar auf, damit wir sie auch im Tod nutzen können, nur eben anders. Ich glaube nicht, dass das Sterben unser Ende ist, aber ich bin trotzdem froh, dass ich dort in der Kuppel intuitiv den weißen Stein gewählt habe.

Als ich ihn berührte, wurde ich von einer gigantischen Menge pulsierender Energie umhüllt, ich wurde von ihr überrollt und durchflutet. Um mich herum war Kraft, in mir war Stärke. Ich glaube, dass ich aus dieser Berührung, aus dieser *Entscheidung* die Kraft genommen habe, mein Leben weiterzuleben. Und mehr noch: Es war nicht nur ausreichend Energie, um damals dem Tod von der Schippe zu springen. Ich zehre noch immer von dieser eigentümlichen Kraft, von diesem Lebenshauch, jeden Tag, wenn ich mich voller Elan in die nächsten vierundzwanzig Stunden Leben stürze. Dem einen seinen Powerriegel als kleine Stärkung, der anderen ihre Nahtoderfahrung. So ist das im Leben.

»Du warst kurz weg«, haben sie gesagt. Ich war kämpfen, sage ich. Ich habe, ohne es zu wissen, um mein Leben gekämpft, als ich mich für den weißen Stein entschieden habe. Ich kämpfe seitdem jeden Tag. Für meine Ziele, für mein Glück, für mich, für andere. Ich kämpfe nicht *gegen,* sondern *für* etwas. Mein Leben ist mein privater Fightclub, in dem es nicht darum geht, stärker, schneller oder besser zu sein als andere. Ich muss keine Schläge platzieren, um mich gut zu fühlen, muss andere nicht niedermachen, um selbst obenauf zu sein. Natürlich geht es darum zu gewinnen, aber das, was ein Gewinn für mich ist, bedeutet keinen Verlust für andere. Denn was ich mir erkämpfe, ist Lebensfreude. Mein Leben ist gut, jeden Tag, weil ich etwas dafür tue. Ich sorge dafür, dass es genau das Leben ist, das ich leben will. Deshalb kann ich gewinnen, ohne dass andere verlieren. Lebensfreude ist unendlich und nicht bloß für einige wenige von uns reserviert. Natürlich habe ich bessere Voraussetzungen, das Beste aus meinem Leben zu machen, als ein Kind, das in Hunger, Krieg oder unvorstellbare Armut hineingeboren wird; das ist klar, darüber müssen wir gar nicht diskutieren. Aber ich hatte auch schlechtere Voraussetzungen als viele andere und habe mich trotzdem (oder gerade deswegen) dafür entschieden, für mich zu kämpfen. Mit »kämpfen« meine ich übrigens nicht, dass ich mich aus irgendeinem tiefen schwarzen Loch tagtäglich ins Leben zurückkämpfen muss. Zu kämpfen bedeutet für mich, alles zu geben für das, was mir wichtig ist. Das fällt mir leicht, aus dem Kampf ist längst eine Art Tanz geworden, eine Choreografie, die ich immer wieder variiere: mal einen Schritt zurück, mal zwei Schritte vor, mal ein neuer Weg hier, wenn der andere dort versperrt ist. Federleicht, dynamisch, mit Leidenschaft.

Ich habe gesagt, dass ich ein Fighter bin. Das war ich auch vor meinem Unfall schon, nur war es mir damals nicht so bewusst, wie es das heute ist. Es war mir auch vor einem Jahr noch nicht so klar wie jetzt, und selbst vorgestern war ich noch nicht so stark, wie ich es heute bin. Ich lerne jeden Tag dazu, ich wachse an meinen Herausforderungen, an meinen Zielen und an den Wegen, die ich zurücklegen muss, um Erstere zu bewältigen und Zweitere zu erreichen.

Wenn man einen Rollstuhl oder Prothesen nutzt, ist das im Übrigen wörtlich zu verstehen, da sind die Wege nicht nur im übertragenen Sinne von Hindernissen übersät. Aber auch das macht uns stärker (und sauer und unpünktlich und manchmal zugegebenermaßen auch verzweifelt, aber das ist ein Thema für sich). Konzentrieren wir uns auf unsere Stärken, nicht auf das, was uns schwach macht. Lasst euch von einer Frau mit Behinderung sagen: Keiner von uns ist schwach, ihr nicht, ich nicht, mit Behinderung nicht, ohne Behinderung nicht. Es sind meist andere, die eine vermeintliche Schwäche in oder an uns sehen – seien es mangelnde Beine aus Fleisch und Blut (denn ja, meine Prothesen *sind* meine Beine), seelische Erkrankungen (»Du musst dich einfach nur zusammenreißen!« Wenn man denen, die das so leichthin sagen, glauben darf, ist das ja eine idiotensichere Therapie bei Depressionen) oder einfach eine große Leidenschaft für Schokolade und Co.

Oder es sind die Gegebenheiten, die uns schwach machen. Wisst ihr, wie aufwendig es ist, auf die Toilette zu kommen, wenn man in der Disco feiern ist, Prothesen trägt und die WCs ein Stockwerk höher liegen? Sich von seinen Freundinnen huckepack nehmen und hochtragen zu lassen, ist keine Schwäche, sondern eine Stärke, weil es zeigt, dass man über dummen Kommentaren und neugierigen Gaffern steht (und davon abgesehen die besten und stärksten Freundinnen der Welt hat). Oder könnt ihr euch vorstellen, wie oft man mit Prothesen ausrutscht, wenn auf der Tanzfläche jede Menge Alkohol verschüttet wurde? Hinfliegen, liegen bleiben und warten, bis einem aufgeholfen wird, das ist nicht schwach, sondern erfordert den Mut, zu sich selbst und seinen etwas anderen Beinen zu stehen.

Bis vor einem Jahr habe ich noch viel zu oft gedacht: »Das kann ich nicht.« Damit habe ich aufgehört. Ich kann. Ich will. Ich lerne. Ich mache. Und falls ich scheitere (was ich aber nicht tue, denn für ein Ziel, das mir wichtig ist, gebe ich wirklich alles), falls ich trotzdem einmal scheitere, dann ziehe ich meine Lehre daraus und finde einen anderen Weg. Wer sagt, nur *ein* Weg führt zum Ziel? Dann gehe ich halt den weniger ausgetretenen Trampelpfad oder finde eine ganz neue Route. Autobahn kann jeder. Neue Spuren zu hinterlassen ist auch etwas Feines. So weit war ich aber vor einem Jahr noch nicht. Damals schrieb mich eine Firma an und fragte, ob ich Lust hätte, eine Kettenkollektion für sie zu entwerfen. Die Firma hatte mich auf Social Media gefunden, fand mich und meine Geschichte stark. Erst mal habe ich mich sehr gefreut, dann habe ich prophylaktisch an mir gezweifelt. Ich fand mich viel zu unkreativ und hatte auch keinerlei Vorstellung davon, wie man Schmuckstücke designt. Ich hatte null Ahnung und habe es trotzdem gemacht. Es war viel einfacher als gedacht, noch schöner als erwartet, hat wahnsinnig viel Spaß gemacht, und auf das Ergebnis bin ich tatsächlich ein bisschen stolz. Vor allem hat es mir gezeigt, dass ich alles kann, was ich mir in den Kopf setze. Bockshorn, das war es mit uns beiden!

Natürlich kann ich kein Metall schmieden, ich weiß nicht, wie stark das Material sein muss, damit zum Beispiel ein filigranes Design die Stabilität bekommt, die es braucht. Ich weiß nichts über Legierungen, Schmucksteine oder die sichersten Verschlüsse. Aber das brauchte ich auch nicht, denn das wussten die Menschen, mit denen ich zusammenarbeiten durfte. Genau dafür gibt es ja Experten, damit nicht jeder von uns alles können muss.

Mir hat das die Freiheit gegeben, mich ganz auf das Design zu konzentrieren. Je nachdem, wie man den Designbegriff interpretiert, kann er auch jene Dinge einschließen, von denen ich keine Ahnung hatte, deshalb sage ich besser, ich durfte mich ganz dem Aussehen und der Formgebung widmen. Wir haben gebrainstormt, Ideen gesammelt und ausprobiert, verworfen, überarbeitet, neu gedacht, und es war einfach fantastisch.

Eine der Ketten trägt als Anhänger das Wort »Fighter«. Wenn es ein Wort gibt, das irgendwie »meins« ist, dann ist es dieses. Außerdem sollte der weiße Stein eine Rolle spielen, einfach weil er so wichtig für mich war und ist. Also haben wir noch einen zweiten Kettenanhänger entworfen. Wer hätte gedacht, dass es so viele Designs gibt, die in Kombination mit einem weißen, glitzernden Schmuckstein einfach nur – ich formuliere es mal jugendfrei – bescheiden aussehen. Also haben wir die Idee des Steins erst einmal in ein anderes Symbol übertragen, nämlich in einen Schutzengel. Diesen Schutzengel haben wir dann in einem zweiten Schritt mit einem weißen Schmuckstein kombiniert. Einen Schutzengel kann man immer gebrauchen, und meinen weißen Stein empfinde ich bis heute als eine Art Schutz. Es war zwar meine Wahl, meine aktive Entscheidung, die mich beschützt hat, als ich mich für den weißen und gegen den schwarzen Stein entschieden habe, doch die Lebensenergie, die mich gerettet hat, war eine Gabe des Steins. Ich habe nur die Wahl getroffen, aber das Geschenk wurde mir gemacht.

In dem endgültigen Design trägt der Schutzengel, den wir entworfen haben, das Leben – in Form des weißen Steins – zwischen den Flügeln, er behütet und beschützt es. Genauso wie er in meinem privaten Fightclub am Rand steht, mich anfeuert und auf mich aufpasst. Zum Glück macht es ihm nichts aus, dass Schwarz trotz allem eine meiner Lieblingsfarben geblieben ist. Allerdings habe ich mein Farbspektrum erweitert: Ich trage nicht mehr ausschließlich Schwarz, und auch meine Haare färbe ich nicht länger dunkel. Ich kleide mich bunter, weil mein Leben seit dem Unfall bunter ist. Mein neues Leben hat mehr Farbe.

KAPITEL 4

NARBEN

Die harmlosesten Narben, die ich habe, sind die an meinen Beinen. Das muss man sich mal vorstellen. Immerhin sind da zwei durchtrainierte, muskulöse, nicht ganz kleine Körperteile abgetrennt worden. Weggequetscht, weggerissen. Als wäre es Zuckerwatte. Das klingt brutal und blutig, und ich kann verstehen, wenn ihr nun keine Zuckerwatte mehr essen mögt. Was ich aber damit sagen will, ist, dass da natürlich ein bisschen mehr zurückbleibt, als wenn man sich beim Gemüseschnippeln in den Finger schneidet oder auf eine Glasscherbe tritt. Das ist beides auch nicht schön, aber solche Narben bleiben überschaubar. Und wenn ihr euch jetzt bitte vorstellt, dass die Narben an meinen Beinen eben *nicht* die schlimmsten Narben sind, die ich von meinem Unfall mitgenommen habe. Das ist zum Weinen, ja, aber noch viel mehr ist es zum Schreien. Oder zum Wütendwerden. Ich habe vielleicht eine Behinderung, aber die Behinderung, die *ich* habe, die haben vor allem *andere* mit mir. Viel zu viele Menschen sind einfach viel zu voreingenommen. Ich bin vielleicht nicht so, wie man (wer auch immer »man« ist) mich gern hätte. Ich habe meinen eigenen Kopf und benutze ihn auch, genauso wie hoffentlich viele von euch es mit ihrem Kopf ebenfalls tun, denn das ist etwas Gutes! Schade nur, dass sich so viele andere Menschen daran stoßen. Dass sie es vorziehen, andere kleinzuhalten oder nach dem zu formen, was ihrer Ansicht nach richtig und »normal« ist.

Meine Mutter hatte zum Beispiel ihren Süchtigen. Der Name passt, obwohl keiner von uns anfangs wusste, was er war. Dass er Drogen nahm. Ich nenne ihn aber auch deshalb so, weil er die Ehre, mit seinem tatsächlichen Namen genannt zu werden, nicht verdient hat. Wusstet ihr, dass die Römer die Namen von Menschen, die besonders verachtet und verhasst oder anderweitig in Ungnade gefallen waren, mit viel Aufwand aus allen oder zumindest aus den wichtigsten schriftlichen Zeugnissen getilgt haben? Sie haben jede Namensnennung entfernt. Und nicht nur das, sie haben auch Bildnisse und Inschriften zerstört, also zum Beispiel das Antlitz des Familienoberhauptes aus einem steinernen Relief einfach wieder rausgehämmert, natürlich so, dass man erkennen konnte, dass da plötzlich etwas fehlte. Eine wahnsinnig aufwendige und unpraktische Aktion, wenn man sich klarmacht, was es bedeutet, dass etwas »in Stein gemeißelt« ist. Jedoch immer noch einfacher, als heute etwas zu löschen, das einmal im Internet gelandet ist. Die Römer haben das nicht etwa gemacht, damit besagter Mensch auf immer und ewig in Vergessenheit geriet, ganz im Gegenteil. Sie wollten die Erinnerung an ihn bewusst wachhalten, indem sie seinen Namen verfluchten.

When in Rome, do as the Romans do! Zugegebenermaßen ist der erste Teil dieses Zitats nicht ganz richtig, ich bin nicht in Rom. Aber ich lebe immerhin im Großraum Köln, und Köln ist bekanntlich die nördlichste Stadt Italiens. Das behaupten zumindest die Kölner gern. So oder so mache ich es wie die Römer und spreche dem Ex meiner Mutter hier und heute den Namen ab. Ich will die Erinnerung an ihn zwar nicht unbedingt wachhalten, aber eine kleine Verfluchung geht schon in Ordnung. Immerhin hat es ihn so gestört, dass ich meinen eigenen Kopf hatte, dass er einen Keil zwischen meine Mutter und mich getrieben hat. Damals habe ich auch angefangen, meine Mutter Susi zu nennen statt Mama (und Susanne, wenn ich sauer bin), was sie wahnsinnig machte (und macht). Ich tue das auch heute noch oft, wenn ich sie direkt anspreche, selbst wenn sich unser Verhältnis inzwischen wieder gebessert hat. »Ich heiße nicht Susi, ich heiße Mama«, sagt sie dann immer, nicht beleidigt, aber traurig, denn natürlich ist es eines der riskantesten, anstrengendsten und verantwortungsvollsten, aber eben auch eines der wunderbarsten Dinge im Leben, die Mama von jemandem zu sein. Ich kann verstehen, dass es wehtut, wenn ich ihr diesen Titel einfach vorenthalte. Wobei es »einfach« eigentlich nicht trifft. Für mich war da überhaupt nichts einfach.

Sie hat schon merkwürdig angefangen, die Beziehung zwischen meiner Mutter und dem Süchtigen. Nachdem sich meine Eltern getrennt hatten, war meine Mutter bei ihrer besten Freundin zu Besuch, die wiederum ein Faible fürs Onlinedating hatte. Vielleicht war es auch nicht bloß ein Faible oder eine Spielerei, sondern der echte Wunsch, die große Liebe zu finden oder zumindest einen Menschen, mit dem man gemeinsam durchs Leben gehen kann. Auf jeden Fall telefonierte jene Freundin an diesem Abend mit einer Onlinebekanntschaft. Nur musste sie zwischendurch kurz auf die Toilette. Also drückte sie meiner Mutter das Telefon in die Hand und das Gespräch auf, damit der Kandidat nicht von der Leine ging. Tja, so haben Mama und der Süchtige sich kennengelernt. Sie sind mehr oder weniger direkt nach der Trennung meiner Eltern zusammengekommen. Abklatsch nenne ich das, deshalb freue ich mich für meine Mama, dass sie nach dreieinhalb guten bis weniger guten Beziehungen (der Süchtige eingeschlossen) heute endlich einmal Single ist und Zeit hat, sich selbst und ihre Wünsche kennenzulernen. Aber zurück zur Toilette: Die Freundin wurde unfassbar sauer, als sie verstand, was passiert war. Meine Mutter und sie haben sich heftig zerstritten, irgendwann aber doch wieder zusammengefunden. Angesichts dessen, was meine Mutter ihrer Freundin erspart hat, indem sie den Süchtigen frühzeitig abgefangen hat, müsste das heute eigentlich eine sehr tiefe und von Dankbarkeit geprägte Freundschaft sein.

Meine Schwester und ich lernten den Süchtigen im Schwimmbad kennen, ein rein zufälliges Treffen, versteht sich, mit anschließender Übernachtung, wir alle bei ihm. Die geschicktesten Einfädler waren meine Mutter und er wirklich nicht. Am Anfang war es gar nicht so schlecht, es hat sogar Spaß gemacht. Der Süchtige hatte einen Sohn, der aber nicht bei ihm lebte und nur alle zwei Wochen zu Besuch war. Das Schöne daran war, dass wir dadurch Kontakt zu Jungs hatten; wir spielten immer mit, wenn der Sohn mit seinen Freunden aus der Nachbarschaft zusammen war. Das weniger Schöne war, dass er immer der King war und von seinem Vater auch so behandelt wurde. Das war schwierig für meine Schwester und mich. Niemand – erst recht nicht Kinder, die regelmäßig von ihrem eigenen Vater zurückgewiesen werden – steht gern hinter anderen zurück. Damit meine ich noch nicht einmal alltägliche Dinge wie die Süßigkeiten, die der Sohn bekam und wir nicht, das Lieblingsessen, das für ihn gekocht wurde, die Sachen, die er bestimmen durfte. Wirklich weh tat das Gefühl, weniger wert zu sein. Meine Mutter hat das bemerkt und versucht, mit dem Süchtigen zu reden, aber ohne Erfolg, dafür mit vielen folgenden Streitereien.

Meine Mutter ist mit vierzehn oder fünfzehn Jahren aus einem schwierigen Elternhaus ausgezogen, hat sich früh selbst versorgt, gearbeitet, eine eigene Wohnung finanziert und es geschafft, eine Friseurausbildung zu machen, bevor mein Vater, ich und meine Schwester um die Ecke kamen. Und bevor sie sich umgucken konnte, war sie nicht nur Alleinerziehende, sondern auch Alleinversorgerin. Meine Mutter führt keine philosophischen Diskussionen, sie weiß nicht viel über das weltpolitische Geschehen, kann mit Namen wie Amanda Gorman oder Karl Ove Knausgård nichts anfangen, und das ist auch vollkommen in Ordnung. Für so etwas hatte meine Mutter in ihrem Leben einfach nie Zeit. Was nicht in Ordnung war, war der Süchtige, der sie glauben gemacht hat, dass sie dumm sei, dass ihre Entscheidungen, ihre Meinungen und Wünsche dumm seien. Er hat sie klein gehalten und manipuliert, hat sie kein bisschen respektiert. Selbst ich habe das damals erkannt, da war ich gerade acht, neun Jahre alt. Ich habe natürlich nicht verstanden, was genau in ihrer Beziehung passierte, aber ich habe doch gemerkt, dass es so nicht sein sollte.

»Mama«, habe ich gesagt, denn damals nannte ich sie noch Mama. »Mit dem Süchtigen stimmt was nicht.« Woraufhin meine Mutter mich scharf ansah, abschätzig schnaubte und mir dann höhnisch an den Kopf warf: »Bist du verliebt in den, oder was?« Klar, natürlich, als Unterzehnjährige, die kaum was mit Jungs am Hut hatte, stand ich damals auf ältere, drogenabhängige, manipulative Typen, bei denen ich gesehen hatte, wie sie Frauen behandelten. Was meine Mutter verleitet hat, so eine an den Haaren herbeigezogene, absolut abstruse Anklage von sich zu geben, kann ich mir nicht erklären. Ich kann es heute nicht und konnte es damals erst recht nicht. Sicher war Unsicherheit mit im Spiel und auch die Angst, dass sie, wenn sie nur die Augen aufgemacht hätte, diesen Mann hätte verlassen müssen, der nicht nur schlecht für sie war, sondern auch für den Rest unserer kleinen Familie. Der Süchtige war ein wirklich ekelhafter Mensch. Mein heutiges Ich möchte meine Mutter packen und schütteln und zur Vernunft zwingen, aber damals war ich noch ein Kind, das vollkommen abhängig von seinen Versorgern war – und die hatten sich ja nun gerade erst von zwei auf einen reduziert. Bei meinem Vater Zuflucht zu suchen, war keine Option. Also begann ich, mich in mich zurückzuziehen und mich emotional von meiner Mutter zu lösen. Es war mein einziger Ausweg, die einzige Reaktion, die mir blieb. Ich war zurückgestoßen worden für einen Typen, der nichts wert war. Immerzu waren es zwei gegen einen. Zwei, die eigentlich auch nicht miteinander konnten, aber immerhin waren sie zu zweit, während ich allein war. Meine Schwester mit ihren paar Jahren war noch zu klein, um mir beizustehen, obwohl auch sie unter der Situation litt.

Sarah und ich, wir haben einfach zu viel von dem mitbekommen, was man als Kind niemals mitbekommen müssen sollte. Keinen Vater zu haben, einfach weil er nie da war; die dauernden Enttäuschungen; die Angst, als er uns jähzornig durchs Haus jagte; die ständigen Streitereien zwischen meiner Mutter und ihrem Süchtigen; das respektlose Verhalten sowohl meines Vaters als auch des Süchtigen; die Hilflosigkeit, das Alleinsein und, nachdem mein Vater weg war, auch der Geldmangel und eine Mutter, die kaum Zeit hatte, weil sie sie mit ihrem Typen verbrachte; weil sie beim Amt um Geld bitten musste; weil sie später als Alleinverdienerin viel mehr arbeiten musste und in der verbleibenden Zeit zu unzähligen Arzt- und Therapieterminen hetzte, denn meine Schwester brauchte gesundheitliche Hilfe.

Danach begann es erst richtig. Der Süchtige merkte, dass ich aufsässig wurde, meinen eigenen Kopf hatte, aus der Reihe tanzte, widersprach, ihn nicht ernst nahm und als Autoritätsperson nicht akzeptierte. Ich tat im Grunde das, was meine Mutter längst hätte tun müssen. Also fing er an, sie gegen mich aufzuhetzen. Das war ein Leichtes, er hatte sie unter Kontrolle, ganz klein saß sie da unter seinem Daumen und war gefangen. Sie hatte sich von ihm blenden lassen, war irgendwie willenlos geworden, auf jeden Fall kämpfte sie nicht für sich und auch nicht für mich. Ich glaube, sie dachte wirklich, sie sei zufrieden.

Für mich wurde es zu Hause immer schlimmer, und als ich dreizehn, vierzehn Jahre alt war, ließen die beiden mich deutlich spüren, dass ich nicht mehr willkommen war. Mein einziges Glück war, dass sie nie zusammengezogen sind, aber sie waren trotzdem dauernd zusammen, entweder bei ihm oder bei uns – meine Schwester und ich gezwungenermaßen im Schlepptau. Trotzdem sollte ich mich gefälligst nur noch in meinem Zimmer aufhalten, obwohl es doch auch *mein* Zuhause war. Ich sollte weg sein, unsichtbar sein, nicht stören, nicht in die Seifenblase piksen, weil die schließlich hätte platzen können, und was hätte meine Mutter dann machen sollen?

Ich sollte mich unterordnen, und das ist prinzipiell nichts, was ich gut kann oder gar gern mache. Und dann noch bei so einem Menschen? Als ich vierzehn war, habe ich stattdessen ein paar Sachen zusammengepackt und bin aus dem Fenster gesprungen, um abzuhauen. Ich bin nicht weit gekommen, und es war auch nur das Erdgeschoss, aber von da an hat mich der Süchtige zum Sorgenkind stilisiert. Gibt es das Gegenteil von hochstilisieren? Runterstilisieren vielleicht? Selbst heute noch, all die Jahre später, will ich ihm ins Gesicht schreien, dass ich kein schwieriger Teenager war, sondern bloß ein Kind, das einen Ausweg suchte, das seine Mutter an einen schmierigen Fiesling verloren hatte, das systematisch aus seinem Zuhause vertrieben wurde, das nicht mehr wusste, wohin mit sich und seinen Gefühlen.

Das einzige Gute, das diese Eskalation mit sich brachte, war, dass ich an den Wochenenden nicht mehr mit zu ihm musste. Immerhin. Ich durfte zwar nicht wirklich alleine zu Hause bleiben, sondern wurde von der Nachbarin beaufsichtigt oder war bei Freundinnen, aber ich bekam eine kleine Verschnaufpause, und die brauchte ich auch. Wenn meine Mutter und der Süchtige zusammen waren, war es ja nicht so, dass nur ich Probleme mit den beiden hatte; sie hatten auch genügend

Probleme miteinander. Es war immer laut, es wurde gestritten, geschrien, gebrüllt und sich gegenseitig fertiggemacht. Dauernd war es dunkel, bedrohlich und negativ, nur Tunnel und kein Licht am Ende. Diese andauernde negative Atmosphäre drohte mich vollkommen runterzuziehen und in einen Abgrund stürzen zu lassen. Darauf konnte ich gut verzichten.

Die Beziehung zwischen meiner Mutter und mir war inzwischen völlig hinüber, was unheimlich schwierig war und damals auch ein paar ordentliche Kratzer auf meiner Seele hinterlassen hat. Aber diese verdammte, verdreckte Zeit hat mir gezeigt, dass ich mir genüge. Dass ich niemanden brauche, solange ich mich auf mich selbst verlassen kann. Dass ich viel stärker bin, als ich gedacht hätte. Was nicht heißt, dass ich immun geworden wäre gegen Narben oder gegen Menschen, die es nicht ertragen können, dass ich meinen eigenen Kopf habe und ihn auch gebrauche.

Ich finde zum Beispiel, ich muss meine Beine – und damit meine ich meine Prothesen, denn das sind meine Beine – nicht verstecken. Mensch, das ist hypermoderne digitale High-End-Technik, die pro Bein siebzigtausend Euro kostet! Es gibt Millionen von Menschen, die laut »Hier!« rufen würden, wenn es darum ginge, Roboter zu verteilen, humanoide Roboter, die einen begrüßen, wenn man nach Hause kommt, die dir die Jacke abnehmen, dein Essen kochen, mit deinem Hund rausgehen, deinen Haushalt machen und intelligente Konversation betreiben, weil das so unglaublich cool wäre. Aber meine Beine sind nur was zum Gaffen? Oder irgendwie abstoßend und eklig? Meine Beine kochen vielleicht nicht für mich und nehmen auch niemandem die Jacke ab, aber sie gehen mit den Hunden raus (der Rest von mir muss zwar mit, aber trotzdem), zur Konversation taugen sie auch (wenn mich jemand intelligent darauf anspricht), und sie ermöglichen mir ein angenehmes, komfortables Leben. Roboter ja, aber Prothesen nein? So ein Quatsch!

Einmal war eine sehr gute, enge Freundin bei mir zu Besuch. Ich hatte meine Prothesen zum Aufladen (genau, digital heißt nämlich, sie brauchen Strom) an die Steckdose angeschlossen, sie standen also im Wohnzimmer rum, während ich mit dem Rollstuhl durch die Wohnung fegte, um uns Drinks zu mixen, Kaffee zu kochen oder Abendessen vorzubereiten, ich weiß es nicht mehr. »Ihhh«, quiekte meine Freundin plötzlich aus dem Wohnzimmer, wo ihr Blick auf die leeren Prothesen gefallen war. Mit leer meine ich nicht den Akkuladestatus, sondern mich, die ich ja sonst immer in den Prothesen steckte, denn zusammen hatte meine Freundin uns schon oft gesehen. »Das sieht ja voll gruselig aus«, sagte sie und schüttelte sich.

Es hat ein paar Stunden gedauert, bis das ganze Ausmaß dieses Kommentars, und was er über meine Freundin und ihre Beziehung zu mir aussagte, wirklich bei mir durchgesickert war. Als die Äußerung aber endlich in meinem Hirn oder vielleicht auch in meiner Seele angekommen war, hat es ratsch gemacht: Ich hatte eine dicke, fette Narbe bekommen. Wie konnte sie so etwas sagen oder denken? Als meine Freundin? Meine Beine sind nicht gruselig, die sind für Fremde vielleicht spannend oder bieten auch mal einen etwas eigenwilligen, sogar witzigen Anblick, wenn ich sie zum Beispiel mit darübergezogener Jeans fertig zum Anziehen im Schlafzimmer parke. Eine enge Jeans über Prothesen zu ziehen, ist nämlich eine ziemlich aufwendige Angelegenheit, also kann man die Hose auch gleich dranlassen, wenn man sich am Abend vorher schon hineingequält hat. Das spart am nächsten Morgen Zeit und Nerven. Andere haben einen stummen Diener zu Hause, das ist im Prinzip das Gleiche – nur billiger, in den meisten Fällen hässlicher, von State-of-the-art-Technik keine Spur, und gehen kann man damit auch nicht. Aber meine Freundin war keine Fremde, sie hatte auch keinen Witz gemacht oder das humorvoll gemeint. Sie fand meine Beine einfach eklig. Danke, du mich auch. Für mich war es das Ende unserer Freundschaft und die Top 3 unter den Narben, die andere mir verpasst haben, weil sie ein Problem mit meiner Behinderung haben.

Die Top 2 kam, Trommelwirbel, von meiner Mutter. Das war noch im Krankenhaus beziehungsweise bei meiner Entlassung. Zwei Monate hatte ich dort gelegen, und abgesehen von der verkehrten Welt in den ersten Tagen, als meine Familie zwischen Schläuchen und Maschinen an meinem Bett Tränen vergossen hatte, statt Trost zu spenden, hatte sie sich liebevoll um mich gekümmert, vor allem meine Mutter und ihr damaliger Lebensgefährte Mario (der seine Namensnennung voll und ganz verdient), aber auch mein Onkel und meine Tante – die beiden, zu denen wir in jener Sankt-Martins-Nacht vor vielen Jahren geflüchtet waren. Bei meiner Schwester hatte mein Unfall ein kleines Trauma ausgelöst, glaube ich, das es ihr schwer machte, für mich da zu sein. Mein Vater hat zusammen mit meiner Mutter und Mario viele Behördengänge übernommen und sich der unfassbaren Menge an Bürokratie gewidmet, die mit so einem Unfall einhergeht. Er hat mich aber auch mit Donuts überschüttet, weil er mich einfach nicht kennt, doch darüber reden wir ein anderes Mal. Meine Oma war da, meine Freunde und teilweise auch deren Familien. Trotzdem wollte ich einfach irgendwann nur noch da raus.

Als ich später einmal nach dem schlimmsten Tag meines Lebens gefragt wurde, habe ich geantwortet, das sei der Tag gewesen, an dem ich eigentlich entlassen werden sollte. Stattdessen eröffneten mir die Ärzte an diesem Tag, dass ich noch länger im Krankenhaus bleiben müsse. *Das* war der schlimmste Tag meines Lebens. Nicht der Tag, als der Unfall geschah, nicht der Tag, als sie mir sagten, ich hätte keine Beine mehr. Nicht der Tag, als meine erste echte Beziehung in die Brüche ging, nicht der Tag, als mein Vater mich sitzenließ oder ich aus dem Fenster sprang, um abzuhauen, und auch nicht der Tag, an dem mein Opa starb.

Es ist nicht so, dass es mir im Krankenhaus schlecht gegangen wäre (von den notwendigen Folgeoperationen und den Schmerzen in den Beinen einmal abgesehen). Ich habe dort viele wunderbare Menschen kennengelernt und eine Seelenverwandte gefunden, die heute eine meiner liebsten und engsten Freundinnen ist. Wir haben den Stationsflur zur Disco gemacht, meine Freunde sind durch die graugrün gummierten Gänge getanzt, ich im Rollstuhl dazwischen, im Schoß ein tragbarer Lautsprecher, der uns die Songs von meinem Handy um die Ohren fliegen ließ. Wir haben Quatsch gemacht, Pizza bestellt, Videos gedreht, geraucht (ja, damals habe ich noch geraucht) und geredet, uns gegenseitig geholfen. Es war eine intensive und, ja, irgendwie auch eine wirklich schöne Zeit. Trotzdem wollte ich irgendwann weg. Raus da. Nach Hause.

Als der Tag meiner Entlassung kam – diesmal wirklich kam –, war es relativ warm, die Decke, die ich dabeihatte, aber gar nicht brauchte, hatte ich zusammengerollt und an die Seite zwischen meine Hüfte und den Rollstuhl gequetscht. Meine Mutter schob mich durch die Flure, in den Aufzug runter in die Eingangshalle und Richtung Ausgang. Wenn man nur noch seine Oberschenkel besitzt, sitzt man trotzdem wie jeder andere. Nur dass die Beine nicht am Ende der Sitzfläche abknicken und unten brav in den Füßen enden. Nein, die Stümpfe reichen gerade mal über die Sitzfläche hinaus. Da knickt nichts ab, kriegt nicht verschämt noch die Kurve, um sich wenigstens ein Stückchen nach unten zu neigen und anderen »den Anblick« zu ersparen. Stattdessen springen sie deinem Gegenüber genau ins Gesicht. So. Ist. Das. Eben. Es ist mir damals nicht in den Sinn gekommen, überhaupt einen Gedanken daran zu verschwenden. Menschen ohne Gliedmaßen waren da, wo ich die letzten zwei Monate verbracht hatte, ein vertrauter Anblick, und ich war nicht anders als die anderen. Herr im Himmel, ich war nicht anders, als ich immer gewesen war! Ich war ich. Meine

Mutter schien das anders zu sehen. Sie beugte sich zu mir vor und zischte mir ins Ohr: »Leg die Decke wieder drüber, die Leute gucken schon.« Und das Schlimme ist: Ich machte, was sie gesagt hatte. Breitete die Decke, die neben mir klemmte, über meine Beine. Bedeckte meine Stümpfe, ließ sie verschwinden, ersparte den anderen das Sehen. Ohne nachzudenken, ohne zu zweifeln. Ohne zu widersprechen.

Ein TV-Sender hat damals eine Reportage über mich gedreht und auch meine Entlassung aus dem Krankenhaus begleitet. Deshalb ist das Bild von mir, mit der Decke über den halben Beinen, immer noch präsent und hat sich zumindest mir ins Gedächtnis gebrannt (und in das von YouTube). Leider. Denn mein Anspruch war und ist das genaue Gegenteil: Ich stehe zu mir und meinem Körper. Nicht nur für mich, sondern auch für andere, die vielleicht noch nicht so weit sind, den Verlust eines Körperteils zu akzeptieren oder – allgemeiner – ihr Schicksal anzunehmen. Im Krankenhaus hatte ich von anderen Kraft geschöpft und mir vorgenommen, diese Kraft weiterzugeben. Wie eine Fackel, nein, ein Leuchtfeuer, das wir von Hand zu Hand weiterreichen, auf dass es in die tiefsten Ecken der dunkelsten Gedanken reicht und diese erhellt. Meine Beine zu verstecken, war nicht der Plan gewesen. Dabei hat sich außer meiner Mutter garantiert niemand für mich und meine Beine interessiert. Wer soll da groß geguckt haben? Krankenhaus, Rollstuhl, Menschen mit Schäden auf dem Weg der Besserung, das ist doch wirklich nicht der unerwartetste Anblick an so einem Ort. Mal ganz abgesehen davon, dass die Leute, denen man im Krankenhaus begegnet, in den meisten Fällen genug mit sich selbst und ihren Liebsten zu tun haben.

Ich glaube, meine Mutter hat damals gemacht, was wir alle manchmal machen: in vorauseilendem Gehorsam so handeln, wie wir glauben, dass es andere von uns erwarten. Wobei man sich fragen muss, warum wir diesen Glauben haben. »Das macht man nicht« oder »Was sollen die Leute denken?«, wie oft lassen wir uns von solchen Gedanken davon abhalten, das zu tun, was *wir* richtig finden. Worauf wir einfach gerade Lust haben – oder eben keine Lust. Tagsüber schlafen und nachts leben? Macht man nicht. Im Restaurant sagen, dass das Essen versalzen ist? Macht man nicht. Unterwäsche zum Trocknen draußen aufhängen, gut sichtbar für die Nachbarn? Macht man nicht. Ausgebrannt, zu dick, zu dünn, zu zurückhaltend, zu selbstbewusst sein? Sagen, was man wirklich denkt? Macht man nicht. Im falschen Körper sein, den oder die Falsche lieben, nicht perfekt sein? Anders sein? Macht man nicht. Keine heile Welt vorgaukeln, sondern Risse und Brüche zeigen? Macht man nicht. Sich *nicht* beschädigt fühlen, wenn man Schaden genommen hat? Macht man nicht. Anderen die Stümpfe entgegenrecken, stolz auf das sein, was man erreicht hat? Macht man nicht. Ich könnte diese Liste endlos fortsetzen, und nein, das heißt nicht, dass wir uns nun alle wie egoistische, rücksichtslose Idioten verhalten sollen. Aber wir sollten aufhören, uns zu verstecken oder zurückzunehmen, weil andere rücksichtslose Idioten meinen, das gehört so. Ich will damit auch nicht sagen, dass meine Mutter in jenem Moment zu den rücksichtslosen Idioten gehörte; sie hat sich ihnen und ihrer Denkweise bloß untergeordnet, und das, wie ich finde, völlig überflüssigerweise. Was mich im Rückblick damals so verletzt hat, war ihre Unfähigkeit, ihre Tochter über das zu stellen, was »die Leute« möglicherweise dachten. War ich nicht wichtiger? War sie nicht stolz auf mich? Wie ich mich in mein neues Leben gekämpft hatte? Wie *ich* mit dem Verlust meiner Beine umging, nicht die anderen? Fand sie, ich war nicht mehr gut genug, sodass ich mich verstecken musste? Ratsch. Da war sie, meine Top-2-Narbe.

Bliebe noch meine Top 1. Diese Narbe hat mir mein Doppel-Ex verpasst. Ich mache das wieder so wie die Römer, auch wenn ich manchmal noch glaube, dass mein Doppel-Ex perfekt für mich wäre – in fünf bis zehn Jahren. Dann kann ich seinen Namen ja wieder in die wichtigsten schriftlichen Zeugnisse einfügen oder sein Antlitz wieder zusammentöpfern. Allerdings wird er bis dahin wahrscheinlich ein neues, willigeres Hausmütterchen gefunden und sich keinen Schritt von der Stelle bewegt haben, entwicklungstechnisch gesehen. Als ich mich von ihm getrennt habe, war es auf jeden Fall die richtige Entscheidung, weil er einfach noch nicht so weit war, ein echter Partner zu sein.

Ich nenne ihn meinen Doppel-Ex, weil wir früher schon mal ein Paar gewesen waren, lange vor meinem Unfall und auch nur für zwei, drei Monate. Danach war er nur noch ein Bekannter, jemand, zu dem man ein entspanntes, ungezwungenes, aber nicht wirklich inniges Verhältnis hat. Jemand, den man halt kennt. Nachdem ich den Unfall hatte, ist aus der Bekanntschaft ganz unerwartet eine gute Freundschaft geworden und daraus wiederum eine Beziehung. Das ging relativ schnell, zu schnell eigentlich, wenn man bedenkt, dass ich soeben meine Beine verloren hatte und gerade deswegen lernen musste, auf ihnen zu stehen. Neue Beine, neues Leben, neue Wohnung – so etwas sollte man erst einmal allein mit sich ausmachen. Man sollte sich selbst kennenlernen, sich in seinem neuen Leben zurechtfinden, allein klarkommen, die Dinge allein meistern, um daran zu wachsen. Wenn ich anderen, die nach einem Schicksalsschlag vor neuen, unerwarteten Herausforderungen stehen, etwas empfehlen sollte, dann ist es Folgendes: Lasst euch ins kalte – oder noch besser: ins eiskalte – Wasser werfen. Stützt euch nicht zu sehr auf andere, lasst euch nicht ablenken, richtet eure Energie auf niemanden als auf euch selbst. Vertraut euch, konzentriert euch auf euch selbst, sucht Halt in und bei euch. Überzeugt euch davon, wie stark ihr seid, was ihr erreichen könnt, wenn ihr ausnahmsweise euch selbst der oder die Nächste seid. Findet euch selbst. Das weiß ich heute. Ein paar Monate nach meinem Unfall, als mein Doppel-Ex noch mein Lange-her-Ex-dann-Bekannter-schließlich-guter-Freund war und wir gerade zusammengekommen waren, wusste ich das nicht. Im Gegenteil: Es hat mir so unglaublich gutgetan, für ihn da zu sein, die Mutti zu spielen (nichts gegen Muttis, ich will selbst eine werden!), die für ihn kocht, seine Wäsche wäscht, ihm hinterherputzt, den Haushalt schmeißt. In so etwas gehe ich auf, ich liebe es, zu putzen und zu kochen. Nach dem Unfall habe ich genau das gebraucht. Nicht das Putzen und Kochen an sich, aber das Gefühl, gebraucht zu werden. Zu etwas nütze zu sein. Eine Aufgabe zu haben. Meine anderen Pläne hatten sich buchstäblich über Nacht zerschlagen. Als ich vor meinem Unfall endlich wusste, was ich mit meinem Leben machen wollte, hat mir das Schicksal nicht bloß ein fieses Beinchen gestellt, sondern direkt beide Beine weggetreten. Rote Karte. Foul! Ich wollte zur Polizei oder zum Bundeskriminalamt gehen, lernte wie eine Besessene für die Einstellungstests, machte Sport, ernährte mich gesund, guckte zur Entspannung Serien. Und am nächsten Tag das Gleiche von Neuem. Und am übernächsten auch. Ich war strukturiert, fokussiert, glücklich. Emotional und finanziell unabhängig. Mein Körper hat gearbeitet, mein Kopf hat gearbeitet. Ich war wie ein perfekt eingestelltes Uhrwerk, alles in meinem Leben war in vollkommener Harmonie. Im Fluss.

Mit dem Unfall war all das plötzlich weg. Da ist man erst einmal richtungslos. Nicht verloren, aber eben noch nicht angekommen in der neuen Realität. Kein Wunder, dass ich mich mit Hingabe einer neuen Aufgabe gewidmet habe, in diesem Fall der Beziehung zu meinem Noch-nicht-Doppel-Ex-sondern-lange-her-Ex-dann-Bekannter-schließlich-guter-Freund-dann-Partner und der Schaffung eines trauten Heims. Wohin sonst mit der ganzen Leidenschaft und Energie? Man kann sie ja nicht einfach ruhigstellen oder im Garten vergraben. Da kommt einem so ein Kerl gerade recht, der keine Waschmaschine bedienen und keinen Topf Wasser zum Kochen bringen kann. Der als Hauptberuf »Sohn« ankreuzen würde, wenn er ehrlich wäre.

Besagter Sohn konnte sich bei mir also ins gemachte Nest setzen. Erst viel später habe ich gemerkt, dass wir damit die Beziehung meiner Eltern kopierten: die Frau, die – eigentlich – für sich selbst stark ist, die sich ein Zuhause schafft, ein neues Leben aufbaut. Der Mann, der hineingepoltert kommt, zugegebenermaßen dazu eingeladen wurde. Der sich jedoch einen Teil dessen nimmt, was das Leben der Frau ausmacht, ohne etwas dazu beizutragen, ohne das Ganze zu etwas Gemeinsamem zu machen. Der nimmt, ohne zu geben. Vielleicht kann mein Doppel-Ex nichts dafür, dass er ist, wie er ist. Aber er kann etwas dafür, nicht zuzuhören und nicht verstehen zu wollen. Nachdem es in unserer Beziehung zu holpern begann – da waren mein Muttikomplex und mein Nur-für-ihn-da-Enthusiasmus schon etwas abgeflaut –, habe ich ihm gesagt, was mir wichtig ist, damit wir als Paar funktionieren konnten. Ach was, nicht bloß funktionieren. Mit dem Mann, mit dem ich zusammen bin, möchte ich harmonieren. Ich möchte nicht nur Tisch und Bett teilen, sondern auch Werte. Den Blick aufs Leben.

Ich denke oft, dass ich mich in unserer Beziehung weiterentwickelt habe, während er stehen geblieben ist, den Bus verpasst hat. Nach und nach hat es mir nicht mehr gereicht, mich nur um ihn zu kümmern, mein Leben um ihn kreisen zu lassen. Ich habe mir gewünscht, dass er das Gleiche auch für mich tat. Dass er auch für mich eine Pizza mitbestellte oder ein Tiefkühlgericht mehr auftaute, wenn er zu Hause war und ich noch arbeitete. Tatsächliches Kochen habe ich gar nicht erwartet, bloß kein Übermut! Wohl aber, dass er auf die Idee kam, dass auch ich am Ende des Tages hungrig sein könnte. Dass nicht nur ich mit den Hunden rausgehen, Krümel auffegen oder den Tisch decken konnte. Ich wünschte mir Respekt. Partnerschaft.

Gesehenwerden. Einen Mann, keinen Sohn. Vielleicht eine liebevolle Geste, eine warme Badewanne, die mich erwartete, einen Strauß Blumen, eine Tasse Kaffee ans Bett. Ich schäme mich fast für diese banalen, irgendwie altmodischen Wünsche, aber ich brauche nichts anderes von einem Partner außer einem Zeichen, dass ich ihm wichtig bin, dass er mich sieht und an mich denkt. Für alles andere sorge ich selbst. Abhängig mache ich mich und mein Glück nämlich nie wieder, von niemandem.

Das Gute an meinem Doppel-Ex war allerdings, dass er mich nie wie ein rohes Ei behandelt hat, auch nicht direkt nach dem Unfall, als aus unserer Bekanntschaft erst einmal eine Freundschaft wurde. Früher habe ich gedacht, er sähe meine Behinderung nicht. Heute denke ich, dass er wohl eher *mich* nicht gesehen hat. Dass er nicht gesehen hat, wer ich war, was ich mir wünschte, wohin ich mich entwickelte. Und wer mich nicht sieht, sieht natürlich auch meine Behinderung nicht. Deshalb konnte er so locker darüber hinwegsehen! Quod erat demonstrandum, wie der Römer gesagt hätte. Nun ist es nicht so, dass ich mir wünsche, wie ein rohes Ei behandelt zu werden. Oder aufgrund meiner Behinderung anders behandelt zu werden. Aber wer *mich* sieht, muss auch meine Behinderung sehen, sie respektieren und – wenn derjenige mein Partner in einer Beziehung ist – sie als einen Teil von mir lieben.

Als mein Doppel-Ex und ich einmal verreisen wollten und dafür Flüge buchen mussten, ging es darum, dass ich einen besonderen Sitzplatz brauche, meinen Rollstuhl im Schlepptau habe, gegebenenfalls vor den anderen Passagieren einsteigen muss – solche Dinge eben. Mein Doppel-Ex hatte die Flüge gebucht, aber sich um all diese Extras zu kümmern, war ihm zu mühsam, das sollte doch bitte ich übernehmen. Irgendwo noch verständlich und daher vielleicht verzeihlich; ich weiß tatsächlich besser, worauf es ankommt und was ich bei der Buchung berücksichtigen muss. Wie er es allerdings kommunizierte, war

folgendermaßen: »Wer von uns beiden ist denn das Handicap?!«
Ratsch. Top-1-Narbe. Unverzeihlich.

Es ist nicht so, dass ich jedes Mal eine Narbe davontrage, wenn mir jemand blöd kommt, wenn ich angegafft oder angemacht werde. Manches prallt einfach an mir ab und lässt mich völlig unberührt. Anderes regt mich auf und macht mich wütend. Wieder anderes hinterlässt einen kleinen Stich, manches auch durchaus eine Narbe. Wenn ich zum Beispiel ausgehe und mich einer (es sind tatsächlich fast immer Männer und nur selten Frauen) endlos anglotzt und dann am liebsten noch seine Freunde aufgeregt auf mich aufmerksam macht (»Guckt mal, guckt mal die!«), dann bleibe ich cool. Ich wende mich vertrauensvoll an den Türsteher oder wer auch immer dort, wo ich mich gerade aufhalte, die Verantwortung hat, und meist kriegt der Gaffer dann eine Verwarnung oder darf das Etablissement gleich ganz verlassen. Ich vermute, dass das seine Einstellung gegenüber Menschen mit Behinderung nicht verändern wird, aber vielleicht lässt es ihn das nächste Mal wenigstens den Mund halten. Da haben dann alle was von.

Auf der Straße gibt es auch Gaffer, aber seltener. Auch deswegen, weil bei mir im Ort fast alle meine Geschichte kennen. Da guckt mich niemand mehr komisch an, und wenn ich draußen doch einmal angesprochen werde, dann vor allem wegen meiner Hunde Charly und Loki. Obwohl ich eigentlich in einer Stadt lebe, sage ich Ort, weil es sich kein bisschen nach anonymem Stadtleben anfühlt. Stattdessen finde ich, wir sind wie eine Dorfgemeinschaft: Jeder kennt jeden und jeder hilft jedem – zumindest mir haben die Menschen hier herzlich und tatkräftig geholfen; sie haben Einrichtungsgegenstände für meine Wohnung gespendet und sie persönlich angeliefert; sie haben besagte Wohnung für mich gefunden, Geld gesammelt und Essen vorbeigebracht. In unserer Facebook-Gruppe braucht man nur einmal kurz »Hilfe« zu sagen, und die Hilfe ist da.

Davon abgesehen gibt es einen Unterschied zwischen angucken und angaffen. Dass man mich und meine Beine oder auch meinen Rollstuhl anguckt, finde ich völlig in Ordnung. Ich gucke auch, wenn jemand ungewöhnliche Klamotten anhat, ein geiles Auto fährt, einen tollen Haarschnitt hat, eine Augenklappe trägt oder mit einem Kaninchen im Arm spazieren geht. Alles, was man nicht jeden Tag sieht, darf einem ruhig ins Auge fallen, finde ich. Die Geschichten dahinter sind es doch, die uns interessieren, die unsere Neugier wecken und uns hoffentlich zu aufgeschlossenen, empathischen Menschen machen. Solange man weiß, wann man wieder wegucken muss.

Am besten gucken Kinder. Die gucken meistens unschuldig und authentisch, aus echtem Interesse, nicht aus Gier und Voyeurismus wie die Katastrophentouristen, die am liebsten ihre Handys zücken würden. Den Kindern erkläre ich auch gern, was ich da für coole Beine habe und warum. Sie finden das spannend, aber vor allem finden sie es normal. Mit Kinderaugen betrachtet, ist die Welt voller Entdeckungen – da sind meine Prothesen nur eine von vielen spannenden Beobachtungen, die sie machen, nicht mehr und nicht weniger. Meistens verhalten sich auch die Eltern »normal«, sind weder peinlich berührt noch übertrieben höflich oder gar mitleidsvoll. Ich frage die Kinder dann auch schon mal, ob sie die Prothesen anfassen möchten (meine Hightechbeine sind so cool; wenn es nicht meine wären, würde ich die auch gern mal anfassen dürfen). Nur einmal hat eine Mutter ihrem Kind daraufhin die Hand weggeschlagen, die es schon zu meinen Beinen hin ausgestreckt hatte. »Pfui«, schrie die Mutter, »nicht anfassen!« Als wäre ich ein schmutziger, verlauster Straßenhund (der das Pfui aber auch nicht verdient hat). Ich weiß nicht, ob sie es mir gegenüber vielleicht unhöflich fand, dass ihr Kind einfach meine Beine anfassen wollte, die doch so anders als andere Beine sind. Aber ich hatte ihrem Kind ja ausdrücklich die Erlaubnis gegeben, es sogar dazu aufgefordert.

Oder ob sie den Gedanken einfach widerlich fand, dass ihr Kind »so etwas« berühren könnte? Ich tendiere dazu, letztere Erklärung für die wahrscheinlichere zu halten.

Zugegeben: Ich habe den Schocker, das Reißerische an meinem Unfall durchaus bewusst genutzt. Ich habe Tageszeitungen, Magazinen und TV-Sendern Interviews gegeben, ich war in Sendungen und Shows, habe Podcasts gemacht, bin bei YouTubern aufgetreten und habe selbst Videos, Storys, Posts, Instagram- und Tiktok-Beiträge veröffentlicht. Und nein, das war nicht, um »berühmt« zu werden. Ich kriege manchmal Nachrichten, in denen mir junge Menschen schreiben, sie wünschten sich, einen Arm oder ein Bein zu verlieren, um in den sozialen Netzwerken bekannt zu werden, so wie ich. Sie wollen Influencer sein, von Followern bewundert und von Unternehmen hofiert werden, das große Geld verdienen. Diese Wünsche erschrecken mich, und mit der Realität haben sie auch nicht viel gemein.

Noch öfter kriege ich aber Kommentare, in denen mir vorgeworfen wird, meine Beine für meine Popularität hergegeben zu haben. Dann weiß ich nicht, ob ich lachen oder weinen soll. Ich habe doch keinen Tauschhandel mit dem Teufel abgeschlossen à la Doktor Faustus: Ich gebe dir meine Beine, dafür machst du mich berühmt. Abgesehen davon, dass wir erst einmal definieren müssten, was »berühmt« in diesem Zusammenhang bedeutet, folgen mir nicht deshalb so viele wunderbare Menschen, weil ich keine Beine mehr habe, sondern weil ich sie an meinem Leben teilhaben lasse. Sie sind vielleicht durch meinen Unfall auf meinem Account gelandet, aber sie sind wegen mir geblieben. Darüber hinaus habe ich mir ja nicht selbst die Beine abgeschnitten mit dem Ziel, davon zu profitieren. Ich habe sie – ganz und gar unfreiwillig, das kann ich euch versichern – verloren. Der Punkt ist: Ich habe mich nicht in ein Loch verkrochen, habe nicht mit dem Leben gehadert oder das Schicksal verflucht, sondern das Beste daraus gemacht. Genau deswegen habe ich die Aufmerksamkeit, die mir nach meinem Unfall unverhofft zuteilgeworden ist, auch genutzt. Natürlich zu meinem Vorteil, denn ich kann, wie jeder andere auch, jeden verdienten Euro gebrauchen, solange ich hinter dem Produkt, das ich bewerbe, oder hinter der Story, die über mich erzählt wird, mit gutem Gefühl und geradem Rücken stehen kann. Kann es wirklich jemanden geben, der glaubt, ich müsse keine Miete zahlen, keine Lebensmittel einkaufen, nicht tanken, keine Krankenversicherung bezahlen, keinen Internet- oder Handyvertrag abschließen, nicht für meine Hunde sorgen? Aber ich nutze meine Bekanntheit nicht nur für mich, sondern auch zum Vorteil anderer. Ich möchte nämlich, dass jede und jeder sieht und versteht, dass das Leben *immer* lebenswert ist. Dass es sich lohnt zu kämpfen. Dass das Glück nicht von anderen Menschen, von euren Beinen oder sonst irgendwelchen Gliedmaßen abhängt. Ja, es tut weh, verletzt zu werden, und wer ein bisschen anders ist, *wird* emotional verletzt, das kann ich euch mit ziemlicher Sicherheit sagen. Besonders weh tut es, wenn diese Verletzungen von Menschen kommen, die uns nahestehen. Von denen wir Besseres erwartet haben. Aber Wunden heilen, und nur bei den wenigsten bleibt eine schmerzhafte Narbe zurück. Und selbst diese Narben haben ihr Gutes: Sie erinnern uns daran, wer wir sind, und lehren uns, Grenzen zu ziehen.

KAPITEL 5

CIAO KAKAO

Ein Typ, der mich schon in seiner zweiten Sprachnachricht anlügt? (»Nein, das sind keine Fahrgeräusche. Ich hab das Handy nicht beim Fahren benutzt.« Für wie blöd hält der mich? Ich hab vielleicht keine Beine mehr, aber ein Gehirn und zwei Ohren hab ich schon noch.) Ciao Kakao. Einer, der mir fünfmal auf Instagram schreibt, die alte Frisur war aber schöner? Ciao Kakao. Eine, die Verabredungen nicht absagt, sondern vergisst? Ciao Kakao. Einer, der nie stark für mich ist? Ciao Kakao. Eine, die nur nimmt, aber nicht gibt? Ciao Kakao. Einer, der besser weiß, was gut für mich ist? Ciao Kakao. Ausnutzen, Lügen, Vernachlässigen, Einmischen? Ciao Kakao.

Ich bin am Aussortieren. Trenne mich von Freunden, Familie, Followern, die mir nicht guttun. Früher, vor meinem Unfall, war ich eher nachtragend, bin in die Luft gegangen, war schnell gereizt und ziemlich ungeduldig. Ungeduldig bin ich immer noch, aber heute verwandle ich meine Ungeduld in Energie, mache etwas Positives daraus. Energie, die ich zum Beispiel dahinein stecke, meine Ziele zu erreichen. Keine Sekunde des Tages, ach was, meines Lebens zu verschwenden, denn meine

Zeit ist wertvoll. Und begrenzt. Das hat mir mein Unfall deutlich gezeigt. Nachtragend und gereizt sein, damit habe ich ganz aufgehört, das kostet zu viele emotionale Ressourcen. Stattdessen mache ich einen Schnitt, ziehe Grenzen, sortiere aus.

Aussortieren heißt aber nicht, dass ich mich hinsetze, durch meine Social-Media-Accounts oder mein Telefonbuch scrolle und Menschen wie alte E-Mails lösche. Im Gegenteil. Ich freue mich über jeden von euch wunderbaren Menschen, denen ich online begegne. Ihr gebt mir so viel, und ich hoffe, ich gebe euch etwas zurück. Und genauso freue ich mich über die tollen Menschen, die alte oder neue Freunde sind, Nachbarn, Bekannte, freundliche Seelen und, ja, natürlich auch – im buchstäblichen Sinne – verwandte Seelen. Was ich aber sehr wohl mache, und das meine ich mit Aussortieren: Ich halte nicht an Beziehungen oder Freundschaften fest, die mir nicht guttun. Die eigentlich gar keine sind. Ich blocke Leute, die keinen Respekt haben, die schamlos sind. Die Gaffer und Katastrophentouristen, die Einmischer und penetranten Besserwisser. Ein Jahr lang war sogar meine Mutter geblockt.

Damals hatte sie den Kontakt abgebrochen, weil ich nach meinem Unfall erst bei ihr ein-, aber dann schon bald wieder ausgezogen bin. In den rund zwei Monaten, in denen ich bei ihr gewohnt habe, hat sie sich von ihrem damaligen Lebensgefährten Mario getrennt, dann bin ich Knall auf Fall weg – das hat sie verletzt und wütend gemacht, außerdem war sie plötzlich allein, denn meine Schwester lebte zu diesem Zeitpunkt ebenfalls nicht mehr zu Hause, sondern mit ihrem damaligen Freund und späteren Verlobten in einer eigenen Wohnung. Sprich: Meine Mutter lief plötzlich Gefahr, sich mit sich selbst und ihrem Leben auseinandersetzen zu müssen, nachdem wir sie verlassen hatten. Ich glaube, so empfand sie das: dass wir sie verließen. Dabei hatte ihre Beziehung mit Mario schon jahrelang am Abgrund gestanden; den letzten Schubser hatte sie ihr gerade selbst versetzt. Meine Schwester wollte einfach ein eigenes Heim und ihre eigene kleine Familie haben. Und ich, ich habe meine Mutter nicht verlassen, ich bin geflohen. Wir waren beide zu erschöpft, zu müde, zu gefangen in unserer verkorksten Mutter-Tochter-Beziehung, um auf Dauer unter einem Dach leben zu können – erst recht nicht, nachdem ich vor meinem Unfall schon eine eigene Wohnung gehabt und allein gelebt hatte.

Gott, ich sehnte mich nach dem Alleinsein, nach Selbstbestimmung, erst recht nach meinem Unfall. Da war nichts mit Funktionieren nach den Wünschen oder dem Uhrwerk anderer, nichts mit Rücksichtnahme oder einem Tagesablauf nach Schema F. Ich war vollkommen mit mir selbst beschäftigt, musste schlafen dürfen, wenn ich müde war (ständig), Musik hören können, wenn mir danach war (laut), essen, was ich wollte (gesund). Ich wollte egoistisch sein, mich nicht um die schwarzen Striemen sorgen, die mein Rollstuhl an den Möbeln meiner Mutter hinterließ, wenn ich zu ungeschickt oder zu ungeduldig durchs Haus kurvte. Ich wollte nicht die wertvollen sechzig Sekunden Lebenszeit verschwenden, die der Treppenlift brauchte, um mich in den ersten Stock zu bringen, wo sich mein Zimmer befand, während ich jedes Mal ein bisschen wahnsinniger wurde. Ich wollte mir nichts sagen lassen, wollte mich nicht einschränken, wollte nicht auf andere angewiesen sein, wollte nicht Tochter oder Gast sein, sondern bloß ich selbst.

Viel zu viele Dinge sind damals zusammengekommen, und ja, natürlich kann ich meine Mutter im Rückblick verstehen. Das allererste Mal seit vielen Jahren würde sie allein sein. Die Umbauten, die sie und Mario am Haus vorgenommen hatten, um es möglichst barrierefrei für mich zu gestalten, sollten plötzlich umsonst gewesen sein. Außerdem verlor sie Kontrolle, Nähe, Verantwortung und auch ganz profan eine Mitzahlerin. Trotzdem hätte sie nicht versuchen dürfen, mich durch Drohungen zum Bleiben zu zwingen oder mich mit dem Kontaktabbruch zu strafen – sie kennt mich doch gut genug, um zu wissen, dass ich auf Erpressung und jede Art von Zwang allergisch reagiere.

Ich erinnere mich noch gut daran, als meine Mutter nach dem Süchtigen ein kurzes Intermezzo mit dem Reichen hatte. Ein Mann mit Geld, ein Grund zum Jubeln. Abklatsch wieder. Als wäre das Liebesleben meiner Mutter ein endloser Staffellauf, in dem sie aber nicht die Läuferin ist, sondern der Stab, der von einem zum anderen weitergegeben wird. Sieben Jahre mein Vater. Übergabe. Sieben Jahre der Süchtige. Übergabe. Der Reiche, keine sieben Jahre, er war wohl kein guter Läufer. Vorzeitige Übergabe. Fünfeinhalb Jahre Mario. Fast hätte er die Sieben geschafft. In den schwierigsten Beziehungen meiner Mutter sind es jedes Mal sieben Jahre gewesen, und trotzdem ist die Sieben immer noch meine Lieblingszahl, die lasse ich mir nicht nehmen, selbst wenn sie mich zu verfolgen scheint.

Das Bild mit dem Stab ist ein wenig schief, legt sich nicht ganz deckungsgleich über die Realität, das muss ich fairerweise zugeben. Meine Mutter war vielleicht passiv in den Beziehungen, weil sie zu viel ausgehalten und mit sich hat machen lassen, aber sie hat sich nicht willenlos aufsammeln – weiterreichen – lassen. Sie war es, die Männer gesucht, gefunden und an Land gezogen hat, ziemlich aktiv sogar. Wenn man außerdem sieht, was sie alles erreicht hat, seit sie damals als Teenager zu Hause ausgezogen ist, was sie in ihrem Leben gestemmt hat, auch später, dann ist sie eine Macherin. Oder könnte zumindest eine sein, wenn sie nicht umgehend erschlaffen würde, sobald sie es in die Arme eines neuen Mannes geschafft hat. Kein Risiko, zu wenig Mut, zu viel Angst. Ihr fehlt das Vertrauen in sich selbst. Mama, du kannst das!

Ich fand damals, der Reiche war größtenteils in Ordnung (vor allem, wenn man seinen Vorgänger als Vergleich heranzog).

Bis auf die Tatsache, dass er mir immer auf den Busen guckte, wenn er mit mir sprach – ich war zu diesem Zeitpunkt ein Teenager, um die fünfzehn Jahre alt, und mein Busen ist noch nie klein gewesen. Dieses Busengucken war, dezent gesagt, ein Problem. Es war eklig. Als würden seine Blicke mir T-Shirt und BH herunterreißen und über meine nackte Haut krabbeln wie widerliche kleine Insekten. Auch wenn seine Blicke mich nicht tatsächlich beschmutzen konnten, habe ich mich befleckt gefühlt. Angetatscht, entmachtet, dreckig. Er hat nie versucht, mich anzufassen, hat nur geschaut, aber auch das war natürlich zu viel, war ein Übergriff. Innerlich hat es mich geschüttelt, und heute schüttelt es mich noch viel mehr, wenn ich – älter und erfahrener – darauf zurückblicke. Ich hätte etwas sagen sollen. Hätte eine Grenze ziehen müssen. Hätte, hätte, Fahrradkette.

Seine Frau war kurz vorher an einer schweren Krankheit gestorben, er war allein, vielleicht auch hilflos, und meine Mutter sah seiner toten Frau ähnlich, also hat er sie zu deren Nachfolgerin erwählt. Er hat das nicht gefühllos getan oder methodisch nach einer Frau wie meiner Mutter gesucht, sondern war aufrichtig in sie verliebt, nur eben aus den falschen Gründen. Meine Mutter war, glaube ich, sogar glücklich, aber sie neigt dazu, ihr Glück nicht zu wollen, es lieber in Tausende kleine Scherben zu zerschmettern, um sich in diesem Scherbenmeer dann blutige Füße zu holen. Bei dem Reichen blieb sie nur ein paar Monate, vielleicht ein Jahr, nachdem sie es mit dem Süchtigen immerhin sieben Jahre ausgehalten hatte. WTF!? Das nenne ich aus dem Gleichgewicht geraten. Für mich und meine Schwester war es kein Problem, dass sie den Reichen verließ, aber warum gönnte sie sich nicht eine Verschnaufpause? Eine Beziehung, in der sie zur Ruhe kommen und ein vergleichsweise angenehmes Leben führen konnte, wenn sie es schon nicht ohne einen Mann aushielt?

Ich erinnere mich noch, als ich klein war, etwa vier Jahre alt. Ich hatte damals ein Hochbett, weiß, aus Holz, mit einer Höhle darunter, in der ich mich geborgen und sicher fühlte. Hier saß ich stundenlang (wenn man meine und wahrscheinlich jede andere Mutter fragt, waren es nicht wirklich Stunden, aber für mich fühlte es sich wie eine lange, wunderbare Ewigkeit an) und spielte mit meinen geliebten Puppen. Einmal saß meine Mutter bei mir in meiner Höhle und beobachtete mich beim Spiel. Ich war eine ernst- und gewissenhafte Puppenmutter.

»Willst du später auch mal Mama werden?«, fragte meine Mutter.

»Ja«, habe ich geantwortet, denn das stand für mich schon fest, als ich selbst noch ein Winzling war. Ich würde einmal Kinder haben.

»Dann brauchst du aber einen Mann«, erklärte sie mir und meinte dabei nicht die Sache mit den Bienen und den Blumen. Komisch, dass ein Mann für sie fest ins Bild gehörte, wo sie doch selbst ohne männliche Anwesenheit auskommen musste; schließlich war mein Vater nie zu Hause und kaum an uns interessiert.

»Nein«, erwiderte ich voller Inbrunst und mit einer Überzeugung, die nur eine Vierjährige an den Tag legen kann, »ich brauche keinen Mann, ich will ja nur ein Kind.«

Heute erschreckt es mich ein wenig und macht mich zugleich stolz, dass ich schon damals verstanden habe, dass frau – außer in Sachen Zeugung, und selbst das ist heutzutage ja in einem gewissen Maß umgehbar – keinen Mann braucht, um ihr Leben zu leben und glücklich zu sein. Im Grunde lebte meine Mutter es mir damals ja vor, sie machte alles allein, schmiss den Haushalt, kümmerte sich um uns Kinder. Mein Vater war überflüssig, außer dass wir mehr Geld hatten, solange er zumindest offiziell zu unserer Familie gehörte. Wenn ich heute auf uns als Familie zurückblicke, denke ich: »Schade.«

Eigentlich waren nämlich alle Grundvoraussetzungen da, um ein wunderbares Leben führen zu können. Um eine heile, glückliche Familie zu sein. Nur fehlten bei meinen Eltern leider die emotionalen Grundvoraussetzungen, die Liebe, der Respekt und das Miteinanderkönnen. Zumindest was das rein Praktische anging, waren wir jedoch optimal aufgestellt. Als mein Vater noch da war, hatten wir Geld, sehr gutes Geld. Meine Mutter wurde nachts noch nicht um den Schlaf gebracht, weil sie sich Sorgen machen musste, wovon wir leben sollten. Wir hatten ein schönes Zuhause, einen Garten, der direkt an einen Spielplatz grenzte, eine gute Nachbarschaft. Ich hatte eine beste Freundin. Wir hätten ein eingeschworenes Team sein können, Mama, Papa, Sarah und ich. Das Leben hätte gut sein können, für uns alle gemeinsam. Aber es hat nicht sollen sein. Und obwohl meine Mutter es besser hätte wissen müssen, obwohl sie mir vorlebte, dass man keinen Mann braucht, war sie immer auf der Suche. Suchte auch Jahre später stets nach einem Mann, obwohl sie doch längst erkannt haben musste, dass eine Beziehung nicht automatisch Sicherheit, Unterstützung oder gar Liebe bedeutet. Glaubte so sehr, auf einen Mann angewiesen zu sein, dass ihre vierjährige Tochter ihr zumindest in Bezug auf die Realitäten einer Partnerschaft voraus war. Ich brauche keinen Mann, ich will nur ein Kind.

Auf jeden Fall hatte der Reiche ein schönes Auto, ein großes Haus, er fuhr mit uns in den Urlaub und blieb trotzdem blass. Vielleicht war es das, was meine Mutter an ihm störte: Das Leben mit ihm blieb blass, und sie selbst blieb es auch. Schließlich war sie nur ein Ersatz für eine Tote, ein Abbild, kein Selbstbild. Das, was sie genoss, war, meiner Schwester und mir durch diese Beziehung etwas bieten zu können. Dinge, die man mit Geld kaufen kann. Mein Gott, das letzte Mal, dass wir in Urlaub gefahren waren, war zu der Zeit gewesen, als wir noch mit meinem Vater zusammenlebten. Sie hatte ihn verlassen, als ich sechs war, nun war ich fünfzehn. Wir hatten also ein paar urlaubsfreie Jahre hinter uns. Nicht nur urlaubsfrei, sondern allesfrei. Es gab keine Extras, keine großartigen Ausflüge, keine tollen Klamotten, selten mal ein Eis, kaum Kino- oder Restaurantbesuche. Phantasialand? Kletterpark? Mutter-Tochter-Shoppen? Vergesst es! Dafür war kein Geld da. Mein Vater zahlte nach der Trennung keinen Unterhalt, und meine Mutter konnte in den ersten Jahren als Alleinerziehende nicht arbeiten gehen. Wir Kinder waren noch zu jung, das Betreuungsangebot nicht mit den Jobmöglichkeiten vereinbar. Zudem war meine Schwester oft krank, und auch wenn alles andere rundlief, hatte sie unzählige Arzt- und Therapietermine, zu denen meine Mutter mit ihr hetzte. So fühlte es sich für uns alle an: Wir hetzten. Ständig stand eine Verpflichtung an, jagte ein Termin den nächsten, folgte eine Aufgabe auf die andere. Mama musste immerzu funktionieren, und dabei blieben die Liebe, das Glücklichsein, die Fröhlichkeit und die Leichtigkeit auf der Strecke. Meine Mutter hat alles gegeben, und trotzdem hat es damals nie für ein schönes Leben gereicht. Nicht für sie, nicht für uns, und das über eine lange, lange Zeit. Es hat viele Jahre gedauert, bis das Leben meiner Mutter ein wenig leichter wurde.

Natürlich waren wir wie andere Kinder, natürlich fragten wir vor dem Süßigkeitenregal, ob wir diese oder jene Tüte mit Schokolade, Keksen oder Gummibärchen nicht doch haben konnten. Oder den Kaugummi hier? Nur dieses eine Mal? Natürlich drückten wir uns die Nasen an der Schaufensterscheibe des Spielwarengeschäfts platt. Natürlich wollten wir irgendein elektronisches Gadget haben, zum Telefonieren, Musikhören, Coolsein. Natürlich streiften wir durch die Klamottenläden, ließen unsere Hände über die Jeans, die Shirts, die Pullover gleiten, die wir so gern haben wollten und die so unerreichbar waren. Hielten sie uns vor dem Spiegel vor, meine

Güte, damit hätten wir gut ausgesehen! Meine Mutter sagte immer Nein. Nicht, weil sie Nein sagen wollte, sondern weil sie es musste. Irgendwann konnten wir Kinder das akzeptieren, wir verstanden die Gründe für ihr Nein, und wir sahen, wie jedes erneute Nein sie ein kleines bisschen mehr kaputtmachte. Deshalb war es für uns nach einer Weile in Ordnung zurückzustecken.

Meine Mutter konnte hervorragend mit wenig Geld umgehen, es hat nie an etwas gefehlt, was wir wirklich brauchten. Wenn darüber hinaus aber kein Geld da ist, kann man es auch nicht ausgeben. Dabei arbeitete sie sich seit der Trennung von meinem Vater den – *Pardon my French* – Hintern ab. Nur unser Kühlschrank, der war immer gut gefüllt. *Zu* gut gefüllt eigentlich angesichts unseres Kassenstands. Heute glaube ich, dass das ein Zwang war, ein Trauma aus ihrer Kindheit, dem meine Mutter mit einer Überfülle an Lebensmitteln begegnete. Vielleicht hatte sie selbst als Kind nicht genug zu essen, vielleicht wurde sie gezwungen, Dinge zu essen, die sie nicht zu sich nehmen wollte, die eklig waren oder ihr verhasst. Ich habe es noch nicht über mich gebracht, näher nachzufragen und tiefer zu bohren. Aber irgendetwas ist da.

Trotz der kleinen Extras, des Urlaubs und der Ausflüge, die mit dem Reichen plötzlich möglich geworden waren, hielt meine Mutter es irgendwann nicht mehr mit ihm aus. Oder besser: bei ihm, denn ein wirkliches Miteinander war es sicherlich nicht. Nachdem sie sich von ihm getrennt hatte, habe ich noch einmal mit ihm gesprochen. Damals packte er mich am Arm, nicht aggressiv, es war auch kein Übergriff, sondern bloß seine Verzweiflung. »Dann könnt ihr aber nicht mehr in den Urlaub fahren«, sagte er. Als wenn uns seine finanziellen Möglichkeiten hätten locken können. Wir waren unter anderen Umständen aufgewachsen, waren abgehärtet, kannten das Nein. Solche Dinge wie Urlaub waren schön, aber für uns schon lange kein Must-have mehr, sie waren uns nicht wichtig. Kein Verlangen, vergiss es. Geld ist nicht alles, und erpressen lasse ich mich nicht.

Auch meine Mutter hat es mit Erpressung versucht, als ich nach meinem Unfall ankündigte, bei ihr auszuziehen. Ich zog trotzdem aus – jetzt erst recht und noch viel schneller als geplant. Natürlich war sie furchtbar gekränkt, konnte nicht über ihren Schatten springen und strafte mich mit Kontaktabbruch. Und zwar ab dem Moment, als ich über die Schwelle nach draußen trat (tatsächlich trat ich nicht, sondern fuhr im Rollstuhl, die Prothesen besaß ich zu dem Zeitpunkt noch nicht) und ihr Haus verließ. Wenn ich daran zurückdenke, sehe ich sie in diesem Jahr, in dem wir nicht miteinander sprachen, uns nicht sahen, nicht telefonierten oder anderweitig kommunizierten, aus irgendeinem Grund immer als einen kleinen, alten, verbitterten Japaner vor mir, der, zwischen zarten Reispapierwänden eingesperrt, allein in seinem Tatamizimmer steht, sich als Familienoberhaupt mit seinen Angehörigen überworfen hat, aber weder vor noch zurück kann, weil er sein Gesicht nicht verlieren will. Ich sehe sie als Japaner, nicht als Japaner*in,* denn das mit dem Gesichtverlieren scheint mir eine vornehmlich männliche Sache zu sein, zumindest in der japanischen Gesellschaft – mit meiner Mutter im Großraum Köln und ohne jeden Anknüpfungspunkt an die japanische Kultur als Ausnahme. Sie ist stur, aber ich bin es auch.

Deshalb habe ich sie damals auf meinen Social-Media-Accounts geblockt. Sie wollte mich nicht mehr in ihrem Leben? Bitte, das konnte sie haben. Dann sollte sie auch nicht in meinem Leben rumschnüffeln, sollte nicht wissen, wie es mir ging, was ich tat, wie ich aussah, wie ich lebte. Sollte mir nicht folgen können. Sie war es schließlich, die gesagt hatte, ich sei für sie gestorben. Weil ich ausgezogen war, Himmelherrgottnochmal. Wegen so etwas! Aber an meinem Krankenbett stehen und weinen, weil ich *fast* gestorben wäre. Das passte doch hinten und vorn nicht zusammen. Ich war einundzwanzig Jahre alt, hatte zwar keine Beine mehr, aber war doch alt genug, um mein eigenes Leben zu leben. Ich war sauer über ihr trotziges Verhalten, aber auch erleichtert, befreit, erlöst. Also beschloss ich, ihr einfach die Zeit zu geben, die sie brauchte. Ich hatte nicht das Gefühl, dadurch etwas zu verlieren; im Gegenteil, ich wurde um eine wertvolle Erfahrung reicher: Selbst ohne Beine brauchte ich meine Mutter nicht, und meinen Vater hatte ich schon viele Jahre zuvor abgeschrieben. Ich brauchte keinen von den beiden. Das machte mich dankbar. Keine falschen Erwartungen mehr, keine enttäuschten Hoffnungen. Obwohl meine Mutter mir nie die Liebe geben konnte – oder wollte –, die ich eigentlich erwartet hatte, obwohl meine Kindheit mit wenigen Ausnahmen einfach mies gewesen war, war ich dankbar, genau diese Mutter, genau diese Kindheit und, ja, wahrscheinlich auch genau diesen Vater gehabt zu haben. Sonst wäre ich niemals so stark geworden, meiner selbst so sicher.

Manchmal nervt mich die Art meiner Mutter, treibt mich in den Wahnsinn, bringt mich dazu, den Kopf gegen die Wand schlagen oder in ein Kissen pressen zu wollen und draufloszuschreien. Glaubt mir, Ronja Räubertochters Frühlingsschrei ist nichts dagegen. Dann wünsche ich mir ab und zu, dass manche Dinge anders wären, aber ich weiß genau, was ich an meiner Mutter habe und was ich nicht an ihr habe. Wenn ich mich – uns – mit meinen Freundinnen und deren Müttern vergleiche, dann bin ich froh um die Gewissheit, die mir unsere Vergangenheit gibt: das Wissen, wo ich stehe beziehungsweise wo wir stehen. Die Tatsache, dass wir uns nichts vormachen; dass wir aussprechen, was uns stört, manchmal mit einer überflüssigen, verbohrten Sturheit oder mit kleineren bis mittelschweren Erpressungsversuchungen; dass keine Fragen mehr offen sind – all das ist unfassbar wertvoll. Dank, wegen oder auch trotz – ich weiß nicht, welcher Begriff hier eigentlich der richtige ist, vielleicht sind es auch alle drei gemeinsam, weil keiner allein ausdrücken kann, was ich meine –, also dank, wegen oder auch trotz meiner Eltern bin ich mit mir im Reinen. Ich denke, das kann nicht jeder von sich behaupten.

Irgendwann war plötzlich ein Jahr seit meinem Auszug vergangen, und meine Mutter und ich sprachen noch immer nicht miteinander. Dann wurde meine Schwester schwanger und mir das Ganze zu dumm. Sollte ich meine Nichte oder meinen Neffen nicht sehen können, nur weil meine Mutter zufällig zum gleichen Zeitpunkt zu Besuch war? Geburt, Geburtstage, Weihnachten, sollten wir da krampfhaft eine Lösung finden, einen Stundenplan vereinbaren, damit wir uns bloß nicht zufällig über den Weg liefen? Und wie sollten wir etwas vereinbaren, wenn wir gar nicht miteinander sprachen? Das war doch lächerlich. Wir wiederholten die Vergangenheit, die Geschichte, die sich einst zwischen meiner Mutter und ihrer Mutter abgespielt hatte, von der sie wohl auch ihre fragwürdigen Konfliktlösungsfähigkeiten geerbt hatte. Also rief ich meine Mutter an, sagte, wir sollten uns zusammenreißen und aussprechen. Das haben wir hingekriegt. Seitdem ist unser Verhältnis richtig gut. Eigentlich besser, als es jemals zuvor war. Jede von uns hat ihren Freiraum, aber wir sehen uns ein- bis zweimal die Woche, telefonieren, gehen zusammen shoppen, trinken Kaffee, fahren uns gegenseitig zur Werkstatt, wenn unsere Autos zum TÜV oder in die Reparatur müssen, bringen uns Kleinigkeiten mit, wenn wir einkaufen. Ich brauche meine Mutter nicht, aber es ist schön, dass sie da ist.

Später hat sie mir erzählt, dass sie mir in der Zeit, als ich sie geblockt hatte, mit einem Fakeprofil gefolgt ist. Sollte man etwas anderes von der eigenen Mutter erwarten? Auf keinen Fall. Ihr Fakeprofil war ein Liebesbeweis, gepaart mit mütterlicher Neugier. Damit kann ich gut leben. Manche Grenzen, die man setzt, darf man nämlich auch verschieben oder wieder aufheben. Grundsätzlich haben mich das Leben nach dem Unfall und das Preisgeben von Persönlichem auf Instagram und Co. jedoch abgehärtet. Ich ziehe und setze Grenzen ohne großes Tamtam. Ohne langes Nachdenken, ohne Schuldgefühle, ohne Reue. Ohne demjenigen, den ich durch eine gesetzte Grenze verliere, nachzutrauern. Ich brauche keine Freundin, die meine Beine gruselig findet. Keinen Doppel-Ex, der mich als Handicap bezeichnet. Keine Lügner, Gaffer, Zeitverschwender, Meinungsaufdrücker. Es ist eine Form des Selbstschutzes, ein Schild gegen übergriffige und unzuverlässige Menschen, egal ob in der digitalen Welt oder im persönlichen Kontakt.

Im persönlichen Kontakt kann ich natürlich niemanden blocken. Ich kann vielleicht die Nummer aus meinem Telefonbuch löschen, auf Nachrichten nicht antworten, mich nicht melden, nicht drangehen, wenn die- oder derjenige anruft. Je nachdem, ob ich mich mit der- oder demjenigen weiter auseinandersetzen und meine Haltung erklären will oder nicht. In einer Beziehung kann ich einen Schlussstrich ziehen und mich trennen. Manchmal wähle ich, eine Freundschaft einfach einschlafen zu lassen, andere Male rede ich Tacheles und sage, was mich stört und warum ich die Freundschaft nicht fortsetzen will. Trotzdem bin ich nicht so brutal, wie das klingt. Ich bin im Gegenteil ein Verfechter von zweiten Chancen, die hat fast jeder verdient, einige besondere Situationen einmal ausgenommen. Von meinem Partner in einer Beziehung betrogen zu werden, wäre für mich zum Beispiel so eine Ausnahme. Das würde, wollte und könnte ich nicht verzeihen. Aber ansonsten geht die zweite Chance bei mir aufs Haus. Schade, dass so viele Menschen sie ungenutzt verstreichen lassen – nicht speziell mir gegenüber, sondern ganz allgemein. Mit dritten (und weiteren) Chancen habe ich aufgehört, als ich jünger war. Vater in Abwesenheit sei Dank.

Früher habe ich länger gezögert, ich habe mehr Ballast, mehr überholte Freundschaften und Beziehungen mit mir herumgeschleppt. Seit meinem Unfall lebe ich bewusster. Ich mache nur noch, was mich glücklich macht und mir guttut. Ich fühle in mich hinein – und oft muss ich nicht lange fühlen –, ob eine Person, ein Moment oder eine Situation etwas Positives in mir auslöst oder mir ein negatives Gefühl vermittelt. Was negativ ist, muss weg. Was nicht heißt, dass ich keine Steuererklärung mache oder mich nicht durch ähnlich vergnügliche Dinge kämpfe, die ich lieber heute als morgen aufgeben würde. Schön wär's! Wobei das Gefühl, wenn die Zahlen aufgehen und die Erklärung eingereicht ist, eindeutig ein Hochgefühl ist und damit vielleicht doch nicht in die Tonne gehört. Aber in meinem Leben muss ich – von der Steuererklärung und Ähnlichem einmal abgesehen – die Hauptrolle spielen, sonst läuft etwas falsch. Ich bin keine Nebenrolle, kein Beleuchter oder Stuntdouble, ich bin noch nicht mal die Regisseurin (denn ich glaube an Schicksal) oder die Drehbuchautorin. Nein, ich bin die Hauptrolle, ich bin die mit dem Glitter und Glamour, die mit der atemberaubenden Designerrobe auf dem roten Teppich.

Zum Glück kann ich mit besagter Designerrobe relativ gut Bus fahren. Ich finde nämlich, mit Freundschaften und Beziehungen ist es so wie mit einem Bus, in dem man selbst am Steuer sitzt. Während ich meinen Bus durch die Landschaft meines Lebens lenke, steigen immer wieder neue Menschen ein – und andere aus. Leute kommen und gehen und mit ihnen Freundschaften und Beziehungen. Das ist nicht Schlechtes, finde ich, nicht jede Freundschaft, die einschläft oder sich verliert, fällt meinem Aussortieren zum Opfer. Manche Freundschaften leben davon, dass man zum Beispiel in der Schule, während der Ausbildung oder im Job tagtäglich miteinander zu tun hat. Andere überleben einen Umzug nicht, wieder andere überdauern alles – selbst Jahre, in denen man keinen Kontakt hatte, sich kaum gesehen oder gesprochen hat. Hauptsache, man behält das Steuer in der Hand und die eigene Route im Blick.

So locker-flockig, wie ich das Grenzenziehen jetzt habe klingen lassen, ist es natürlich nicht. Es ist auch nicht so, als wäre durch meinen Unfall Weisheit aus Kübeln auf mich herabgeregnet. Ein kleiner Ausgleich für die zermatschten Beine? Gern geschehen! Der Unterschied ist: Mein Unfall war mir eine Lehre. Meine Zeit ist begrenzt. Ich bin mir selbst die Nächste. Ich habe so viel Müll mitgemacht, dass ich nicht freiwillig weiteren Müll sammeln und mit mir herumtragen muss. Schluss mit der Vermüllung meiner inneren Traumstrände. Natürlich war ich anfangs nach meinem Unfall genauso naiv und vertrauensselig wie davor. Ich bin nicht eins, zwei, drei, schon bist du dabei, als neuer Mensch aus dem Koma aufgewacht, habe keine Erleuchtung gehabt, sondern Lehrgeld gezahlt. Auf die klassische Art.

Eines meiner unangenehmsten und irgendwie peinlichsten, aber gerade deshalb auch lehrreichsten Erlebnisse ist mein Treffen mit dem Amelo (ich komme gleich dazu, wer und was das ist). Naiv bin ich ihm in die Falle gegangen, wie im Bilderbuch, und ich wette, fast jeder kann eine solche oder ähnliche Geschichte erzählen, egal, ob es dabei um Amelotatismus geht (schon mal kurz vorausgeschickt: Das ist, wenn jemand auf jemand anderen steht, weil dieser andere zum Beispiel keine Beine aus Fleisch und Blut mehr hat), um das Angegrapschtwerden in der U-Bahn oder der Disco, um Macht und Erniedrigung, um finanzielle Abzocke oder einfach das Verarschtwerden. Ich bin es so satt! Manche Leute machen es einem wirklich schwer, an das Gute im Menschen zu glauben. Ich versuche trotzdem, mich nicht davon abhalten zu lassen.

Der Kontakt zu dem Amelo – damals wusste ich natürlich nicht, dass er ein Amelo war – kam eigentlich ganz glaubwürdig zustande. In einer Facebook-Gruppe, in der ich mich mit anderen austauschte, die auch Gliedmaßen verloren und mit Phantomschmerzen und anderen Begleiterscheinungen zu kämpfen hatten, empfahl mir eine Userin einen Mann, der ihr mit einem TENS-Gerät unheimlich geholfen habe. Das ist ein Generator, der elektrische Impulse generiert und diese via Elektroden, die auf der Haut platziert werden, an deinen Körper weiterleitet. Die Idee dahinter ist es, Schmerzen mit Strom zu behandeln. Ich will gar nicht weiter auf das Prinzip und die Technologie eingehen, aber was die Userin sagte, hörte sich vernünftig und vertrauenswürdig an. Außerdem kam der Kontakt über eine Frau zustande! Irgendwie traut man anderen Frauen nicht zu, dass sie einen schamlos in die Pfanne hauen, vor allem dann nicht, wenn es um sexuell getriebenes Fehlverhalten geht. Nicht, dass ich Amelotatismus grundsätzlich als Fehlverhalten betrachte. Aber das Verhalten *dieses* Amelos war grundfalsch und verschlagen.

Neutral formuliert ist Amelotatismus eine besondere Zuneigung zu Menschen mit körperlichen Einschränkungen. Ein Amelo – oder weiblich, aber seltener: eine Ameline – steht also auf Leute wie mich, denen ein oder in meinem Fall zwei Körperteile fehlen, die unter Spastiken oder Lähmungen leiden, deren Sinne wie etwa das Sehen eingeschränkt sind oder die auf Rollstühle, Krücken, Prothesen und andere Hilfsmittel angewiesen sind. Google ist widersprüchlich, wenn man fragt, ob Amelotatismus ein sexueller Fetisch ist, weil ein solcher sich vor allem auf unbelebte Objekte richtet, während Amelos und Amelinen auf *Menschen* stehen. Bei dem Amelo, mit dem ich Bekanntschaft machte, war das egal: Das Gefühl, sexuell ausgenutzt und gegen meinen Willen zum Aufgeilobjekt degradiert worden zu sein, war da. Ganz viele Menschen, egal ob mit oder ohne Behinderung, haben wahrscheinlich noch nie etwas von Amelotatismus gehört. Aber vielen Menschen mit

Behinderung, die sich dennoch mit dem Thema auskennen, sträuben sich die Haare, wenn sie den Begriff hören – und das dürfte an genau solchen Storys und Erlebnissen wie meinem liegen. Es ist in Ordnung, wenn man auf jemanden abfährt, dem, sagen wir, der Unterarm fehlt – solange derjenige weiß, dass der andere deswegen auf ihn steht. Dann kann man sich als Unterarmloser überlegen, ob man das mitmacht oder nicht. Ich will das Problem nicht kleinreden, und ich persönlich würde mich nie darauf versteifen, nur einen Mann lieben zu können, der zum Beispiel blonde Haare hat oder nur neun Finger, denn ich glaube, dass ich es mir damit ordentlich selbst vermasseln würde, einen wirklich seelenverwandten Partner zu finden und diesen aus den blonden, braun-, rot-, schwarz-, bunt- oder gar-nicht-mehr-haarigen Menschen, die auf der Erdkugel herumlaufen, herauszufiltern. Genauso wenig möchte ich selbst nur für etwas geliebt werden, was gar nicht mehr da ist, nämlich meine ursprünglichen Beine. Aber ich schätze mal, kaum ein Amelo beziehungsweise kaum eine Ameline ist eines Morgens aufgewacht und hat sich überlegt, ab heute nur noch jemanden ohne Beine zu begehren.

Der Amelo, der mich als Objekt seiner Begierde ausgeguckt hatte, hatte auf jeden Fall ein Faible für fehlende Beine, ohne dass ich etwas davon ahnte. Über die Userin in der Facebook-Gruppe waren wir in Kontakt gekommen; wir schrieben ein paarmal hin und her und vereinbarten schließlich einen Termin, wann er zu uns nach Hause kommen sollte – ich lebte zu diesem Zeitpunkt, kurz nach der Entlassung aus dem Krankenhaus, noch bei meiner Mutter und Mario, und dafür bin ich heute enorm dankbar. Mit seinem Elektrostimulationssuperdupergerät trat er an, um mich von meinen Schmerzen zu befreien. Ich fand nur komisch, dass er mich per Nachricht beauftragte, meine Liner schon vorab auszuziehen. Kompressionsliner sind nach einer Amputation beziehungsweise nach dem Verlust von

Gliedmaßen wichtig, um großflächigen Druck auszuüben, bei mir auf die Stümpfe. Dadurch bringt man Schwellungen zum Abklingen, man fördert die Wundheilung, bereitet die Stümpfe auf die Anpassung von Prothesen vor und sorgt dafür, dass der Stumpf schneller seine endgültige Form erhält. Außerdem schützen Liner den Stumpf. Es ist eine Art sehr enger, elastischer Strumpf, nur eben für meine Stümpfe. Ein Riesenkondom, wie ich immer sage. Gibt es natürlich auch für Beine, die noch vorhanden sind – eigentlich kriegt jeder solche Strümpfe angezogen, der zum Beispiel im Krankenhaus operiert wird, damit keine Thrombose entsteht.

Da saß ich also in meinem Rollstuhl mit meinen nackten Stümpfen. Ohne Liner. Das ist etwas anderes, als wenn man mit nackten Beinen und bloßen Füßen rumläuft. Man macht sich verletzlich, wenn man seine verheilenden Stümpfe zeigt, trotz allem, was ich mir vorgenommen hatte, nämlich mich und meine Beine nicht zu verstecken. Als meine Mutter mich im Rollstuhl aus dem Krankenhaus geschoben und darauf bestanden hat, meine Stümpfe unter einer Decke zu verbergen, war das etwas ganz anders. Da hatte ich eine kurze Jogginghose an und Socken über die Stümpfe gezogen, ich war nicht nackt und hätte meine Stümpfe entspannt zeigen können. Ich weiß, ich widerspreche mir, wenn ich sage: kein Versteckspiel, nur um mir im nächsten Atemzug meine Liner an die Beine zu wünschen. Meine Stümpfe nackt und unbedeckt zu zeigen, ist etwas Intimes. Nicht weil ich mich schäme oder so peinlich berührt davon wäre, als würde ich plötzlich oben ohne auf der Straße stehen. Das sage ich nicht. Es liegt eher an den Blicken, die *mir* sagen, ich hätte mit meinen Stümpfen etwas sehr Privates entblößt. Dabei sind es doch nur Beine! Das ist ein Widerspruch in mir genauso wie in unserer Gesellschaft als Ganzes, den ich noch nicht gelöst habe, auch nicht für mich selbst.

Der Amelo kam, lobte mich dafür, die Liner so brav ausgezogen zu haben, und machte sich dann daran, die Elektroden, die über Kabel mit seinem Dingsbumsgerät verbunden waren, an meinen Stümpfen zu befestigen. Danach saß er mir im Sessel gegenüber – wir waren im Wohnzimmer – und fummelte ab und zu an dem Gerät herum, während wir uns unterhielten. Hin und wieder musste er etwas auf seinem Handy nachschauen, vielleicht einen stummen Anruf abwürgen oder eine Nachricht beantworten – bis es mir wie Schuppen von den Augen fiel. Der Typ machte heimlich Bilder. Richtete seine Handykamera auf meine Stümpfe und fotografierte.

Ich sagte nichts. Konnte nichts sagen, fühlte mich wie versteinert. In mir schrie alles um Hilfe, vielleicht schrie ich auch vor Wut oder aus dem ohnmächtigen Gefühl heraus, benutzt worden zu sein, aber nichts davon drang nach außen. Ich saß weiter in meinem Sessel, nackt und ungeschützt, mit seinen verdammten Elektroden an mir; verlängerte Finger, die mich begrapschten. Ich begann, nur noch einsilbige Antworten zu geben, ließ die Unterhaltung einschlafen, bis er merkte, dass es Zeit war zu gehen. Reißaus zu nehmen. Leider kann ich nicht behaupten, ich hätte bewusst so reagiert und ihn mit meinem Nichtantworten aus dem Haus gejagt. Mein Gehirn war genauso paralysiert wie der Rest von mir, zusammenhängende Sätze zu formen, wäre nicht möglich gewesen, selbst wenn ich gewollt hätte.

Hätte ich bloß geschrien, ihn laut beschuldigt, angeklagt, in Bedrängnis gebracht! Eine Grenze nicht bloß gezogen, sondern sie ihm unmissverständlich um die Ohren gehauen. Links, rechts, links, rechts und noch mal links. Ich war, bildlich gesprochen, überrannt worden, und das schnelle Aufrappeln, Hinterherrennen, Einholen und Zurückschlagen musste ich noch lernen, emotional gesehen. Ich schickte ihm nachher eine Nachricht, schrieb, dass ich bemerkt hätte, wie er heimlich

Fotos von mir machte, und die müsse er löschen. Ich bekam irgendein lauwarmes Blabla zurück, halb Verneinung, halb Versicherung, die Bilder seien nur für seine Heilarbeit. Ich ließ es ruhen, wollte nichts mehr damit zu tun haben; was konnte ich groß erreichen, das Ganze war mir zu schmutzig, zu eklig, zu erniedrigend, um mich weiter damit zu beschäftigen. Den Amelo habe ich definitiv aussortiert, und eine zweite Chance gibt es auch nicht, niemals im Leben und auch nicht danach. Meine Mutter war die ganze Zeit nebenan in der Küche. Sobald der Amelo weg war, kam zum Glück meine Stimme zurück, und mein Hirn schaltete sich auch wieder ein. Mama war ganz entsetzt, als ich ihr davon erzählte; so ein netter Mann, dem sie aber liebend gern umgehend die Augen ausgekratzt hätte.

Ich sage ja: So leicht ist das mit dem Grenzenziehen und Aussortieren nicht – vor allem nicht mit dem *rechtzeitigen* Grenzenziehen und Aussortieren. Man muss hinfallen, noch mal hinfallen, noch ein paarmal hinfallen, und irgendwann hat man es drauf. Die sozialen Netzwerke sind eine ziemlich gute Schule. Nicht, dass sie einem da was beibringen würden. Aber man bringt sich selbst jede Menge bei, man lernt reichlich. Erst recht, wenn man sich, wie ich, angreifbar macht, weil man sich nahbar zeigt. Ich lasse die Leute an meinem Leben teilhaben, lasse sie sehen, was ich esse, was ich anziehe, wie ich aufräume, wo meine Wäsche zum Lüften oder Trocknen hängt, wie ich nach einer durchtanzten Nacht aussehe, wie ich trainiere, koche, ein Regal an die Wand düble, wie ich spazieren gehe, von meinen Hunden ignoriert werde, wenn ich sie rufe, wovor ich Angst habe, wie ich zur Bank gehe, zum Steuerberater, zur Wimpernverlängerung, was ich denke und fühle, wie ich weine, was ich einkaufe, wer mich wahnsinnig macht. Bei mir ist nichts perfekt (Was glaubt ihr, wie oft ich in den Kommentaren Schminktipps bekomme – das nenne ich mal einen Indikator fürs Unperfekte!), ich bin so wie jeder andere auch.

Nicht schillernd, gegelt und geleckt oder womöglich mit eigener Stylistin, sondern ganz normal. Das Mädchen von nebenan, Ringe unter den Augen und kaputte Beziehungen inklusive. Das mache ich, weil ich ein riesengroßes Mitteilungsbedürfnis habe; manchmal glaube ich fast, Instagram und Tiktok müssen sie für mich erfunden haben. Ich mache das außerdem und vor allem, um zu zeigen, dass ein Leben ohne Beine ziemlich normal und ziemlich wunderbar sein kann. Weg mit den Schreckgespenstern! Ich mache das auch, weil es wirklich, wirklich toll ist, mit so vielen Menschen überall auf der Welt verbunden zu sein. Und ich mache das, weil ich mich dadurch selbst viel besser kennenlerne, weil ihr mich zum Nachdenken zwingt, zum Zwiegespräch mit mir selbst und manchmal auch mit einem diskussionsfreudigen Kommentator.

Womit wir wieder bei den Leuten wären, die an dieser Stelle gern ihren Standardspruch einwerfen: »Boah, dafür musstest du aber auch deine Beine lassen.« Aber ganz ehrlich: Dann ist es halt so. An dem Verlust meiner Beine kann ich sowieso nichts ändern. Warum soll ich trauern, dass sie weg sind, wenn ich viel mehr bekommen habe, als mir genommen wurde? Mit dem Mehr meine ich nicht nur meine Social-Media-Präsenz und das Glück, dadurch einen Job gefunden zu haben, der mich wirklich erfüllt. Ich habe wunderbare Menschen kennengelernt, habe meine beste Freundin gefunden, erlebe jeden Tag etwas anderes, Neues und Spannendes. Ich habe zwei Hunde, die ich abgöttisch liebe (von der Puppen- zur Hundemama, ich sage es ja), ich bin meine eigene Chefin, führe ein Leben, wie ich es mir niemals erträumt hätte. Ich habe nur dazugewonnen, und darüber bin ich glücklich. Das alles habe ich schon einmal gesagt, aber ihr seht: Es nagt an mir, sonst würde ich es nicht noch einmal erwähnen. Ich würde mir nämlich wünschen, dass niemand mehr glaubt, es ergebe Sinn, meine Beine gegen mein Leben aufzurechnen, das Vorher gegen das Nachher. Eine solche

Rechnung wird niemals aufgehen, weil sie nicht auf logischem Denken beruht, und Logik ist das A und O in der Mathematik.

Manchmal muss mein enthusiastisches Ich aber sowieso zweifeln. Zum Beispiel dann, wenn mich wieder einer fragt, ob ich noch Sex haben oder Kinder bekommen kann. Ich bin nahbar, zeige viel Persönliches aus meinem Leben, ja. Das heißt aber nicht, dass hier jede und jeder einfach hereinspazieren, mich nach ihrem oder seinem Gusto auseinandernehmen, sezieren, drehen, wenden und beäugen darf. Dann möchte ich gern antworten: »Nein, leider kann ich keine Kinder mehr bekommen, da der Uterus, wie jeder weiß, in der Wade sitzt, und die ist ja nun mal weg.« Oder: »Ja, das ist schwierig mit dem Geschlechtsverkehr, da ich ihn grundsätzlich mit den Zehen ausführe. Und die sind auch nicht mehr da. Schade.« Vielleicht rege ich mich zu Unrecht auf; auch ich musste damals im Krankenhaus diese und ähnliche Fragen stellen. Aber vor allem deshalb, weil ich tatsächlich nicht wusste, was genau mit meinem Körper passiert war. Wenn man aus dem Koma aufwacht und keine Erinnerung mehr hat, ist es unbedingt empfehlenswert, abzuchecken, was eigentlich los gewesen ist. Es ist ja durchaus vorstellbar, dass ein Aufprall, der dir die Beine abtrennt, auch deine Gebärmutter zerreißt. Aber die reine Tatsache, dass ich keine Beine mehr habe, hat absolut gar nichts mit dem Kinderkriegen und Sexhaben zu tun, das sagt einem doch schon die kleinste Ansammlung an Gehirnzellen. Ich weiß, es kommt nicht bloß auf die Zahl der Zellen, sondern auch auf die Synapsen an, aber ich denke, ihr wisst, was ich meine.

Und dann wäre da noch die Art, *wie* man fragt. Die feine Linie zwischen Interesse, Neugier, Voyeurismus und schließlich Einmischung, eines die Steigerung vom anderen. Dann muss im Falle des Falles einfach eine Grenze her, und online heißt das für mich: Ich blockiere die- oder denjenigen. Wenn mir ein Hans Franz aus Hamburg sagt (nichts gegen Hamburg oder die Namen Hans und Franz), es sei falsch, wie ich meine Hunde erziehe, dann darf er mir das sagen. Solange sie sich für mich richtig anfühlen, werde ich trotzdem nichts an meinen Erziehungsmethoden ändern. Wenn Hans Franz dann beim nächsten Mal darüber meckert, dass ich meinen Reis beim Kochen nicht auf die in seinen Augen richtige Art und Weise wasche, wenn es dann weitergeht mit dem Wäscheaufhängen, Brötchenschmieren, Haarekämmen und was weiß ich nicht alles, was man ansonsten noch »falsch« machen kann, dann wird es nervig. Aber damit kann ich umgehen. Nur möchte ich dem Hans Franz manchmal zurückschreiben: »Andere die ganze Zeit belehren, das macht man nicht«, mit mindestens drei Ausrufezeichen. Aber von diesem ominösen »man« und irgendwelchen vermeintlichen Verhaltensregeln, die immer dann gelten sollen, wenn es anderen in den Kram passt, halte ich nichts, das habe ich schon gesagt. Deshalb zügle ich mich und kommentiere etwas Sinnvolleres zurück, was nicht auf so tönernen Füßen steht. Wenn dennoch kein Ende abzusehen ist, kommt das Blockieren.

Am Anfang haben mich solche Dinge, aber auch dumme oder gemeine Kommentare verletzt. Gegen sachliche Kritik ist nichts einzuwenden, erst recht nicht, wenn sie konstruktiv ist, mich also weiterbringt oder mir sogar die Lösung für ein Problem aufzeigt. Aber man bekommt so unglaublich viele böse Kommentare an den Kopf geschmissen, das steckt man – gerade zu Beginn – nicht einfach weg. Aber die nächste Welle an miesen Kommentaren oder die nächste aggressive Person verletzen dich schon ein bisschen weniger, die nächste noch weniger, und irgendwann prallt es einfach nur noch von dir ab. Lässt dich kalt. Blockieren und fertig, ich rege mich gar nicht mehr darüber auf.

Das ist ein schwieriger, aber auch lehrreicher und irgendwie großartiger Prozess, in dessen Verlauf ich unheimlich viel über mich selbst gelernt habe. Ich habe gelernt, das große Ganze genauso wie das kleine Detail besser einzuschätzen, ich erkenne, was relevant ist, was dumm ist, was harmlos ist. Denn trotz Emojis und Herzchen, und was es nicht alles gibt, ist die Intention des Absenders nicht immer ganz einfach zu dechiffrieren. Geschrieben kommt es einfach anders rüber, als wenn mir jemand gegenübersteht. Trotzdem wünsche ich mir manchmal – und zwar für uns alle, die wir im Netz unterwegs sind – die Befolgung einer einfachen Verhaltensregel: Wenn du nichts Gutes zu sagen hast, halt den Mund.

Ich verstehe auch, warum mich zum Beispiel viele für eine Freundin halten; zumindest kommunizieren sie so mit mir, als würden wir uns persönlich sehr gut kennen. Diese Menschen kennen mich auch, aber sie wissen mehr von mir als ich von ihnen. Wenn ich dann vielleicht nicht so reagiere, wie sie es erwarten, fühlt sich die eine oder der andere eventuell vor den Kopf gestoßen. Aber das ist genau die Krux und keinerlei Absicht. Dieses Freundschaftliche und Intime, das ich mit vielen Menschen online erlebe, ist ja genau das, was das Ganze so wunderbar macht. Ich habe tatsächlich viele Menschen über Social Media kennengelernt – wirklich kennengelernt –, und ja, diese Menschen bezeichne ich als Freunde, selbst wenn ich sie noch nicht unbedingt persönlich getroffen habe. Freundschaft hat nichts damit zu tun, wo auf der Welt man auf sein Handy guckt, wie man aussieht oder ob man alle Gliedmaßen hat. Freundschaft bedeutet für mich, dass man niemals darüber nachdenken muss, dem anderen Grenzen zu setzen.

KAPITEL 6

PIPPI UND ANNIKA

Ich mach' mir die Welt, wie sie mir gefällt. Das Zitat hab ich von Pippi Langstrumpf geklaut. Eigentlich mag ich eher eine andere Art von Zitaten, ein bisschen emotionaler und gern auch tiefgründiger, aber wo Pippi recht hat, hat sie recht. Ich mache nur noch, was mich glücklich macht und wichtig für mich ist. Nicht, dass ich durch den Unfall weise geworden wäre; ich habe, wie schon berichtet, in den letzten Jahren reichlich Lehrgeld gezahlt. Aber ich habe verstanden, dass mir vor allem eine Person wichtig sein muss: ich. Ich bin es, die mein Leben lebt. Ich bin es, die mich glücklich machen muss. Ich bin es, die meine Grenzen setzt. Ich bin es, die mit meinen Entscheidungen leben muss. Ich bin es, die stolz auf sich sein kann. Ich bin es, die fast gestorben wäre. Ich bin es, deren Zeit plötzlich vorbei sein kann.

In der Theorie ist uns das allen klar. Auch ich habe das früher schon gewusst, aber nicht in dieser Klarheit erkannt und nicht in dieser Konsequenz für mich umgesetzt. Klar, ganz früh, als Kind und Jugendliche, ist man sowieso von anderen abhängig, emotional und finanziell: ein Dach über dem Kopf, Essen auf dem Tisch, Liebe im Herzen. Ohne Eltern, Familie oder sonst jemanden, der für dich sorgt, ist das schwierig. Da ist man rein praktisch gar nicht in der Lage, selbstbestimmt zu leben, und hat wahrscheinlich auch noch nicht das Bewusstsein dafür entwickelt. Und wenn man heranwächst, muss man erst einmal jede Menge lernen und kapieren, bevor man Verantwortung für sein Leben übernehmen kann. Man muss, wie ich zum Beispiel, lernen, dass der Vater ein Arsch ist. Man muss lernen, Enttäuschungen wegzustecken, bis man irgendwann checkt: Ich brauche den Vater, die Mutter, den Ex, eine schlechte Freundin oder Wer-auch-immer-das-Problem-ist nicht. Man muss lernen, dass den meisten von uns nicht das große Glück oder die noch größere Liebe in den Schoß fällt. Dass Erfolg und Geld nicht vom Himmel regnen. Man muss lernen, dass man selbst verantwortlich ist und dass man richtig gut im Verantwortung-für-sich-Haben sein kann, wenn man will. Ich denke, das gilt auch für diejenigen unter uns, die eine schöne Kindheit hatten und aus einer heilen Welt kommen. Friede, Freude, Eierkuchen schützen vor Verantwortung nicht. Nicht, dass meine Kindheit ein einziges Trauma gewesen wäre; es gibt viele Familien, die kaputter sind als meine, und unendlich viele Kinder, die es schlimmer haben, als es bei mir jemals war. Aber schön hatte ich es halt auch nicht.

Der Unfall hat diese Erkenntnis bei mir beschleunigt. Inzwischen freue ich mich sogar auf diese Momente, wenn es Klick macht. Wenn das, was die ganze Zeit im Kopf und in der Seele gearbeitet hat, sodass man fast wahnsinnig wurde von diesem Gedanken- und Gefühlskarussell, dem Hin-und-her-Wälzen, dem In-sich-Gehen und Reflektieren und Hinterfragen, wenn all das plötzlich Sinn ergibt. Wenn man die Lösung glasklar vor sich sieht, einfach so. Puzzleteile, die an ihren Platz fallen. Schuppen von den Augen. Stein vom Herzen. Klick, klick, klick. Ich liebe jeden einzelnen Klick. Auch wenn die meisten

Klicks wehtun. Schön ist es ja nicht gerade, zu erkennen, dass der Traummann eigentlich nur noch ein ziemlich fauler Mitbewohner in einer Zweck-WG ist. Dass eine vermeintlich gute Freundin nur nimmt, nimmt, nimmt und niemals gibt. Energievampir, so nenne ich das. Dass man einen ausgewachsenen Vaterkomplex hat, weil der Erzeuger ein Blödmann ist (erwähnte ich schon, oder?). Dass man sich selbst der Nächste ist. Das ist gleichzeitig schön und traurig. Aber immerhin weiß man, woran man ist. Was man zu erwarten hat.

Das soll nicht heißen, dass ich allein durchs Leben gehe. Es soll nur heißen, dass ich weder mich noch meine Zeit verschwende für Menschen oder Situationen, die mich nicht glücklich machen oder mir nicht guttun. Umso dankbarer bin ich für die anderen; für die, die in meinen Bus eingestiegen sind, so sicher und selbstverständlich, als wäre mein Bus auch ihr Bus, als wären unsere Routen untrennbar miteinander verbunden – zumindest für einen Teil der Strecke.

Als ich vier, fünf Jahre alt war, war meine Mutter viel mit einer Freundin zusammen. Übrigens jene Freundin, die einige Zeit später während ihres Telefondates auf die Toilette musste, weshalb meine Mutter mit dem Süchtigen zusammenkam. Besagte Freundin hatte eine Tochter, die ein paar Jahre älter war als ich. Meine Mutter und ihre Freundin hatten sich das schön ausgemalt: sie beste Freundinnen, ihre Töchter auch. Schleife drum, Herz drauf, und fertig ist das Wir-sind-zusammen-so-glücklich-Paket. Es wäre ja durchaus praktisch gewesen, ab sofort alles gemeinsam zu machen und nur noch als Kleeblatt durchs Leben zu gehen. Nur hatte die Sache einen Haken: Ich konnte die Tochter kein bisschen leiden und sie mich auch nicht. Sie war furchtbar von sich eingenommen, mobbte, wann immer sie eine Chance dazu bekam, und führte sich mit ihren Freundinnen auf, als wären sie besser als wir anderen. Eine selbst ernannte Königin mit ihrem Gefolge an gackernden Hühnerhofdamen.

In unserer Nachbarschaft gab es damals einen Spielplatz. Zu unserer allergrößten Freude befand er sich direkt neben unserem Garten, abgegrenzt nur durch eine kleine, eher dekorative denn wirklich trennende Mauer aus großen, runden grauen Steinen. Für uns Kinder waren die Wege dadurch angenehm kurz, und auch meine Eltern fanden das Ganze praktisch: Wenn wir nach Hause kamen, glücklich, erschöpft und sehr schmutzig nach einem Tag, den wir komplett mit Spielen, Jagen, Verstecken, Klettern, Rutschen, Schaukeln und Im-Sand-Buddeln verbracht hatten, konnten sie uns im Garten erst einmal mit dem Gartenschlauch abspritzen und die gröbsten Schmutzschichten entfernen, bevor wir ins Haus durften. Einmal, als die Freundin meiner Mutter bei uns zu Besuch war, schickten die beiden die Tochter und mich zusammen nach draußen. Unser Weg führte natürlich auf den Spielplatz, wo schon ein anderes Mädchen auf der Rutsche herumkletterte. Es war sehr zierlich, eigentlich spindeldürr, nur Haut und Knochen, wie meine Mutter später immer sagte. Das dunkelblonde Haar fiel in zarten Wellen um ein sehr hübsches, auffällig mädchenhaftes, aber nicht zu braves Gesicht. Ich hatte keine Ahnung, wer das war, aber das Mädchen gefiel mir. Trotzdem hielten wir Neuankömmlinge Abstand, wie Kinder nun einmal sind. Wir gingen erst einmal schaukeln, checkten uns ab, beäugten uns. Die Tochter der Freundin schien das Mädchen allerdings zu kennen, zumindest wusste sie seinen Namen, denn während wir auf den Schaukeln saßen, fing sie plötzlich an zu singen: »Annika uuuuhhh, du bist 'ne dumme Kuh.« Immer und immer wieder, ohne einen anderen Sinn als den Wunsch, das Mädchen zu verletzen. Schlecht gereimt, trotzdem effektiv.

Ich bin immer ein sehr loyaler, treuer Mensch gewesen. Eine, die die Hand ausstreckt und den Mund aufmacht. Ein kleines, lautes, entrüstetes Mädchen mit einer großen Klappe und einem ausgeprägten Sinn für Gerechtigkeit – selbst dann, wenn ich vom Grenzenziehen und Aussortieren spreche. Auf sich selbst achtzugeben und Verantwortung für das eigene Leben zu übernehmen, bedeutet nämlich nicht, dass man der hinterletzte Egoist ist. Im Gegenteil: Wer für sich selbst stark ist, kann es auch für andere sein. Ich erinnere mich noch gut daran, wie es war, meinen Vater wiederzusehen, nachdem er uns an Sankt Martin erst *durch* das Haus und meine Mutter ihn im Gegenzug später *aus* dem Haus gejagt hatte. Er hatte Essen von unserem liebsten Fast-Food-Restaurant mitgebracht, hurra, das Highlight des Tages, ach was, der Woche! Aber meine Mutter ließ ihn nicht ins Haus, sie war fertig mit ihm. Also saßen wir draußen auf der Treppe und breiteten dort die Schätze aus, die sich in der fettigen Papiertüte versteckten.

»Komm rein«, sagte meine Mutter zu mir, »dann kannst du am Tisch essen.«

»Nein«, erwiderte ich, »ich esse hier.«

Es schien mir unfair und irgendwie traurig, meinen Vater allein auf der Treppe zurückzulassen, wo er es doch war, der das Essen besorgt hatte. »Treu« habe ich das eben genannt, aber ein wenig »treudoof« war sicher auch dabei. Meine Mutter gab schließlich nach, mein Vater durfte ins Haus und wir aßen am Tisch. Leider hat mein Vater das Talent, Dinge, die eben noch gut waren, im Handumdrehen in ihr Gegenteil zu verkehren: Wie selbstverständlich begann er, sich an unserem Kühlschrank zu bedienen, nahm dies, nahm das, als wäre er weiterhin hier zu Hause. Als hätte *er* den Kühlschrank gefüllt. Das macht er heute noch so bei meiner Schwester, die längst ein eigenes Zuhause, eine eigene Familie und einen eigenen Kühlschrank hat. Als stünde ihm selbstverständlich ein Teil unseres Lebens zu, als hätte er ein Anrecht darauf. Das Einzige, was er tatsächlich hat, ist ein Mangel an Respekt. Meine Loyalität hat trotzdem überlebt, wenn auch nicht unbedingt ihm gegenüber.

Auf dem Spielplatz reimte die Freundintochter munter und gemein vor sich hin, und obwohl ich das andere Mädchen, das das Ziel ihres Spottes war, gar nicht kannte, solidarisierte ich mich umgehend mit ihm. »Annika aaaahhh, du bist so wunderbar«, sang ich, in genau der gleichen Endlosschleife, wie es die Tochter tat. Besser war er, mein Reim, zumindest was die Aussage anging. Ich verließ die Schaukel, ging zu dem Mädchen hinüber, und von diesem Tag an waren wir die besten Freundinnen.

Annika wohnte genau gegenüber von uns; ich weiß nicht, warum ich sie nie zuvor getroffen oder wahrgenommen hatte, denn Annika ist eigentlich jemand, den man sofort wahrnimmt. Ich habe sie als zierlich beschrieben, und das ist sie bis heute, rein körperlich betrachtet. Aber sie hat eine geradezu unheimliche Präsenz, nimmt jeden Raum, den sie betritt, sofort für sich ein. Und auch ansonsten passte ihr zartes Äußeres eigentlich nicht zu ihrem Charakter. Sie war leise und zurückhaltend, das stimmt, aber sie war willensstark und wusste jede Menge Dinge, von denen ich nicht die leiseste Ahnung hatte – kein Wunder, sie war ja auch zwei, drei Jahre älter als ich. Auf jeden Fall erfuhr ich von ihr, was Sex ist und dass es weder den Weihnachtsmann noch das Christkind gibt. Verdammt! Annika ist auch die erste Person außerhalb meiner Familie, die ich geküsst habe. Ganz unschuldig auf die Wange, ich war ja noch nicht mal in der Grundschule. Aber dass man eine solche Vertrautheit und Nähe auch mit anderen, nicht verwandten Menschen erleben kann, war eine vollkommen neue, wunderbare Erfahrung. Und obwohl ich diejenige war, die eher polterte, laut und offen war, war es Annika, die mich an die Hand nahm. Sie hatte immer Ideen, plante, was wir heute oder morgen machen wollten, was wir spielten, wo wir kletterten. Sie hat die Führungsrolle übernommen, mir Struktur gegeben und mich, ich weiß gar nicht genau wie, unter ihre Fittiche genommen. Es war toll. Ich bin immer noch ein wenig traurig, dass unsere Mütter nicht uns zuliebe den Kontakt gehalten haben, als wir aus der Nachbarschaft wegzogen. Unser neues Zuhause war nur dreißig, vierzig Kilometer entfernt. Wenn unsere Mütter gewollt hätten, hätten sie dafür sorgen können, dass wir uns auch nach dem Umzug gesehen hätten – und wenn es nur einmal im Monat gewesen wäre! Wir hätten telefonieren, uns treffen, beieinander übernachten können. Ich war damals zu jung, um es selbst zu organisieren, aber meine Mutter wusste, dass Annika und ich allerbeste Freundinnen waren. Uns verband etwas, das ich später im Leben nur noch wenige Male bei anderen Menschen gespürt habe. Eine wirkliche Seelenverwandtschaft.

KAPITEL 7

LAMM ODER LÖWE?

Wenn ihr das noch nicht gemacht habt: Googelt mal »lion or sheep« und zieht euch bitte so eine Beast Mode Speech rein. Die gibt es natürlich nicht nur für Leute, die Kraftsport oder überhaupt Sport machen. Auch wenn es um Leadership, Management und Ähnliches geht, wird das gern als Motivation genutzt. Da kann man schon ein paar Kilo mehr stemmen, oder? Wenn man also die Frage »Willst du ein Lamm oder ein Löwe sein?« in die Runde wirft, wird wahrscheinlich die Mehrzahl der Leute (wenn nicht sogar alle) sofort mal laut »Löwe« brüllen. Ich auch. Natürlich ist das alles nicht so einfach, wie es jetzt klingt. Googelt jetzt noch »Game theory« und »How many lions does it take to kill a lamb?«, und ihr wisst, was ich meine. Aber das ignorieren wir jetzt mal. (Ihr könnt auch auf Deutsch suchen, aber auf Englisch kommen die besseren Ergebnisse.)

Ich will das Lamm-oder-Löwe-Bild sowieso für etwas anderes nutzen. Nämlich dafür, um über Männer zu sprechen. Das muss schließlich auch mal sein, wenn man Anfang zwanzig ist und einen dicken Vaterkomplex hat. Bevor der allerdings Auswirkungen auf meine Beziehungen haben konnte (das kam erst später), habe ich jemanden kennengelernt, Henrik. Meine erste große Liebe. Henrik gehört auf jeden Fall mit in die Männergeschichten, obwohl er noch ein Junge war, als wir uns verliebten. In der fünften Klasse! Willst du mit mir gehen? Ja, nein, vielleicht. Wir haben – im übertragenen Sinne – mal die eine, mal die andere Antwort angekreuzt, denn von der Fünften bis fast zum Abitur waren wir mit schöner Regelmäßigkeit ein Paar und genauso regelmäßig auch wieder nicht. Zusammen, getrennt, zusammen, getrennt … Henrik gehört auch deswegen hierher, weil er im Rückblick gar nicht in erster Linie als Beziehung wichtig war, sondern als Seelenverwandter. Weil wir aber gleichzeitig eine Beziehung geführt haben, hat dieses ganze Ich-mag-dich-magst-du-mich-auch-Theater (und ihr wisst, wie anstrengend das als Teenager ist) uns davon abgehalten, richtig vertraute, eben seelenverwandte Freunde zu werden. Finde ich.

Wie viele Seelenverwandte trifft man im Laufe seines Lebens? Ich weiß es nicht, aber ich schätze mich ausgesprochen glücklich, schon einige dieser besonderen Menschen gefunden zu haben. Ist es nicht verwunderlich, dass gerade diese Menschen, denen wir uns so eng verbunden fühlen, einfach wieder aus unserem Leben verschwinden können? Wie damals Annika, später auch Henrik, und wer weiß, was noch kommt. Bei Annika war es ganz banal der Umzug, bei Henrik – ja, bei ihm war es unsere eigene Kompliziertheit und außerdem ein Klammeräffchen, aber dazu später mehr. Obwohl ich rational genug bin, um die Gründe zu verstehen oder damalige Entscheidungen nachzuvollziehen, trauert man diesen Menschen sein Leben lang ein klitzekleines bisschen hinterher. Das glaube ich zumindest, wenn ich mir die letzten Jahre anschaue und daraus auf die Zukunft schließe. Aber wer weiß, was ich in zehn, zwanzig, dreißig oder mehr Jahren denken werde. Es ist ja auch nicht so, dass man die ganze Zeit an verloren gegangene verwandte

Seelen denkt oder großartigen Herzschmerz verspürt. Aber manchmal, wenn man aus diesem oder jenem Grund an diese Menschen erinnert wird, wenn ich an schlechte Reime, an den Weihnachtsmann, den es nicht gibt, oder an unseren Spielplatz denke, an Flaschendrehen, Schmetterlinge oder Justin Bieber, dann ploppt kurz eine Erinnerung auf, der Gedanke »Da war doch was«. Dann zwickt und ziept es ein wenig, bis man den Gedanken zur Seite geschoben hat.

Krampfhaft an diesen Menschen festhalten oder die See-lenverwandtschaft nach Jahren wieder zum Leben erwecken zu wollen, das wäre allerdings auch nichts für mich. Ich bin nicht die, die sich auf eine endlose Suche begibt, um den lange verschollenen Verflossenen wiederzufinden, nachdem uns das Schicksal getrennt hat, oder solche Sachen. Das ist schön im Film, aber hinderlich im Leben. Mal ganz davon abgesehen, dass es in der Realität selten so gut ausgeht wie im Film. In Wirklichkeit erkennt derjenige dich vielleicht gar nicht mehr, wenn schon ein paar Jahrzehnte ins Land gegangen sind, seit euch das Schicksal auseinandergerissen hat. Und wahrschein-lich hatte das Schicksal ja auch einen Grund, schon mal daran gedacht? Vielleicht ist er auch glücklich verheiratet, lebt nackt in einer Höhle oder wählt die falsche Partei. Nein, ich setze lieber auf das Hier und Jetzt, mache meine Träume wahr, statt ihnen nur nachzuhängen.

Aber was soll ich sagen: Ab der fünften Klasse war Henrik eine ganze Weile mein Traum. Bei ihm spürte ich die gleiche Chemie, die gleiche Verbindung wie bei Annika. Außer dass Henrik und ich uns nicht nur auf die Wange geküsst haben. Ich war von der Grundschule auf die weiterführende Schule gewechselt und – bääm! –, da stand dieser Typ. Süüüüß! (Die üs müssen sein!) Er war unheimlich ruhig, zumindest wirkte er so. Dass auch er unsicher und nervös werden konnte, merkte ich erst später. Und so geheimnisvoll! Was auch an der Frisur lag. Erinnert ihr euch an Justin Bieber in den ersten Jahren? Diese Frisur hatte Henrik, nur in Blond. Die fast kinnlangen Haare schräg über die Stirn und ins Gesicht gekämmt, sodass sie ihm in die Augen hingen. Wie durch einen Vorhang sah er hindurch, konnte sich hinter seine Haare zurückziehen, sich verbergen, ein wenig von der Welt und von uns anderen distanzieren. Mystery Man, und das schon in der Fünften. Klar, dass ich mich umgehend in ihn verguckte. Und er sich in mich. Aber wie das so ist in diesem Alter, wenn man verliebt ist: Man verhält sich vollkommen verrückt.

Unser erster Fast-nicht-und-dann-doch-noch-Kuss fand auf einer Klassenfahrt statt. Das war ziemlich am Anfang des fünften Schuljahres; auf der Fahrt sollten wir uns kennenlernen und zu einer echten Gemeinschaft zusammenwachsen. Also nicht bloß Henrik und ich, sondern alle in der Klasse. Wir fuhren in eine Jugendherberge, machten die Woche über Gemeinschaftsspiele, gingen Klettern, hörten Musik, und wenn kein Programm geplant war, spielten die Jungs Fußball. Das war das Einzige, was sie machten, immerzu Fußball spielen, deshalb ist mir das noch so prominent in Erinnerung. Wir Mädchen verbrachten einen Teil unserer freien Zeit damit, ihnen zuzusehen und über sie zu reden, aber ansonsten machten auch wir unser Ding.

Wusstet ihr, dass ich eine Schweißdrüsenüberfunktion habe? Das ist nichts Wildes, bis auf die Tatsache, dass man mehr schwitzt als andere und dass einem – oder zumindest mir – immer ziemlich warm ist, erst recht in Situationen, die einen gewissen Stresslevel mit sich bringen. Weiterführende Schule, rund zwei Dutzend neue Mitschüler, denn damals ist nur eine einzige Klassenkameradin aus der Grundschule mit mir auf die Gesamtschule gewechselt, erste gemeinsame Klassenfahrt, eine knappe Woche Tag und Nacht zusammen, das erste ernst zu nehmende In-einen-süßen-Typen-verguckt-Sein – da ist der Stresslevel durchaus ein bisschen höher als gewöhnlich, selbst wenn es positiver Stress ist; ich hatte nämlich einen Riesenspaß in dieser Woche. Entsprechend warm war mir, ich lief die ganze Zeit im T-Shirt rum, während die anderen Pullover, Hoodies oder Sweatjacken trugen. Gefühlt stand alle paar Minuten eine der Begleitpersonen vor mir und ermahnte mich, mir etwas Wärmeres anzuziehen, damit ich nicht krank würde. Nur meine Klassenlehrer ließen mich in Ruhe, weil sie Bescheid wussten. Komisch, woran man sich erinnert, welche Details das Gehirn speichert und welche nicht. Würdet ihr mich hingegen fragen, an welchen Ort wir die Klassenfahrt gemacht haben, dann müsste ich passen.

Henrik und ich hatten zu diesem Zeitpunkt eigentlich noch nie wirklich miteinander geredet, schickten uns aber manchmal Nachrichten hin und her. Am letzten Abend, als das Wochenprogramm abgeschlossen war und wir frei hatten, saßen wir in einem der gemütlichen holzvertäfelten Gruppenräume. Einen endlos großen Tisch gab es da, wir waren bestimmt fünfzehn, vielleicht sogar zwanzig Leute, die zusammensaßen und machten, was man in so einer Gruppe eben macht: reden, kichern, Musik hören, sich gegenseitig übertönen, cool und witzig und aufgedreht sein. Besonders spannend war es natürlich, mit den Jungs zusammen zu sein, es kribbelte und knisterte nur so. Irgendwann kam die Idee auf, Flaschendrehen zu spielen, logisch. Wer das schon mal in jugendlichem Alter gespielt hat, weiß, dass Kussaufgaben unabdingbar dazugehören. Witzig, dass ich nicht mehr weiß, ob die Aufgabe lautete »Angie muss denjenigen küssen, auf den die Flasche zeigt« oder »Henrik muss diejenige küssen, auf die die Flasche zeigt«. Auf jeden Fall blieb mein Herz gleichzeitig mit der Flasche stehen, die sich erst schnell, dann immer langsamer und langsamer gedreht hatte, bis sie, noch ganz leicht zitternd, still stand, auf einen von uns beiden zeigte und damit entschieden hatte, dass wir uns küssen mussten. Henrik und Angie müssen sich küssen! Alle waren völlig überdreht, ich selbst eingeschlossen. Ein ganzer Schwarm Schmetterlinge flog in meinem Bauch hin und her und kitzelte mich so sehr, dass ich es kaum ertragen konnte. Vor Schreck und vielleicht auch, um mich erst einmal zu sammeln – denn ich hatte nicht vor, mich vor der Aufgabe zu drücken –, lief ich aus dem Raum. Erst mal durchatmen. So viel zum Thema obercool. Dummerweise deutete Henrik mein Weglaufen so, dass ich ihn nicht küssen wollte und wohl auch nicht besonders mochte. Falsch! Vollkommen und komplett falsch. Sonst wäre ich ja nicht weggelaufen, sondern hätte ihm, wenn es mir egal oder sogar unangenehm gewesen wäre, schnell einen Schmatzer auf die Lippen gedrückt, meine Coolness bewiesen und das Ganze wäre erledigt gewesen. Das ist doch völlig klar! Irgendwie haben wir das mit dem Kuss zum Schluss aber doch noch hingekriegt. Es war wunderbar und weich und laut, weil mein Herz so heftig klopfte. Dafür, dass ein Dutzend Mitschüler uns feixend, kichernd und jubelnd zusahen, war unser erster Kuss gar nicht schlecht.

Von da an küssten wir uns öfter, aber es blieb ein bisschen eigenwillig, und Publikum hatten wir meistens auch. Zum Beispiel gingen wir nach der Schule immer zusammen mit den anderen zum Bahnhof, um mit dem Bus beziehungsweise der Bahn nach Hause zu fahren. Henrik und ich standen dann am Bahnsteig nebeneinander und warteten. Wir hielten noch nicht einmal Händchen oder so etwas, standen nur ein bisschen näher beieinander. Ich betone: Da waren wir ein Pärchen, also so richtig zusammen. Trotzdem standen wir nur rum und warteten, dass unser Bus oder unsere Bahn um die Ecke kommen würde, damit wir uns zum Abschied küssen konnten. Als ob wir einen Anlass brauchten. Für die anderen war der herannahende Bus oder die kreischend bremsende Bahn das Stichwort, ihre Handys zu zücken und unseren Kuss zu fotografieren. Warum auch immer. Wahrscheinlich, weil es uns unangenehm war. Wie gut kann ein Kuss schon werden, wenn er unter Beobachtung stattfindet! Erwähnte ich das mit den Teenagern und dem Völligverrücktsein schon? Es ist mir ein Rätsel, warum wir uns für diese eher peinliche Vorgehensweise entschieden haben. Die Wartezeit hätten wir wirklich besser nutzen können, und es muss auch Orte gegeben haben, ob Bahnsteig, Jugendzimmer, Stadtmitte, Park, eine Schaukel auf dem Spielplatz oder ein Shoppingcenter, Herrgott, zur Not tut es auch ein einfaches Gebüsch, wo wir allein gewesen wären und uns ohne Aufsicht hätten küssen können. Es war verwirrend und ein bisschen bekloppt, aber irgendwie auch schrecklich süß.

Seit unserem Kuss auf der Kennenlernklassenfahrt waren wir zusammen, dann wieder nicht zusammen, dann doch wieder … so ging das die ganze Schulzeit über, fast bis zum Abitur. Es war schön und schlimm, und woran dieses Hin und Her eigentlich lag, kann ich nicht genau sagen. Manchmal will man das haben, was man nicht haben kann, und wenn man es hat, will man es plötzlich doch nicht mehr so sehr. Ich glaube, das hat eine Rolle gespielt. Mal ganz abgesehen davon, dass wir ganz einfach Teenager waren und uns auch mit Recht so verhalten haben: Man muss erst noch herausfinden, wer man ist und was man will. Ich war auf jeden Fall die mit dem Magenkribbeln. Einmal hatten wir verabredet, dass ich Henrik zu Hause besuchen sollte; er war auch schon bei mir gewesen. Das Ziehen und Kribbeln in meinem Bauch war aber so schlimm, dass ich einfach nicht hingegangen bin. Ich war zu aufgeregt, konnte nicht. Mit dem Ergebnis, dass er furchtbar enttäuscht war. Ich ja auch, aber ich konnte nichts dagegen machen, es ging halt nicht.

In einer unserer Beziehungspausen hatte er schließlich eine Freundin, die blieb. Sie hatte sich festgesetzt, ich war abgemeldet. Wir hatten beide zwischendurch immer wieder andere Beziehungen, aber diese war anders. Für ihn bequem, für sie die große Liebe? Keine Ahnung. Das Klammeräffchen habe ich sie genannt, und ja, das ist fies. Aber Henrik und ich, wir waren so ein eingespieltes Team mit unserem Tanz, dem ewigen Hin und Her, zusammen, trennen, wieder zusammen, dass ich nicht wirklich damit gerechnet hatte, daran könnte sich etwas ändern. So kann man sich täuschen.

Wir waren auf jeden Fall beide Lämmchen, kein Löwe auf weiter Flur. Wir waren unschuldig, unvorbelastet, unerfahren, haben uns sicherlich auch gegenseitig verletzt, aber nicht aus bösem Willen und nicht, weil einer von uns der Stärkere oder der Schwächere gewesen wäre. Einer, der fressen will, und einer, der gefressen wird? Fehlanzeige. Wir waren gleichberechtigt in unserer On-off-Beziehung, immer auf demselben Level. Vielleicht hätte es uns gutgetan, wenn einer von uns beiden die Richtung vorgegeben hätte, etwas sicherer und bestimmter gewesen wäre, aber dann wären wir nicht wir gewesen. Und wer will das schon, sich in einer Beziehung verlieren, in der man nicht man selbst ist?

Nach Henrik hatte ich, wie wahrscheinlich die meisten in diesem Alter, ein paar Techtelmechtel. Kennenlernen, Interesse zeigen, anbandeln, treffen und nach ein, zwei Monaten merken, dass es doch nicht passt. Tschüss und danke für die nette Zeit, aber da wird nichts draus. Manchmal habe ich Tschüss gesagt, manchmal die Typen. Manchmal haben sie mich auch danach noch ewig beschäftigt, ich habe sie nicht aus dem Kopf gekriegt, weil Dinge offen geblieben, nie gesagt worden sind. Eigentlich bin ich nämlich jemand, der Sachen ansprechen und lösen will, der erklären und verstehen will. Was nicht heißen soll, dass man sich ausspricht und schwupp, plötzlich passt es, und wir sind glücklich bis ans Lebensende. Keinesfalls! Ich finde aber, darüber zu sprechen, was los ist, was man fühlt oder was einen stört (leider sagt man sich viel zu selten das Gegenteil, nämlich was man aneinander toll findet), macht es in einer Beziehung einfacher, selbst wenn diese Beziehung gerade dabei ist, zu Ende zu gehen. Jemanden zu ghosten, käme mir nie in den Sinn. Oder umgekehrt: Angenommen, ein Partner, vielleicht nur ein kurzfristiger, aber dennoch ein Partner, findet etwas an mir oder an dem, was ich tue, total furchtbar. Wenn es an Klassikern wie der Zahnpastatube oder so etwas liegt (die ich allerdings *immer* zudrehe), kann ich darüber nachdenken, mein Verhalten zu ändern. Oder ich weiß schon, was in der nächsten Beziehung ein eventueller Knackpunkt sein wird. Vor allem muss ich nachher nicht bis in alle Unendlichkeit darüber rätseln, woran es lag, dass es mit uns nicht geklappt hat (auch wenn die Zahnpastatube allein ja eher selten eine Trennung zu verantworten hat). Wenn es hingegen eher bestimmte meiner Eigenschaften sind, an denen sich der andere stört, werde ich daran eventuell, vielleicht, wahrscheinlich nichts ändern können oder wollen. Kommt auf die Eigenschaft und die Beziehung an. Aber ich wäre zumindest in der Lage zu verstehen, warum mein Partner in bestimmten Situationen genervt ist oder allergisch reagiert. Das ist doch schon was. Frei nach Goethe: In Beziehungen muss man sich manchmal streiten, denn dadurch erfährt man mehr voneinander. Also her mit der konstruktiven Kritik, ich verspreche, ebenfalls nicht damit zu sparen. Aber wenn mir nie jemand sagt, dass meine Zahnpastatube oder diese oder jene Eigenschaft total anstrengend ist, dann kommen wir auch nie miteinander ins Reine, wissen nie, woran wir bei dem anderen sind.

Ich finde, meine erste echte Beziehung nach Henrik hat im Reinen geendet, hatte im Grunde ein Happy End. Ich hoffe, mein Ex stimmt mir da zu. Ich mochte (und mag) seine Familie, bin sogar mitsamt meinem Hund bei ihnen eingezogen, nachdem wir eine Weile zusammen waren. Ich hatte das Gefühl, dort freier atmen zu können als zu Hause. Ich hatte plötzlich Ruhe und ausreichend Platz in meinem Kopf, um zu denken, zu spüren, ich zu sein. Als es mit meinem Ex vorbei war, ist mein Hund geblieben, und obwohl es mir schwergefallen ist, habe ich ihn dort gelassen (den Hund, aber den Ex natürlich auch), weil ich wusste, dass er sich dort genauso wohlfühlte, wie ich mich wohlgefühlt hatte. Weil ihm die Familie meines Ex ans Herz gewachsen war. Was nicht heißen soll, dass die Beziehung mit meinem Ex nur Sommer, Sonne, Palmenstrand war; klar hatten wir auch immer wieder Probleme, sonst wäre es nicht auseinandergegangen, und ja, ein Teil davon war meine Schuld. Aber auch hier lag es nicht daran, dass einer von uns Lamm oder Löwe gewesen wäre.

Ich habe am Anfang gesagt, dass ich wahrscheinlich – wie fast alle anderen – »Löwe« brüllen würde, wenn ich mich entscheiden müsste. Über die Beziehung mit meinem Doppel-Ex habe ich schon berichtet, und im Rückblick wünsche ich mir, da weniger Schaf und mehr Löwe gewesen zu sein. Nicht erst am Schluss, als ich den Mund aufgemacht und meinen Unmut rausgebrüllt habe. Natürlich habe ich nicht wirklich gebrüllt, auch nicht rumgeschrien oder so. Aber ich habe gesagt, was mich störte, ich habe gesagt, dass ich gesehen werden wollte, dass ich mich auch mal stützen, verlassen, zurücklehnen wollte. Und dass ich verdammt noch mal eine Pizza oder einen Burger mitgebracht bekommen wollte, wenn er sich zum Abendessen so etwas bestellte. Schon mal was von dem Tisch gehört, den man teilt? Tisch und Bett teilen, so nennt man das nämlich, wenn man eine Beziehung führt und mehr oder weniger zusammenlebt. Aber da hat alles Erklären und Reden nichts genützt, mein Doppel-Ex konnte oder wollte einfach nicht verstehen, was ich sagte. Auch nachher nicht, als ich mich von ihm getrennt hatte und versuchte, ihm meine Gründe zu erklären. Es geht mir bis heute nicht in den Kopf, dass er nichts davon verstanden hat, egal ob wir persönlich gesprochen, telefoniert oder uns geschrieben haben, ob ich subtil war oder den Holzhammer ausgepackt habe, ob es emotional aus mir rausgesprudelt ist oder ich rational und möglichst sachlich versucht habe, meine Perspektive zu schildern. Seufz.

In unserer Beziehung – auch das habe ich schon gesagt – war ich das Hausmütterchen, freiwillig, da will ich gar nichts schlechtreden; Hausfrau zu sein finde ich nämlich wunderbar. Oder um auf das Wort Hausfrau zu verzichten, denn meinen Job finde ich genauso toll und meine Arbeit würde ich nie aufgeben wollen: Ich liebe Hausarbeit. Ich mache unfassbar gern die Wäsche. Putzen macht mich glücklich. Ich will, dass mein Partner nach Hause kommt und sagt: »Boah, hier sieht es aber toll aus!« Solange er meine Leistung nicht als selbstverständlich ansieht, mich nicht zum blökenden Nutztier degradiert. Ich will einen Saugwischroboter, einen Staubmagnet, eine Dampfbügelstation, einen Vakuumierer, alles. Die Fusselbürste ist mein Zepter, das (imaginäre) Kopftuch meine Krone.

Trotzdem kann und will ich eine Karriere haben, Geld verdienen, selbstständig sein. Trotzdem kann ich mir einen aufmerksamen Partner wünschen. In unserer Beziehung war es vollkommen in Ordnung für mich, die fleißige Biene zu sein, nicht nur was die reine Hausarbeit, das Putzen, Waschen, Kochen und Schönmachen anging, sondern auch das Umsorgen, das Hegen und Pflegen. Das mit der Biene habe ich von meiner Oma geerbt, die ihre Bedürfnisse ihr Leben lang zurückgestellt und sich manchmal vor lauter Ehefrau-, Mutter- und Omasein selbst vergessen hat. Nur dass mein Opa aus lauter Liebe auch mal einen Rosenbusch ins Ehebett geworfen oder den Garten mit ihren Lieblingsblumen überschwemmt hat. Gekocht hat er nicht, das gebe ich zu. Aber wenn er Burger bestellt hätte, dann hätte er daran gedacht, auch einen für meine Oma zu besorgen. Was ich damit sagen will: Ich mache das gern, das Bienesein. Aber wenn man Schaf sagt, muss man auch Nutztier sagen, und so habe ich mich am Ende mit meinem Doppel-Ex gefühlt. Ich, das Schaf. Das Nutztier, das ein Heim schafft, Essen auf den Tisch bringt, Wäsche wäscht, Liebe, Wärme und am liebsten noch Wolle spendet. Wirklich nützlich, so ein Schaf.

Das Paradoxe ist: Je mehr ich darüber nachdenke, umso sinnvoller finde ich es eigentlich, ein Schaf zu sein. Schafe sind intelligent, sozial, freundlich, vielleicht manchmal ein bisschen zu vorsichtig, aber daran lässt sich arbeiten. Und weil sie so sind, können sie auch friedlich in Gruppen zusammenleben. Was wiederum nur funktioniert, wenn die anderen ebenfalls Schafe sind oder sich zumindest zusammenreißen und wie Schafe benehmen. Klar, Schafe rennen auch mal kopflos und blind dem Leitschaf hinterher, aber ein solches Verhalten ist uns Menschen auch nicht ganz fremd. Leider. Solange kein Leitschaf – oder der andere in einer Beziehung – das ausnutzt, könnte es trotzdem funktionieren, das Schafsein.

Löwen hingegen sind mächtig und stark. Sie haben keine natürlichen Feinde, zumindest wenn sie keine Jungtiere mehr sind; und wenn sie nicht gerade dem Menschen vor die Flinte laufen, macht das ihr Leben recht entspannt. Könnte man meinen. Stattdessen bringen sie sich gegenseitig um. Wer ist der Stärkste, der Schnellste, der Größte, der King? »Ich!«, rufen sie alle, zumindest wenn sie männlich sind. Die ganze Zeit sind sie damit beschäftigt, ihre Position als Rudelführer zu verteidigen oder umgekehrt dem amtierenden Rudelführer seinen Platz streitig zu machen. Sie warten auf die passende Gelegenheit, auf ein Zeichen von Schwäche, sie umschleichen sich gegenseitig und lauern. Wenn sie es dann auf Platz eins geschafft haben, bringen sie erst einmal alle Jungen ihres Vorgängers um (dagegen waren die Namenstilgungen der Römer noch harmlos), und weil die Mütter ihre Jungen gegen alles und jeden verteidigen, bleiben im Zuge jedes Machtwechsels auch noch etliche Weibchen auf der Strecke.

Grundsätzlich haben die Weibchen aber anderes zu tun, als sich um den König der Löwen oder überhaupt um die Herren der Schöpfung zu sorgen; sie jagen und kümmern sich um die Aufzucht der Jungen. Hallo?! *Das* ist mal eine sinnvolle

Beschäftigung, anstatt sich gegenseitig ins Jenseits zu schicken. Sicher gibt es, evolutionär gesehen, einen guten Grund für das Verhalten und die ständige Kampfbereitschaft der Männchen. Irgendwann gäbe es wahrscheinlich auch für meinen Geschmack zu viele Löwen, wenn sie sich nicht gegenseitig dezimieren würden. Aber wir Menschen in einer Beziehung – können wir diesen ganzen Survival-of-the-fittest-Kram nicht zu Hause beiseitelegen und erst dann wieder aus dem Nachttisch kramen und uns die Löwenmähne überziehen, wenn es sein muss? Unsere Beziehungen wären so entspannt! Nein, falsch, unser ganzes Leben, die ganze Welt wäre so entspannt! Übrigens übernehmen die Weibchen zwar die Jagd, dürfen aber nicht als Erste von der Beute fressen. Erst einmal fressen die Männchen, dann sind die Weibchen dran. Typisch, oder?

Mit dem Schaf-oder-Löwe-Sein bin ich mir also nicht mehr so sicher, ich warte noch mit dem lauten »Hier!«- und »Löwe!«- Rufen. Dafür sehe ich bei einer anderen Sache umso klarer: Ich suche mir inzwischen – ungewollt und unbewusst – Männer aus, die wie mein Vater sind. Die sich mies verhalten, mich enttäuschen, nicht da sind, wenn es darauf ankommt. Vaterkomplex lässt grüßen. Die Krönung war ein Typ, mit dem ich Jahre zuvor schon mal gut befreundet war. Ein paar Wochen vor meinem Unfall hatten wir nach Jahren der Funkstille wieder mehr miteinander zu tun, diesmal bandelten wir auch an. Wir waren so was von unfassbar gut zusammen, waren komplett auf einer Wellenlänge, konnten über alles sprechen, und keiner von uns beiden hat den Löwen gemacht. Es war (noch) keine offizielle Beziehung mit allem Drum und Dran, aber es war genug Beziehung, um sich *verpflichtet* zu fühlen – ein besseres Wort fällt mir nicht ein. Auf jeden Fall hatte ich den Unfall, lag im Koma, war im Krankenhaus, und das für immerhin zwei Monate. In der Zeit haben unfassbar viele Leute Kontakt mit mir aufgenommen, enge Freunde ebenso wie flüchtige Bekannte und auch ganz wildfremde Menschen, online genauso wie persönlich. Nur meine Irgendwie-so-halb-in-den-Startlöchern-Beziehung nicht. Er hat zwar mal geschrieben, aber mich immer wieder aufs Neue vertröstet: »Ich komme nächste Woche vorbei«, »Es wird doch erst nächste Woche« und »Ja, also nächste Woche komme ich«. Da ziehen die Wochen ins Land, und schwupps ist man so gut wie verlobt. Also nicht ich mit ihm, sondern er mit einer anderen. Denn nach einem Monat habe ich zufällig mitgekriegt, dass er, während ich im Krankenhaus lag, mit einer anderen zusammengekommen ist – mit der er sich nach einer Weile auch verlobt hat. Sang- und klanglos. Er hat sich damals noch nicht einmal abgemeldet, keine Nachricht geschickt, keinen Zweizeiler, wie es mir denn ging. Ob ich noch lebte.

»Übrigens habe ich jetzt eine andere und komme nächste Woche doch nicht. Sorry.« So etwas in der Art.

Nicht, dass mich jemand falsch versteht, ich bin froh, so jemanden los zu sein, ohne vorher durch ein langes Tal der Tränen zu müssen. Ich möchte bloß verdeutlichen, welche Art Typen ich mir manchmal aussuche. Eine Hommage an meinen Vater. Ich nehme mal an, mein unterbewusster Plan ist es, mir einen solchen Arsch zu suchen, nur um ihn zu bekehren und in einen liebenden Partner zu verwandeln. Wahrscheinlich in der Hoffnung, dass sich in meinem Kopf etwas löst, ich meinen Vaterkomplex loswerde und auch ansonsten über den ganzen Müll mit meinem Erzeuger hinwegkomme. Denn egal, wie oft ich sage, dass ich dankbar für genau diesen Vater bin, weil mich die Beziehung zu ihm abgehärtet und emotional unkaputtbar gemacht hat, egal, wie stark ich aus dieser Kindheit hervorgegangen bin, egal, wie glatt meine Seele inzwischen wieder ist: Irgendetwas bleibt doch zurück, eine kleine Narbe, die man vielleicht nicht auf den ersten Blick sieht, die aber immer dann anfängt, zu zwicken und zu ziehen, wenn man es am wenigsten gebrauchen kann – zum Beispiel dann, wenn man gerade dabei ist, sich jemanden anzulachen. Dann ist so eine Narbe, die einen nur das winzigste bisschen ablenkt und dadurch auf die falsche Spur bringt, wirklich hinderlich. Als wäre mein Männerradar eine Gewehrkugel. Da reicht ein kleiner Windhauch oder ein Millimeter, den man beim Drücken des Abzugs verzieht, und schon hat man den Falschen getroffen. Den, der ein paar Meter neben dem eigentlichen Traummann steht. Nicht dass ich Ahnung von Gewehren hätte, auf Männer schießen oder schnuckelige Typen als Zielpersonen bezeichnen würde. Ich meine nur.

Darüber hinaus wissen wir alle, wie ein solches Ich-verwandle-einen-Arsch-in-einen-Prinzen-Projekt endet: Erstens klappt es nicht, und zweitens würde ich den Prinzen nicht wollen, wenn es geklappt hätte, denn dann wäre er ja nicht mehr der Arsch, von dem ich mich angezogen gefühlt habe. Also lieber direkt Plan A: aussortieren. Darin bin ich zum Glück viel besser geworden; ich ziehe die Reißleine jetzt (fast immer) rechtzeitig. Die Welt kann ich mir vielleicht machen, wie sie mir gefällt, aber die vaterähnlichen Kerle nicht. Von denen lasse ich die Finger, großes Ehrenwort. (Aber fragt mich gern in ein paar Jahren noch mal, wie es mit diesem Vorsatz gelaufen ist.)

Im Prinzip bin ich sowieso eher genügsam, was die Männer angeht. Klar, wenn wir »Ich backe mir meinen Traummann« spielen, dann liegt die Wunschliste fertig geschrieben in meinem Rezeptbuch: Reichlich Humor und Intelligenz nehmen, eine Prise knackigen Hintern zugeben und überhaupt beim Sex-Appeal nicht sparen. Sportlich bitte. Interessiert muss er sein, gern belesen oder zumindest bewandert. Schön, wenn er über den eigenen Tellerrand hinausguckt und etwas von dem versteht, was in der Welt vor sich geht. Neugierig. Spaß am Reisen, Neuesentdecken und -ausprobieren. Kann aber auch faul sein und abhängen. Die perfekte Mischung aus Powerriegel und Sofakuschler. Zwei Beine (welcher Art auch immer), mit denen er im Leben steht, und Hände, auf denen er mich trägt. Nur bloß nicht devot. Sondern herausfordernd. Ein Job, der ihn glücklich macht, ein Kopf, der nicht nur attraktiv ist, sondern den er auch zum Denken gebraucht, ein Herz, das auch Gefühle zeigt. Haar- und Augenfarbe egal. Lieber Boxershorts als Herrenslips, lieber Hunde als Katzen, lieber Sportwagen als Lastenfahrrad. Familienkutsche als Wunschmodell für die nähere Zukunft. Freundlich und zuvorkommend, aber mit einer klaren Meinung, die er auch vertritt. Bei Bedarf ein oder zwei Grübchen dazugeben. Und darf es auch ein kleines Sixpack sein? Gern, immer her damit!

Tja, backe, backe Pustekuchen. Da niemand von uns perfekt ist, muss ich annehmen, dass es auch diesen backfrischen Superdupermann nicht gibt. Und außerdem bin ich Realistin. Also beschränke ich mich auf die Eigenschaften, die mir wirklich, wirklich, *wirklich* wichtig sind: Ich will einen Mann, keinen Jungen. Einen, der im Leben steht. Der weiß, was er will, der Verantwortung übernimmt. Der mich und meine Bedürfnisse sieht und mich trotzdem nicht mit Samthandschuhen anpackt, sondern mich fordert und dadurch stärkt. Im Idealfall sollte er auch ruhiger, *viel* ruhiger sein als ich, richtig geerdet, denn er wird mich öfters auf den Boden der Tatsachen zurückholen müssen. Ich will einen Fels in der Brandung, der nicht heil davongekommen ist, sondern im Leben auch schon was durchgemacht hat. Der beschädigt wurde und trotzdem wieder aufrecht steht. Weil er dadurch weiß, was zählt. Was wichtig ist. Wie man kämpft. Außerdem soll er mir den verflixten Burger mitbringen und die Badewanne einlaufen lassen, und ja, er soll auch von selbst drauf kommen, das zu tun. Ganz offensichtlich habe ich ein kleines Burger-und-Badewannen-Trauma aus meiner letzten Beziehung mitgenommen, aber was soll's? Da hat mein Vaterkomplex wenigstens Gesellschaft. Doch was sollte ich auch mit einem Milchbubi, dem zeit seines Lebens der

Hintern hinterhergetragen wurde? Der glaubt, morgen sei auch noch ein Tag? Der nicht weiß, welche Träume er hat? Der ziellos durch die Gegend schlingert?

Dieser ganze Mist, durch den ich wegen meines Unfalls waten durfte, und überhaupt das Leben mit einer Behinderung haben mich weitergebracht, das habe ich schon zigmal gesagt, und ich kann es nur immer wieder wiederholen. Es ist auch kein Widerspruch dazu, dass ich mein jetziges Leben absolut wunderbar und unfassbar genial finde. Denn nur, weil der Unfall und mein plötzlich völlig umgekrempeltes Dasein erst mal *kein* Zuckerschlecken waren, ist es ja nicht so, dass alles, was anschließend kommt, automatisch und für den Rest meines Lebens eine Saure-Gurken-Sache ist. Nein, im Gegenteil, mein Leben ist süß, und genau deshalb will ich einen Mann, der diese Erfahrung auch gemacht hat. Der hingeknallt und wieder aufgestanden ist, der gegen die Wand laufen musste, bevor er das Exitzeichen finden konnte. Solche Menschen – nicht nur solche Männer – verstehen mich einfach besser. Das hört sich jetzt elitär an, von wegen wir im Behindi-Buena-Vista-Social-Club stehen über dem einfachen Volk, das keinen Behindertenausweis, sondern bloß einen GdB von Null hat (Wer zu faul zum Googeln ist: GdB bedeutet »Grad der Behinderung«). Das meine ich aber kein bisschen. Es geht mir auch gar nicht speziell um Menschen mit Behinderung, sondern um alle, bei denen der Tod, ein traumatisches Erlebnis oder eine schwere Krankheit schon mal angeklopft haben – ob bei ihnen selbst oder bei jemandem, den sie lieben. Diese Menschen verstehen *wirklich,* was ich meine, wenn ich sage, meine Zeit ist kostbar, es gibt vielleicht kein Morgen, ich tue nur noch, was mich glücklich macht. Rational verstehen mich auch alle anderen, das ist klar, zumindest wenn sie eine gewisse Empathie und Lebenserfahrung mitbringen. Aber diese Menschen, die Ähnliches erlebt haben und vom Leben in die Zange genommen worden sind, die verstehen es, weil sie das Gleiche *fühlen*. Sie erfassen mich und meine Denkweise auf einer ganz anderen, eher emotionalen denn rationalen Ebene. Jetzt klinge ich wie so ein Schieß-mich-frei-Held in einem amerikanischen Actionfilm von wegen »Wir waren zusammen bei den Marines, und weil wir gemeinsam so viel durchgemacht haben, sind wir jetzt Blutsbrüder«, aber ihr wisst hoffentlich, wie ich es meine. Nur jemand, der die gleiche Erfahrung gemacht hat wie du selbst, kann sie auch mit dir teilen. *Wirklich* teilen. Nur wer selbst schon ein Kind auf die Welt gebracht hat, nur wer einen geliebten Menschen verloren hat, nur wer eine Krebserkrankung durchgemacht hat, nur wer schon mal Fremden in den Schoß gekotzt hat, nur wer schon mal einen Teil seines Körpers verloren hat, nur wer selbst schon einmal Depressionen oder Panikattacken erlebt hat, nur wer schon mal Lakritz probiert hat, nur wer schon mal Schnee gesehen hat, nur derjenige kann dich wirklich verstehen.

Und dann muss »mein« Mann auch noch zu meiner Energieladung und -entladung passen, zu meinem Plus- und Minuspol. Ich nenne das meine *social battery*, meine Fähigkeit, über einen bestimmten Zeitraum mit anderen zusammen zu sein. Oder in meinem Fall: nicht zusammen zu sein. Ich bin nämlich nicht das Duracell-Häschen, das läuft und läuft und läuft. Ich kann nur in Maßen wirklich einen kompletten Tag mit anderen verbringen. Mit manchen Menschen geht es gar nicht, mit anderen geht es ein bisschen besser und mit meinem Doppel-Ex ging es problemlos, das hat mich damals schon umgehauen und tut es heute immer noch. Warum gerade mit ihm? Es liegt nicht daran, wie vertraut mir die jeweils anderen Menschen sind, welche Beziehung wir zueinander haben, wie gut man sich kennt oder wie sehr man sich mag. Ehrlich gesagt habe ich keine Ahnung, woran es liegt, dass es mit der einen funktioniert und mit dem anderen nicht. Ich muss also erst mal einen Menschen finden, mit dem ich so viel Zeit verbringen kann – zumindest wenn ich mir wünsche, mit demjenigen eine Beziehung aufzubauen, Tisch, Bett und Dach über dem Kopf zu teilen und eine Familie zu gründen. Zusammenleben zu können finde ich schon eine wichtige Voraussetzung für ein Familienleben – zumindest für so eines, wie es mir vorschwebt. Mutter, Vater, Kinder, Hunde, Kombi, großes Glück, so etwas in der Art.

Ganz klar, die Ladekapazität meiner *social battery* hängt auch mit meinem Unfall zusammen und mit dem, was mein Körper noch braucht beziehungsweise schon wieder kann. Am Anfang, in den ersten Monaten nach dem Unfall, war ich zum Beispiel unendlich müde. Ich habe geschlafen, geschlafen, geschlafen und durfte mir noch dumme Sprüche deswegen anhören. »Du verschläfst ja den ganzen Tag«, »Man kann sich doch nicht mittags hinlegen«, »So kommst du nie wieder auf die Beine«. Und das von Leuten, die bei einer Erkältung glauben, dem Tod ins Auge zu sehen. Verliert ihr mal eure Beine! Schmeißt ihr mal ein paar Wochen Morphium ein! Lasst euch mal das Gesicht wiederherstellen! Seid ihr mal gezwungen, euer Leben komplett umzukrempeln! Dann sprechen wir uns wieder. Trotz meines wirklich ausgeprägten Optimismus, trotz meiner Lebensfreude und der Zuversicht, mit der ich nach dem Unfall in mein neues Leben gestartet bin, kann ich euch sagen: So einfach ist das nicht. Der Körper stellt sich nicht mit einem Fingerschnippen um, fügt sich nicht einfach, nur weil ihr *wollt,* dass er sich fügt. Im Gegenteil: Ihr macht, was euer Körper will, sonst geht das Ganze nämlich in die Hose, egal wie positiv und willensstark ihr seid. Euer Körper sagt schlafen? Ihr schlaft. Euer Körper sagt Hunger? Ihr esst. Euer Körper sagt Schmerz? Ihr stillt den Schmerz. Das ist doch selbstverständlich, schließlich ist ein Körper keine Maschine, die man mal eben neu bootet. Neues Betriebssystem aufspielen und fertig? Funktioniert leider nicht. Das heißt nicht, dass man sich seinem Körper sklavisch unterwerfen soll, dass man sofort die

Flinte ins Korn werfen muss, wenn Körper und Geist mal nicht einer Meinung sind. Aber in sich hineinhorchen und auf seinen Körper hören, das sollte man schon.

Auch heute erschöpfen mich lange Gespräche oder pausenloses Beisammensein noch, körperlich wie geistig, obwohl der Unfall nun schon eine Weile her ist. Es liegt aber nicht nur an meinem Körper, der sich neu finden musste, sondern auch daran, dass ich reifer und feinfühliger geworden bin. Ich gehe unheimlich gern mit meinen Freundinnen aus, tanzen, feiern, die ganze Nacht durch, und erst ins Bett, wenn die Sonne aufgeht. *Who let the dogs out?* Aber danach brauche ich eine Pause, eine Auszeit für mich. Nicht weil ich dann halbtot im Bett liege und irgendeinen Rausch ausschlafen müsste, im Gegenteil, ich bin ein früher Vogel, selbst wenn ich vorher die Nacht zum Tag gemacht habe. Es ist eher so, dass mein Kopf und meine Emotionen danach zur Ruhe kommen müssen; ich muss das Zusammensein, so viel Spaß es auch gemacht hat, erst einmal verarbeiten. Kennt ihr das, wenn ihr euch dafür verantwortlich fühlt, dass es den anderen gut geht? Dass sie sich amüsieren, dass sie gesehen und gehört werden, dass sie wissen, wie wunderbar man sie findet. Das ist eigentlich eine schöne Sache, aber zugleich ein wahnsinniger Kraftakt. Dieses Verantwortungsgefühl macht einen nämlich zum Entertainer mit dauerguter Laune, vielfältigen Unterhaltungskünsten und einem hochsensiblen, ständig auf Hochtouren laufenden Geht's-hier-allen-gut-sonst-muss-ich-was-tun-Radar. Niemand erwartet den Entertainer von mir außer mir selbst. Ich kann nicht anders, ticke eben so. Leider entleert sich meine *social battery* dadurch noch einmal extra zügig. Aber so ist es halt, lieber zu viel Empathie als zu wenig, lieber feinfühlig mit niedrigem Ladestatus als abgestumpft mit Alles-egal-Attitüde.

Ob es mit den Männern einfacher wäre, wenn ich auf Frauen stehen würde? Halt, nein, das ist falsch. Würde es mit den *Beziehungen* einfacher, wenn ich auf Frauen stünde? Löwinnen unter sich, würde das die Beziehungswelt besser machen? Meine besten Freundinnen, die würde ich sofort mit Handkuss als Partnerinnen in einer Beziehung nehmen, mit allem Drum und Dran, bis dass der Tod uns scheidet. Diese Frauen sind fantastisch, teilen meine Werte, verstehen mich manchmal besser als ich mich selbst, sind liebevoll und liebenswert, sagen mir die Dinge ins Gesicht, egal ob ich sie hören will oder nicht, nehmen mit größtmöglicher Selbstverständlichkeit von mir und geben mit entwaffnender Offenheit und Ehrlichkeit genauso viel zurück. Als ob das noch nicht genug wäre, sind sie auch noch megamäßig hübsch und attraktiv, intelligent und lustig sowieso. Ich werde irgendwie gerade an mein »Ich backe mir meinen Traummann«-Rezept erinnert. Hach, schön wäre es! Aber vielleicht würden auch diese bislang so absolut perfekten Freundschaften leiden oder sich zumindest verändern, sobald das ganze Beziehungsthema ins Spiel käme. Ich möchte niemandem auf den Schlips treten; mir ist schon klar, dass gleichgeschlechtliche Beziehungen sehr wahrscheinlich ähnliche oder zumindest verwandte Probleme haben oder auch nicht haben. Jede Beziehung, die wir Menschen eingehen, ist ein ewiger Tanz, oder? Ein Geben und Nehmen, ein Fordern und Verstehen, ein Sicheinlassen und Zurücknehmen. Nicht nur in Liebesbeziehungen, in allen Beziehungen, die wir haben. Zu unseren Eltern, zu unserer Familie, zu Freundinnen und Freunden, zu Kolleginnen und Kollegen, sogar zu dem Kassierer an der Supermarktkasse oder der Verkäuferin in der Bäckerei. Wir Menschen sind nicht identisch, und deshalb können wir nie hundertprozentig wissen, ob der kleine Witz, den wir aus Freundlichkeit gemacht haben, auch wirklich so angekommen ist, wie er gemeint war. Ob unser Lächeln, unsere Anmerkung oder Kritik richtig verstanden wurde, ob unser Gegenüber das mit der Ironie kapiert oder das Zitat aus unserer Lieblingsserie erkannt hat und uns nicht einfach nur wunderlich findet. Wir wissen nicht, ob das Blau, das die anderen sehen, genauso aussieht wie unseres, ob ihr Schmerz sich genauso anfühlt wie unserer oder ob sie Glück auf eine andere Art und Weise empfinden als wir. Ich glaube, es sind die kleinen, feinen, oft kaum sichtbaren Unterschiede in uns, die zu Missverständnissen oder Konflikten führen, nicht die großen Dinge, denn die sind offensichtlich; wer über sie hinwegsieht, der tut dies mit Absicht. Aber die kleinen, fast farblosen Unsicherheiten, die gehen uns vielleicht einfach zu oft durchs Netz.

Aber das Ganze ist eh nur hypothetisch, ich hab's halt eher mit den Männern – nur bitte mit dem Charakter meiner besten Freundinnen. Und wenn ich ganz ehrlich bin, dann brauche ich überhaupt keinen Mann. Ich will vor allem ein glückliches Zuhause und Kinder, die ich mit Liebe zu überschütten vorhabe. Dabei einen echten Partner an meiner Seite zu haben, wäre schön, klar. Aber eine unabdingbare Voraussetzung, damit der Rest ebenfalls schön wird, ist so ein Partner nicht. Das habe ich schon damals unter meinem Hochbett gewusst, inmitten meiner Puppenkinder. In den letzten Jahren beziehungsweise Beziehungen hat sich diese Erkenntnis, die ich vor rund zwei Jahrzehnten als Vierjährige hatte, noch einmal bestätigt. Dafür ein herzliches Dankeschön an meine Verflossenen!

KAPITEL 8

RAUS BIST DU

Stille. Stille um mich rum. Stille in meinem Kopf, Stille in meinem Körper. Doch irgendwas zieht mich raus, lässt die Stille ganz dämmrig werden, durchscheinend. Ich brauche was zu essen, das ist das Erste, was ich fühle, als ich wieder fühlen kann, nachdem die Stille abgeklungen ist und ich mich aus dieser zähen Wattewolke rausgearbeitet habe. Hunger! Essen! Nicht irgendwas, ich will ein Nutellabrot, gebt mir ein Nutellabrot! Falls jemand mit einem Nutellabrot kommt, muss allerdings das Ding aus meinem Hals raus. Wie soll ich damit schlucken? Ich ziehe und zerre dran, und dann ist mein Hals frei. Wund und kratzig, aber frei. Ich sage, dass ich ein Brot haben will, mit dick Schokocreme drauf, aber jemand sagt: »Das geht leider nicht.« Oder träume ich das? Schon schlafe ich wieder ein. Bin weg, zurück in der Stille, wo ich nichts mehr fühle, auch keinen Hunger, sondern bloß zeit- und ziellos durch das Nebelmeer treibe, bis sie mich zurückholen, irgendwann.

Das war mein erstes Mal. Mein erstes Mal Aufwachen ohne Beine. Zu diesem Zeitpunkt habe ich allerdings noch nichts von meinen Beinen gewusst. Ich wusste überhaupt nichts, hatte keinerlei Erinnerung und auch keinen Freiraum in meinem dämmrigen Bewusstsein, um zu erkennen, zu verstehen oder zu hinterfragen, wo ich eigentlich war und warum ich geschlafen hatte. Ich war einfach voll und ganz auf meinen Hunger, nein, auf mein ziehendes und zerrendes Verlangen fokussiert. Vielleicht hat mein Bewusstsein das so arrangiert, damit ich mich erst einmal auf etwas Kleines, Greifbares konzentrieren konnte, ohne die Tragweite dessen, was mir zugestoßen war, begreifen zu müssen. Vielleicht hat aber auch mein Körper das Kommando übernommen und schlicht und ergreifend wirklichen Hunger gehabt. Oder noch vielleichter: Vielleicht war ich so süchtig nach Schokocreme, dass sie das Erste und Einzige war, was mir automatisch in den Sinn kam, sobald meine Sinne wieder eingeschaltet wurden.

Das war es nämlich: ein Einschalten. Nach dem Unfall, als sie mich vom Autobahnasphalt abgekratzt, ins Krankenhaus eingeliefert und erst einmal das Wunder vollbracht hatten, mich am Leben zu erhalten, haben sie mich in ein künstliches Koma gelegt. Sie haben mir einen Mix aus Schlaf- und Schmerzmitteln verpasst und mich dadurch in Vollnarkose versetzt – nur eben eine, die etwas länger anhielt. Genau das ist nämlich ein künstliches Koma: eine Langzeitnarkose. Ein Tiefschlaf, während dessen das Schmerzempfinden unterdrückt und das Bewusstsein vorübergehend ausgeschaltet wird. Ene, mene, muh, und raus bist du. Aus eigener Kraft kann man in dieser Art Schlaf nicht atmen, deshalb steckte mir ein Tubus in der Luftröhre – das Ding in meinem Hals, das sich mit meinem Brotzeitwunsch absolut nicht vereinbaren ließ. Einatmen, ausatmen, einatmen, ausatmen, das machte eine Maschine für mich. Hätte ich den Tubus allerdings nicht gezogen, hätte ich gar nicht erst nach Schokocreme krächzen und krähen können. Solange der Schlauch in deinem Hals sitzt, kannst du gar nicht sprechen, er macht es sich nämlich zwischen den Stimmbändern gemütlich.

Um mich aufwachen zu lassen, hatten sie die Narkosemittel reduziert und somit mein Bewusstsein wieder eingeschaltet. Da ich nur kurz im Koma gelegen hatte, etwas mehr als einen Tag, ging das relativ flott. Ich stand zwar auch nach diesem einen Tag schon vollkommen neben mir, selbst als ich vermeintlich wach war – Stichwort Wattewolke –, aber wenn man wirklich ein paar Wochen in so einem Nicht-hier-nicht-dort-Zustand verbringt, dann kann das Aufwachen Tage oder sogar Wochen dauern. So lange, bis der Körper die ganzen Medikamente abgebaut und rausgeworfen hat. Ob ich nach ein paar Wochen sofort eine ganze Schubkarre Schokocreme verlangt hätte? Vielleicht hätte ich aber auch vollständig vergessen, dass es so was wie Schokocreme gibt. Aber ernsthaft, mit meinem Kurzzeitkoma hatte ich Glück, denn je länger man abgetaucht ist, umso schwieriger wird es, als man selbst zurückzukommen. Deine Muskeln haben sich abgebaut, du erkennst deine Familie und Freunde vielleicht nicht mehr, musst alles neu erlernen, hast eventuell Wahnvorstellungen und garantiert Entzugserscheinungen. Du fängst noch mal ganz von vorn an.

Ich weiß nicht mit Bestimmtheit, warum sie mich das erste Mal zurückgeholt haben, nur um die Dosis der Narkosemittel sofort wieder zu erhöhen und mich noch einmal einschlafen zu lassen. Ich weiß nur noch, dass ich unglaublich sauer war wegen des Brotes, das ich nicht bekommen habe. Was natürlich unsinnig war. Ich bin unendlich dankbar, wie gut sie im Krankenhaus auf mich achtgegeben haben, wie intensiv sie mich umsorgt und gepflegt und natürlich wieder auf die sinnbildlichen Beine gebracht haben. Einen Tag später dann wieder: Stille, Nebeltreiben, Wattewolke, Dämmerung, Hunger und Hallo, da bin ich wieder. Und wer seid ihr? Wo bin ich überhaupt und was ist los? Mein zweites Mal Aufwachen ohne Beine.

Ich erinnere mich an vieles aus dieser Zeit nur verschwommen, wenn überhaupt. Was mir aber noch im Gedächtnis

geblieben ist, sind die Ärzte, die ich nach meinem zweiten Ein-
schaltaufwachen an meinem Bett sah. Nicht am Fußende, wie
man das kennt, mit dem Bett als Sicherheitsabstand zwischen
uns, sondern tatsächlich standen sie näher, an meiner Seite.
Ernst, aber nicht so ernst, dass einem gleich angst und bange
wird. Sie ließen mich Optimismus sehen, einen Hoffnungs-
schimmer, der mich wohl davon abhalten sollte, mich nach
überbrachter Nachricht aus dem Fenster zu stürzen. Nicht im
buchstäblichen Sinne, ich hätte es ja gar nicht bis zum Fenster
geschafft. Zum einen hätten mich meine nicht vorhandenen
Beine daran gehindert, zum anderen hielten mich Schläuche,
die sich wie gefräßige kleine Piranhas in meine Arme bohrten,
und Kabel, deren Enden sich an meinem Körper festgesaugt
hatten, gefangen.

»Angie«, begann der eine Arzt freundlich, aber ohne Samt-
handschuhe, und dann erzählte er mir in wenigen, einfachen
Sätzen, was passiert war. Ich fasse die zentrale Botschaft mal so
zusammen, wie sie damals in meinem dämmrigen Hirn angekommen ist: »Deine Beine sind ab.« Ich glaube eigentlich nicht,
dass er tatsächlich »ab« gesagt hat, wahrscheinlich noch nicht
mal »weg«. Eher so etwas wie »verloren«, »wurden abgetrennt«,
»mussten im Knie amputieren« oder »keine Möglichkeit, sie
zu retten«. Wahrscheinlich hat er auch differenziert, ich habe
ja noch meine kompletten Oberschenkel, er hätte sicher nicht
»Beine« gesagt, das wäre zu endlich, zu erschreckend, zu komplett gewesen. Aber so kam die Botschaft auf jeden Fall bei mir
an: Deine Beine sind ab. »Bis wohin?«, fragte ich. Seine Antwort
war irgendwie beruhigend: Zwei halbe Beine hatte ich noch.

Wenn man mit Schmerzmitteln vollgepumpt ist, gerade aus
dem künstlichen Koma aufwacht und zudem noch wahnsinnigen
Hunger hat – das Verlangen hatte mich sofort wieder überfal-
len –, dann steht man ernst zu nehmend neben sich. Natürlich
liegt man, logisch, aber ihr wisst, was ich meine. Mein Hirn

war matschig und in Watte gepackt, meine Emotionen waren gedämpft, irgendwie losgelöst von mir. Rationales, logisches Denken fällt da nicht so leicht oder ist sogar schier unmöglich, und das Sprechen ist ein enormer Kraftakt, erst recht, wenn man bis eben noch einen Tubus im Hals stecken hatte. Ich dachte und fragte also nicht viel, sondern konzentrierte mich auf das, was da langsam bei mir ankam: Meine Beine waren nicht mehr da. Es versetzte mir einen heftigen Schlag in die Magengrube. Oder vielleicht lässt es sich besser als Brett vor den Kopf beschreiben, denn so lag ich erst einmal da, mit einem Brett, das ich vor den Kopf gekriegt hatte: ein bisschen perplex und irgendwie benommen, aber nicht komplett ausgeknockt. Ich hatte gehört und auch einigermaßen verstanden, was der Arzt gesagt hatte, aber die Wattewolke hatte die gröbste Wucht abgefangen, hatte das Brett ein wenig federn lassen und mich davon abgehalten, unter der Intensität des Schlages einfach umzukippen, im Schock zu erstarren oder in eine Panik zu verfallen, die mir den Atem geraubt hätte.

Ich drehte und wendete die Botschaft in meinem Kopf, während mein Herz und mein Bauch, oder wo immer die Gefühle auch sitzen, verhältnismäßig unberührt blieben. Behütet und beschützt, Morphium sei Dank. Direkt die komplette Welle in ihrer vollen Wucht abzukriegen, wäre heftig gewesen, und ich bin dankbar, dass es mehr ein Sickern als ein Überrolltwerden war. In den folgenden Tagen, als die Wattewolke begann, dünner und durchlässiger zu werden, suchte sich die Welle Löcher, bahnte sich Wege, sickerte tropfenweise oder in kleinen Rinnsalen ein, nichts, was mich mit einem Schlag hätte untergehen und ertrinken lassen. Ich hatte Zeit bekommen. Zeit, die Botschaft aufzunehmen. Ich denke manchmal an die Botschaften, die andere Menschen bekommen – und vor allem, *wie* sie sie bekommen. Menschen, die bei ihrer Ärztin im Sprechzimmer sitzen, sich gesund fühlen, wenn nur die ständigen Kopfschmerzen nicht wären. Krebs, sagt dann die Ärztin, und die Menschen müssen es hören, ohne Wattewolke. Eltern, die eigentlich nur mit einem fiebernden Kind zum Arzt gefahren sind, um sich plötzlich auf der Intensivstation wiederzufinden, ohne Wolke. Jugendliche, die erfahren, dass sie noch leben werden, aber vielleicht nicht furchtbar lange. Dafür mit Schmerzen, kräftezehrenden Therapien und wenig von dem, was ihre Jugend eigentlich ausmachen sollte. Ohne Wolke.

Ich bin sicher, dass ich die Welle auch in ihrer vollen Wucht ertragen hätte, genauso wie die anderen sie ertragen, sie über sich ergehen lassen, weil sie gar keine andere Wahl haben. Es scheint, dass wir Menschen von Natur aus ein Schlimme-Nachrichten-Abwehrsystem haben. Unsere Fähigkeit, entsprechende Botschaften aufzunehmen und zu verarbeiten, ist eingeschränkt; die wirkliche Tragweite verstehen wir erst nach und nach. Trotzdem ist der Schock heftig, und genau deshalb bin ich für die Wattewolke dankbar. Zusammen mit meinem hauseigenen Abwehrsystem ermöglichte sie es mir zu denken – benebelt zwar, aber immerhin –, ohne dass mich der Schock außer Gefecht gesetzt hätte. Was mir außerdem von Anfang an klar war: Meine Botschaft war kein Todesurteil. Mit dem Unfall hatte ich das Schlimmste schon hinter mir. Ich würde leben. Ohne Beine, aber leben.

Ich war mit dem Drehen und Wenden der Botschaft fertig, erst einmal. Drei Dinge waren mir dabei in den Kopf geschossen, und diese Dinge machten mir mehr Angst als ein Leben ohne Beine. »Kann ich noch Sport machen?«, fragte ich und klang dabei ganz verschwommen. Hörte mich an, wie ein Video aussieht, das man mit schlechter Internetverbindung anschaut. Unscharf an den Rändern, ein bisschen ruckelig. Meine Stimme war heiser, meine Zunge unsäglich schwer, und den Mund so weit zu öffnen, dass ich deutliche Worte formen konnte, schien mehr Kraft zu kosten, als mir zur Verfügung stand. Wer sich ins

Fitnessstudio oder in die Joggingschuhe quälen muss, wer keinen inneren Schweinehund, sondern gleich eine ganze Meute davon zu Hause hat, der wird mich vielleicht für verrückt halten. Deine Beine sind ab, und du fragst als Erstes, ob du noch zum *Sport* gehen kannst? Sei froh, dass du noch am Leben bist! Aber Kraftsport *war* (und ist) mein Leben oder zumindest ein essenzieller Teil davon. Vor meinem Unfall habe ich fünf-, sechsmal die Woche trainiert, manchmal sogar zweimal am Tag. Während ich dort in meinem Intensivbett lag, konnte ich noch den Muskelkater vom letzten Training spüren, fühlte das Ziehen in den Resten meiner Beine. Beine auf der Autobahn abgequetscht, im Krankenhaus das Ganze ordentlich amputiert, ab ins künstliche Koma, und dann wachst du mit Muskelkater von deinem letzten Training auf. Irre. Und nein, das war kein Operations- oder Phantomschmerz, es war tatsächlich ein ganz banaler, gewöhnlicher Muskelkater.

Ich war damals, das muss ich zugeben, süchtig nach dem Gefühl, das mir der Kraftsport gab und auch weiterhin gibt. Kraftsport tut mir gut, nicht nur meinem Körper, sondern auch meinem Kopf. Wenn ich Gewichte aus der Kniebeuge stemme, meine Curls und Crunches durchziehe, auf der Bank liege oder an den Geräten trainiere, dann stärke ich nicht bloß meine Muskeln, sondern auch meinen Kopf. Es ist, als würde er mir freigeblasen, während ich mich auf meine Übungen konzentriere, bis ich ganz ruhig werde, leer und entspannt. Vorher sehe ich den Wald vor lauter Bäumen nicht, nachher habe ich den Durchblick, sehe klarer. Ich finde Antworten, Lösungen, neue Ideen. Dinge, die sich zuvor im Labyrinth meiner kreuz und quer gestapelten Gedanken verborgen haben. Als würde ich in meinem Kopf Ordnung schaffen, aufräumen und umstrukturieren. Abgesehen davon hat mir der Kraftsport bei meinem Unfall das Leben gerettet, aber das war mir zu diesem Zeitpunkt nicht bewusst. Bewusst war mir nur, dass ich weiterhin trainieren wollte. Unbedingt. »Das ist kein Problem«, antwortete mein Arzt, »es ist sogar förderlich. Du kannst auf jeden Fall weiter Sport machen.« Ich hätte Hurra gerufen, wenn ich nicht zu ermattet gewesen wäre. Stattdessen nickte ich kaum merklich, murmelte ein »Super« oder etwas Ähnliches und fühlte mich enorm beruhigt.

Ich hatte – logischerweise – noch keinen Blick auf meine Beine werfen können, hatte folglich keine Ahnung, wie es da unten aussah. Aber so ein Aufprall, mit einer Wucht, dass es dir die Beine mal eben abtrennt, und ich meine wirklich *abtrennt,* meine Beine waren bereits an der Unfallstelle ab, *tutto completto* ab. Sie waren nicht bloß irreparabel gequetscht oder so, sondern schnippschnapp ab. Wenn dir dieser Aufprall also die Beine abtrennen kann, was macht er dann mit dem Rest deines Körpers? Musste da nicht jede Menge in Mitleidenschaft gezogen sein? Musste nicht eigentlich jedes kleinste Teil in und an mir beschädigt worden sein? In so einem Körper, der doch im Grunde leicht kaputtbar ist, kann schließlich jede Menge reißen, brechen, zerquetscht werden, sich lösen, für immer den Bach runtergehen. Oder nicht?

»Kann ich noch Geschlechtsverkehr haben?«, stellte ich also Frage Nummer zwei auf diese schleppende Schlechte-Internetverbindungs-Weise, die mir ganz fremd war. Ich dachte das Wort »Sex«, sagte aber »Geschlechtsverkehr«. Legte noch im Delirium Wert auf eine angemessene Ausdrucksweise. Beim Arzt sagt man eben nicht Pipi, sondern Urin. Im Rückblick bin ich fast ein wenig von mir selbst beeindruckt. »Und Kinder?«, denn darum ging es mir eigentlich. »Kann ich noch Kinder bekommen?« Der Arzt nickte. »Das geht beides noch«, sagte er, und ich war einfach nur erleichtert. Vergiss die Beine, solange der Rest in Ordnung ist. Hätte mir der Unfall statt meiner Beine die Möglichkeit genommen, Kinder zu haben, wäre ich sicher in einen viel tieferen, unendlich dunkleren Abgrund gestürzt. Kinder bekommen, das ist für mich schon gesetzt, seit ich mit Puppen spielen kann. So fiel ich in keinen Abgrund, sondern stolperte bloß über eine kleine Unebenheit, die mich nicht wirklich in die Tiefe ziehen konnte. Danach tat ich dasselbe, was ich schon beim ersten Aufwachen gemacht hatte: Ich verlangte nach einem Nutellabrot.

Überraschung, ich bekam sogar zwei! Außer meinen Beinen hatte es auch mein Gesicht zerschmettert. Mein linkes Jochbein war zertrümmert, Mund und Wange waren an der linken Seite aufgerissen, und einen Zahn hatte es mir rausgehauen. Mein Nasenbein hatte gelitten, war aber zur allgemeinen Überraschung nicht gebrochen. Als der italienische Krankentransporter in mich bretterte, ist mein Kopf nämlich nach hinten in seine Windschutzscheibe geschlagen. Ob ich mich in dem Moment, als der Krankentransporter in mich fuhr, noch leicht umgewandt habe, weil ich in der letzten Sekunde doch irgendetwas mitbekommen habe, oder ob mein Körper durch den Aufprall verdreht wurde, kann ich nicht sagen. Auf jeden Fall muss sich mein Kopf nach links gedreht haben, denn weder mein Hinterkopf noch meine rechte Seite wurde in Mitleidenschaft gezogen. Nur meine linke Gesichtshälfte zersplitterte. Und mit ihr die Windschutzscheibe, in die ich rücklings knallte. Gut, dass ich so einen Dickschädel habe. Statt mit dem Kopf durch die Wand zur Abwechslung mal mit dem Kopf in die Scheibe.

Wegen der Verletzungen in meinem Gesicht konnte ich die beiden Brote nur in allerkleinsten Häppchen zu mir nehmen. Meine Mutter schnitt mir die Nutellabrote in kleine Stücke, die ich genüsslich aß. Das ist der Vorteil, wenn man bedröhnt ist: Man ist ganz auf die kleinen Dinge fokussiert, das große Ganze geht so an dir vorbei, dass es dich nicht von dem feinen Kleinen ablenken kann. Ich genoss also. Ich kriegte es selbst nicht mit, aber meine Mutter hat mir später erzählt, dass ich noch unheimlich viel Blut an den Händen und unter den Nägeln hatte. Blut, das sich jetzt mit Schokocreme vermischte. Nachdem ich aufgegessen hatte, machte meine Mutter mir deshalb die Hände sauber, wischte die Blut-Schokocreme-Mischung weg. Worauf ich mich – noch halbkomatös, schlaff und lallend – beschwerte: »Maaaaamaaaa, du schon wieder mit deinem Putzfimmel.« Ich konnte meine Hände vor lauter Schwellungen im Gesicht und auch wegen der Wattewolke in meinem Hirn gar nicht sehen, ahnte also nichts vom Blut-und-Schokocreme-Desaster, als ich das sagte. Und zu meiner weiteren Verteidigung: Meine Mutter hatte wirklich einen Putzfimmel! Sie sagt, dass sie in diesem Moment, als ich mit ihr meckerte, wusste, dass alles so weit okay war, wie es okay sein konnte. Trotz Wattewolke war das die Angie, die sie kannte.

Bis auf die Verletzungen im Gesicht – und natürlich die abgetrennten Beine – hatte ich keinen Kratzer davongetragen. Nichts, null, *nothing, niente*, noch nicht mal blaue Flecken oder blutige Schrammen. Wenn eine Katze dich kratzt, sieht es schlimmer aus. Vom Hals an abwärts bis zum Becken war ich makellos oder trug zumindest nur die Makel, die schon vorher da gewesen waren. Wenn man sich vorstellt, welche Kräfte wirken, wenn ein Fahrzeug von der Größe eines Krankenwagens mit einer gewissen Geschwindigkeit von hinten in dich reinknallt und dich gegen, in, auf – ich weiß gar nicht, welche Präposition hier die richtige ist –, wenn es dich also gegen, in, auf das Heck eines vor dir stehenden Fahrzeugs schiebt und von hinten noch nachdrückt, sodass dir die Beine buchstäblich um die Ohren fliegen, ja, wenn man sich diese Wucht vorstellt, dann hätte doch eigentlich viel mehr an mir kaputtgehen müssen.

Ich weiß nicht, wer oder was, aber *etwas* hat an diesem Novemberabend über mich gewacht. Und trotzdem gibt es sie, die Leute, die immer noch etwas zu meckern haben. Die finden, ich sei aus der ganzen Sache eben nicht relativ heil hervorgegangen. Die meinen, mein Schutzengel hätte einen besseren Job machen müssen. Natürlich, das Wort »relativ« gehört in dicke, fette Anführungszeichen, ich bin ja keineswegs unversehrt wie Phönix aus dem Blechhaufen gestiegen. Aber Mensch: Ich habe das überlebt. Ich habe *so etwas* überlebt.

Heute schaue ich manchmal auf meine ersten Tage im Krankenhaus zurück. Dann scheinen mir der Schmerz, die Angst und die Trauer um meine verlorenen Beine und die damit verschwundenen Möglichkeiten ganz klein zusammengeschrumpft zu sein; sie sind fast nicht mehr existent. Einfach deshalb, weil all das Gute, das seitdem mein Leben ausmacht, allen vorhandenen Raum einnimmt. Es drängt das Negative einfach weg, klettert wie fleißiges Efeu darüber, deckt es zu und nimmt es in sich auf, bis nichts mehr davon zu sehen ist. Werde ich gefragt, wie es denn war, als mir gesagt wurde, dass ich keine Beine mehr hatte, ob ich zusammengebrochen bin oder wie groß meine Verzweiflung war, dann antworte ich, dass ich das eigentlich relativ locker weggesteckt habe. Was nicht falsch ist. Zwei Monate lag ich im Krankenhaus. Zwei Tage davon habe ich getrauert. Ich finde, das ist eine gute Bilanz. Aufwachen, realisieren, klarkommen, so habe ich das später formuliert, als ich ein Gedicht über meine Gedanken und Gefühle von damals geschrieben habe. Kein Gedicht im klassischen Sinne, mehr ein ungefilterter Bewusstseinsstrom in Textform gebracht. »Deine Beine sind ab«, hatte der Arzt gesagt, und *natürlich* hat in mir alles geschrien: »Das kann nicht sein, das kann nicht sein!« Immer und immer wieder. *Natürlich* wollte ich es nicht glauben, *natürlich* war ich wütend, verängstigt und entsetzt. *Natürlich* kamen Erinnerungsfetzen hoch, die mir bestätigten, was die Ärzte sagten: Es ist wahr. *Natürlich* fehlte da etwas unter meiner Bettdecke, ich war ja nicht blind. Aber das heißt nichts. Wer sagt, er glaubt nur, was er mit eigenen Augen sieht, der hat noch nicht auf eine Decke geschaut, die sich nicht dort wölbt, wo sie sich wölben sollte, sondern die ganz flach daliegt. Und trotzdem zweifelt er an dem, was er sieht. Sehen und glauben, das ist noch lange nicht dasselbe. *Natürlich* war mir klar, es wird nie mehr, wie es war. So ein verdammter Mist!

Zwei Tage habe ich geweint und getrauert. Um mich, mein altes Leben, meine Beine, um die Zukunft, die ich im Kopf gehabt und die jetzt mit meinen Beinen in der Verbrennungsanlage das Zeitliche gesegnet hatte. Und dann war gut. Ich hatte fertig. Ich lag noch auf der Intensivstation, Tag drei oder vier war es, und ich hatte meine Familie und meine engsten Freunde, die mich schon besuchen durften, gebeten, nicht zu kommen. Ich wollte eine Pause, wollte für mich sein, nachdenken und klarer sehen. Während ich also dort lag, an die todlangweilige Decke starrte, die Tränen über meine Wangen laufen ließ und darauf verzichtete, mir den Rotz von der Nase zu wischen, musste ich an Tim denken. Tim, dem ein komplettes Bein fehlte. Nicht dass ich Tim persönlich gekannt hätte, aber ich hatte ein paar Wochen vor meinem Unfall ein Video von ihm gesehen. Es war in meinen YouTube-Empfehlungen aufgetaucht und ich hatte es angeschaut. Tim war *der Hammer*! Er hatte ein Bein verloren. Na und? Er strahlte eine unfassbare Lebensfreude aus; sie steckte an, fuhr mir durch die ganzen Pixel hindurch direkt in den Magen und verursachte mir Gänsehaut. Wer hätte gedacht, dass ich ein paar Tage später selbst meine Beine verloren haben würde? Die einen nennen es den YouTube-Algorithmus, ich nenne es Schicksal. Es war definitiv Vorsehung, dass ich Tims Video gesehen hatte. Bestimmung. Karma. Wie auch immer man es nennen will. Ich dachte also an Tim, und während ich dachte, begann sich sein Video in meinem Kopf abzuspulen. Immer und immer wieder. Während ich in dieser Endlosschleife hing, machte es Klick. Tim war glücklich mit einem Bein. Warum sollte ich es mit zwei halben Beinen nicht sein? Tim lebte sein Leben in vollen Zügen. Weshalb sollte ich das nicht auch tun? Tim hatte noch viel vor. Ich auch. Ich war noch wirr im Kopf, hatte am Tag zuvor gerade meine Gesichts-OP gehabt. Trotzdem beschloss ich in diesem Moment: Das Leben geht weiter, und es wird gut. Am nächsten Tag durfte ich die Intensivstation verlassen, wurde auf die Normalstation verlegt. Schritt eins in mein neues Leben. Es war der 11. November, sechs Tage nach meinem Unfall. Elfter im Elften. Angie alaaf, unten ohne alaaf, neues Leben alaaf!

Eigentlich hätte ich meine Beine gern noch einmal gesehen. Nicht, um mich großartig zu verabschieden, sondern aus Neugierde. Interesse. Wie sahen sie aus, die zwei? So ganz ohne mich am oberen Ende? Wie fühlten sie sich an? Leblos, kalt, schwer? Hatte ihnen jemand die Schuhe ausgezogen? Oder ihnen die Reste meiner Lieblingsleggins abgestreift, die wahrscheinlich eh in Fetzen hing? Wer kümmert sich um so etwas? Später habe ich ein bisschen recherchiert, auch wenn ich nicht meine Hand dafür ins Feuer legen würde (aber zumindest meine Beine liegen drin), dass es tatsächlich stets so abläuft: Körperteile und entnommene Organe sind ethischer Abfall, und der kommt in einen extra Behälter, der verschlossen und kühl gelagert wird, gern in der Pathologie, denn dort herrscht ja ohnehin ein unterkühltes Klima. Irgendwann wird das Ganze abgeholt, zur Entsorgungsanlage gebracht – extern oder krankenhauseigen – und dort mitsamt Behälter verbrannt. Umgefüllt und sortiert werden darf nicht. Kleinigkeiten darf man behalten, wenn man will. Ich habe zum Beispiel von einem rausoperierten Wurmfortsatz gelesen (das klingt zwar nach Parasit, ist aber ein Anhängsel des Blinddarms), den sich der Patient theoretisch in Formalin einlegen lassen und in einem Gläschen mit nach Hause hätte nehmen können. »Bei einem kompletten Bein wird's schon schwieriger«, stand da. Makaber, aber lustig. Ich musste tatsächlich lachen. Ja, bei einem Bein wird es schon schwieriger, das kann ich mir vorstellen. Und selbst wenn: Wo würde man sich die Gläser

mit den Beinen zu Hause hinstellen? Im Flur auf den Boden
à la überdimensionale Vase? Als naturalistische Deko an Hal-
loween? Auf den Kaminsims? Und dann ging es weiter: Darf
man das Bein denn vielleicht bestatten, statt es zu verbrennen?
Das scheint ebenfalls schwierig zu sein – nicht nur, weil die
Bestattungsgesetze in den Bundesländern diese Option eher
nicht vorzusehen scheinen. Sondern vor allem weil man, und
jetzt wird es wirklich bizarr, das Bein ja gar nicht zur Grabstätte
bekommt. Im eigenen Garten verbuddeln geht nicht, das ist
klar. Ein Friedhof muss es schon sein, und da könnte man seinem Bein wohl theoretisch eine Grabstätte kaufen. Eine, in die
man dann irgendwann später auch den Rest von sich zu Grabe
legen lässt. Dafür bräuchte es die Zustimmung des Friedhofs,
einen Sarg oder zumindest ein »angemessenes Behältnis« – und
das Transportproblem müsste gelöst werden, denn man darf
sein Bein nicht einfach mit dem Auto zum Friedhof fahren.
Weder angeschnallt auf dem Beifahrersitz noch sicher ver-
staut im Kofferraum. Ich frage mich, wie sie das damals an der
Unfallstelle gelöst haben; durften sie meine Beine ganz legal
im Krankenwagen mitnehmen? Mussten meine Beine dafür
extra eingepackt werden? Hat jeder Krankenwagen für den Fall
der Fälle stets Spezialbehälter in den gängigsten Größen dabei?
Oder kümmern sich diejenigen darum, die eine Unfallstelle
nachher aufräumen? Das ist interessant, aber inzwischen natürlich längst gegessen. Oder eben verbrannt. Wobei mir einfällt:
Was geschieht später mit der Asche? Irgendwann gucke ich das
auch noch mal nach. Meine Beine wurden auf jeden Fall verbrannt, das habe ich damals im Krankenhaus gefragt, da kann
ich mir also sicher sein.

Ich habe später auch mit meinen Freunden darüber geredet, dass ich meine Beine gern noch einmal gesehen hätte.
»Das hättest du nicht«, hat Alina darauf geantwortet. Sie ist
eine sehr gute Freundin und außerdem Darios Schwester. Sie

wusste, dass Dario meine Beine auf der Autobahn hat herumliegen sehen und wie heftig dieser Anblick gewesen sein muss. Das kann ich mir denken. Ich glaube aber, für mich selbst wäre es weniger schlimm gewesen, meine Beine zu sehen, noch dazu in der sicheren Umgebung des Krankenhauses. Es ist etwas anderes, wenn es dein eigener Körper beziehungsweise ein Teil deines eigenen Körpers ist – einfach weil ich nicht nur meine Beine bin. Ich wusste ja, der Rest von mir war noch da, und mir ging es gut.

Im Krankenhaus, genauer gesagt noch auf der Intensivstation, habe ich übrigens, thematisch passend, mit einem Untoten telefoniert. Ich war wach, die Wattewolke wurde dünner und begann zu zerfasern, ich wusste, was passiert war und dass ich meine Beine verloren hatte. Dario war bei dem Unfall gestorben. Meine Familie und auch die Ärzte versuchten, diese Information von mir fernzuhalten, sicher hatten sie Angst, was das mit mir machen würde. Ich wusste trotzdem, dass es stimmte. Es war vollkommen absurd, wie sie sich aufführten. »Nein, Schatz, Dario lebt«, sagten sie und weinten, denn sie standen eh noch schluchzend um mein Bett, statt mein Überleben zu feiern. Meine Familie, nicht die Ärzte. Inzwischen konnte ich auch wieder logisch denken. Ich wusste, wenn er überlebt hätte, dann hätte er genau wie ich hier im Krankenhaus gelegen. Hier bei mir. Tat er aber nicht. »Ihm ist nichts passiert, er ist zu Hause«, lautete die Erklärung. Vielen lieben Dank, verarschen kann ich mich selbst. Ich war auf dem besten Wege, wütend zu werden, wollte nicht angelogen oder wie ein Kind behandelt werden, dem man alles in einfachen Worten und mit unendlich viel Geduld erklärt, bis es einknickt und die Meinung der Erwachsenen akzeptiert. Irgendwann wurde es meiner Mutter zu bunt. Sie nahm mein Handy, das – im Gegensatz zu Dario – den Unfall überlebt hatte, rief seinen Kontakt auf und drückte mir das Telefon in die Hand. »Ruf an«, sagte sie. »Ruf ihn an und überzeug dich selbst.« Ich drückte also auf Wählen, wartete darauf, dass die Verbindung hergestellt und niemand drangehen würde. Ich war sicher, dass die Mailbox sich einschalten oder dass es einfach bis in alle Unendlichkeit klingeln würde. Oder, noch schlimmer, dass Darios Mutter das Telefon abnehmen würde. Sicher hütete sie sein Handy wie einen Schatz, jetzt, wo er nicht mehr da war und die Leute anriefen, um ihr Beileid auszusprechen. Was sollte ich sagen? Oh mein Gott, was sollte ich sagen? Bestimmt würde sie alles über die letzten Stunden im Leben ihres Sohnes wissen wollen, er hatte diese Stunden ja mit mir verbracht. Worüber wir gesprochen, worüber wir gelacht und Witze gemacht hatten, wie seine letzte Fahrt gewesen war, was eigentlich geschehen war, wie es zu dem Unfall gekommen war, wieso ich lebte und er nicht. Ich kriegte Panik, war für all das noch nicht bereit. Jemand nahm ab. »Hallo?«, sagte Dario.

Fast wäre mir das Handy aus der Hand gefallen. Ich konnte es nicht fassen, dass er lebte. Dass wir beide lebten. Ich hatte schon wahnwitziges Glück gehabt, aber er? Er hatte zwar neben mir gestanden, als der Unfall geschah, aber nicht direkt neben mir – und somit auch nicht hinter dem Heck seines Wagens, sondern etwas links davon. Der Krankentransporter ist sozusagen direkt vor seinem Gesicht in das stehende Fahrzeug gerast und hat es – mit mir dazwischen – weggeschoben. Ohne Dario auch nur zu berühren. Wenn ich mir vorstelle, wie der Unfall aus Darios Perspektive ausgesehen haben muss, dann denke ich an Tom und Jerry. Oder überhaupt an einen Cartoon. Ich sehe dann einen völlig perplexen Dario vor mir, eine Mischung aus Verblüffung und Entsetzen im Gesicht, übertrieben gezeichnet. Der Lufthauch des Krankentransporters, der soeben ein paar Zentimeter vor ihm in das Heck seines Autos knallt, lässt seine Haare aufwirbeln. Auf dem nächsten Bild steht Dario mit demselben Gesichtsausdruck und denselben verwirbelten Haaren in derselben Haltung an derselben Stelle, nur ist jetzt vor ihm alles leer. Bloß die Speedlines hängen noch wie ein Nachgedanke in der Luft, diese dünnen schwarzen, horizontalen Linien, die im Comic Dynamik und Bewegung ausdrücken. Darios Auto steht jetzt etliche Meter weiter vorn, die Schnauze des Krankentransporters im völlig zerquetschten Heck. Zwischen die beiden Fahrzeuge passt kein Blatt Papier, so eng kleben sie aneinander. Trotzdem guckt oberhalb die Comic-Angie heraus. Würde der Comic-Dario sich bücken, könnte er unter der Stelle, wo die beiden Fahrzeuge ineinander stecken, zwei frauenlose Beine herumliegen sehen.

Die Tatsache, dass Dario nicht gestorben war, ließ einen riesigen Stein von meinem Herzen fallen. Er lebte, ich lebte, ich konnte noch Kinder bekommen und weiterhin Sport machen, mein Leben würde gut werden. Es war das letzte Puzzleteil, das sich fügte, der letzte Anstoß, den ich brauchte, um mit dem, was geschehen war, ins Reine zu kommen. Es klingt falsch, wenn ich sage, dass es nicht bloß darum ging, dass *Dario* überlebt hat. Natürlich war mir wichtig, dass genau *er* nicht gestorben war, natürlich wäre es furchtbar gewesen, genau *ihn* zu verlieren. Was ich aber meine, ist, dass es nicht allein und speziell um ihn ging. Ich glaube nicht, dass ich es verkraftet hätte, wenn jemand – egal wer – an meiner Seite gestorben wäre. Dario oder jemand anderes.

Nachdem ich auf die Normalstation verlegt worden war, ging es weiter mit mir bergauf. Ich bekam unheimlich viel Besuch, Karten, kleine Aufmerksamkeiten, viele Nachrichten und Anrufe, sogar der Bürgermeister meldete sich. Bloß dass sich niemand traute, mir eine dieser klassischen Genesungskarten mit dem Spruch »Komm bald wieder auf die Beine« zu schicken, fand ich glatt ein bisschen schade. Aber ich verstehe auch, dass andere nicht sicher sind, wie viel Humor »erlaubt« ist und worüber man als Mensch ohne Beine oder mit einer anderen Behinderung lachen kann. Meine Schwester zum Beispiel, die ein sehr empathischer Mensch ist, vergisst manchmal, dass ich Mitglied im Klub bin. Eigentlich ist es eine gute Sache, dass sie es vergisst. Ich will nicht anders gesehen oder behandelt werden, nur weil ich keine Beine aus Fleisch und Blut habe. Auf jeden Fall regt sie sich auf, wenn sie findet, ich habe etwas Dummes gesagt oder gemacht. »Bist du behindert oder was?«, schimpft sie dann, ohne nachzudenken. Dabei meint sie natürlich *nicht* meine tatsächliche Behinderung, sondern gebraucht diesen blöden Spruch, der sich im Sprachgebrauch breitgemacht hat. Irgendwann hat man den Spruch so oft gehört, dass man gar nicht mehr über die tatsächliche Aussage nachdenkt, sondern ihn gedankenlos übernimmt. So ist das bei ihr zumindest, bei ihr weiß ich nämlich ganz sicher, dass sie über Menschen mit Behinderung nichts Schlechtes denkt. Trotzdem ist der Spruch völlig daneben, deswegen schimpfe ich auch sofort zurück. Behindertsein als Schimpfwort zu gebrauchen, ist abwertend. Nicht für denjenigen, der angemotzt wird, sondern für Menschen mit Behinderung. Was nicht heißt, dass sich ein Mensch mit Behinderung nicht auch mies aufführen kann. Aber dann nennt man sie oder ihn halt einen Arsch und nicht behindert.

Meine Familie war die ganze Zeit für mich da. Im Krankenhaus, aber auch bei allem, was darüber hinaus anfiel. Meine Mutter und Mario, aber auch mein Vater, zu dem ich vor dem Unfall eigentlich den Kontakt abgebrochen hatte, kümmerten sich um den Papierkram, übernahmen Behördengänge und Anwaltstermine, sprachen mit der Krankenkasse, mit der Versicherung, mit der Polizei und den Ärzten. Es ist unglaublich, was für ein bürokratischer Akt ein solcher Unfall ist. Man kann es sich allerdings denken, wenn man schon mal versucht hat, kurz was beim Amt zu erledigen. Mein Onkel und meine Tante kamen, erfüllten mir hier jenen Wunsch, kümmerten sich dort darum, dass es rundlief, sie organisierten und taten mir einfach gut. Meine Oma war natürlich da, meine Freunde und deren Familien. Mein Vater tat und machte ebenfalls, verfiel aber in seinen Überpapi-Modus, der mich an den Rand des Wahnsinns bringt.

Als ich eingeschult wurde, hatten wir uns schick gemacht, meine Mutter, Sarah und ich. Wir standen mit den anderen Familien auf dem Schulhof, wir i-Dötzchen schrecklich aufgeregt, superstolz und alle mit einer Schultüte im Arm. Meine Mutter hatte meine Schultüte mit Süßigkeiten und Kleinigkeiten für die Schule gefüllt. Wir hatten sie gemeinsam gebastelt, sie war rot mit einem Kaninchen drauf, das eine dreidimensionale plastische Kunststoffmöhre in den Pfoten hielt. Ich war damals ein großer Hasenfan. Während wir auf dem Schulhof standen, stieß mein Vater zu uns – mit einer zweiten Schultüte für mich. Da stand ich dann mit meinen zwei Tüten. Natürlich konnte ich Süßigkeiten bis zum Umfallen essen, die doppelte Menge davon zu bekommen, war nicht das Problem. Das Problem war, dass mein Vater immer einen draufsetzen musste (und muss). Nur leider nicht dann, wenn es zählte. Wenn man sich ansonsten nicht kümmert, braucht man auch nicht in ausgewählten Momenten den Superhelden auszupacken und sich als Heils- beziehungsweise Schultütenbringer zu inszenieren. Eine Absprache mit meiner Mutter hätte gereicht. Mir war es peinlich, bereits am ersten Schultag das Mädchen zu sein, das offensichtlich nicht aus einer heilen Familie kam – die beiden Schultüten sprachen Bände.

Als ich im Krankenhaus lag, packte mein Vater ebenfalls seinen Heldenumhang aus. Donut-Gate nenne ich es, denn es begann damit, dass er mich fragte, ob ich etwas bräuchte, ob er etwas für mich aus dem Supermarkt mitbringen solle. Bitte die Gummikirschen, die ich so gern mag, und einen Donut, sagte ich. Ich hatte Hunger auf Gummikirschen und Donuts, und die sind eher selten ein Bestandteil des Krankenhausmenüs. Als mein Vater wiederkam, hatte er eine Tüte Gummikirschen dabei, außerdem Donuts. Und zwar diese Pakete, in denen sich jeweils vier abgepackte Donuts befinden. Er brachte aber nicht nur ein Paket mit, sondern viele. Eine ganze Einkaufstüte voller Viererpacks. Am nächsten Tag wieder und am übernächsten auch. Jeden Tag eine neue Einkaufstüte bis zum Rand mit Donuts gefüllt. So viele Donuts braucht kein Mensch, auch nicht, wenn man gerade seine Beine verloren hat. Er hätte schließlich nicht gewusst, welchen Geschmack ich mögen würde, sagte er. Statt sich wirklich Gedanken zu machen, hat er übertrieben. Wie immer. Hat sich wichtigmachen und mit einer Heldentat brüsten wollen, sage ich. Ruhig Blut. Durchatmen. Brust raus, Augen geradeaus, Blutdruck runter. Es ist unsinnig und auch undankbar, dass ich mich darüber aufrege, *zu viele* Donuts zu bekommen, das weiß ich. Ich weiß auch, dass mein Vater sehr wahrscheinlich keine Chance hat, in meinen Augen jemals etwas richtig zu machen. Aber ich kann nicht anders. Er und ich, wir befinden uns in einer verfahrenen Situation, die nicht erst seit gestern besteht, sondern sich Stück für Stück aufgebaut hat, seit ich auf der Welt bin. Es macht mich wütend, dass er mich immer noch nicht gut genug kennt, um zu wissen, welche Dinge ich mag. Was mein Lieblingsdonut ist. Und wenn er es nicht weiß, warum fragt er dann nicht? Oder noch einfacher, warum fragt er nicht, ob ich irgendeine Sorte *nicht* mag? Warum kauft er stattdessen das Donutregal im Supermarkt leer? Und wo wir schon dabei sind: Warum futterte er mir die Donuts dann weg? Derjenige, der meine Donuts nämlich Tag für Tag so zügig verputzte, dass man gar nicht schnell genug gucken konnte, war mein Vater. So ganz für mich hatte er sie wohl doch nicht gekauft.

Es geht natürlich nicht um Donuts, wahrscheinlich weiß außer mir selbst tatsächlich niemand, welches Topping auf dem Donut mir das liebste ist. Es geht um all das, wofür die Donuts stehen: um das Gefühl, von meinem eigenen Vater nicht gekannt, nicht gesehen, nicht gehört, nicht geliebt zu werden. Worte oder Aussprachen werden daran nichts ändern, wir haben es ein paarmal versucht. Tatsächlich sagt mein Vater mir immer wieder, dass er mich liebt. Aber ich spüre da keine Liebe, ich erkenne sie nicht in seinem Verhalten und merke auch in seiner sonstigen Kommunikation mit mir nichts davon. Von den Gummikirschen hatte ich übrigens auch nicht viel: Die Tüte hat er ebenfalls in einem Zug geleert, während er bei mir im Krankenzimmer war.

Aber wenn man schon mal Donuts hat (und der Vater auch welche übrig lässt), isst man sie auch. Und jede Menge andere Sachen ebenfalls. Zwei Monate Krankenhaus können ganz schön lang werden, und dann tendiert man dazu, die freie Zeit mit Essen zu füllen. So war es jedenfalls bei mir. Ich lernte wunderbare Menschen kennen, die mit mir dort lagen, wir redeten viel, hörten Musik, machten Quatsch, sprachen uns Mut zu, tauschten Tipps für unsere Zukunft als Menschen mit Behinderung aus. Ich hatte auch weiterhin Besuch, viele meiner Freunde kamen, mit denen ich zumindest etwas Dynamik in meinen Alltag brachte – dann nämlich, wenn wir durch den Stationsflur tanzten, ich im Rollstuhl, sie auf ihren Beinen, dazu Musik aus meinem tragbaren Lautsprecher. Oder wenn wir rausgingen beziehungsweise -fuhren, ein bisschen an die frische Luft draußen vor dem Krankenhaus. Zwischendurch standen immer wieder Operationen, Behandlungen und Therapien an, meine Stümpfe verheilten schlechter als erwartet und mussten mehrmals nachoperiert werden. Im Gesicht war ich bereits ganz früh operiert worden, noch auf der Intensivstation. Die Platten, die mir die Chirurgen damals eingesetzt haben, um die zerschmetterten Knochen rund um mein Auge zu stützen und an ihrem Platz zu halten, habe ich immer noch.

Ich hätte sie irgendwann entfernen lassen können, aber das ist kein Muss. Ich habe kein großes Verlangen nach einer weiteren Operation verspürt, erst recht nicht, wenn sie nicht unbedingt sein muss. Nun ist wahrscheinlich der Zeitpunkt überschritten, bis zu dem man die Platten hätte entfernen können. Sie bleiben also bei mir und werden mich den Rest meines Lebens begleiten.

Die Nachoperationen an meinen Stümpfen waren anstrengend, bedurften auch immer einer umfassenden Vor- und Nachsorge. Das war zwar eine Abwechslung vom Krankenhausalltag, aber nicht gerade die angenehmste. Insgesamt hatte ich trotzdem zu viel Zeit. Ich bewegte mich zu wenig – gerade im Vergleich zu der Zeit vor dem Unfall, als ich extrem viel trainiert hatte –, und ich bewegte mich nun natürlich anders. Mit dem Ergebnis, dass ich das Krankenhaus mit fast demselben Gewicht verließ, das ich auch vor dem Unfall auf die Waage gebracht hatte. Vor dem Unfall war es ein gutes Gewicht gewesen, kein Grund zum Meckern. Aber jetzt verteilten sich die Kilos auf meinen Körper *ohne* Beine. Ich hatte also ordentlich zugenommen. Im Rückblick war das allerdings gar nicht schlecht, denn dadurch bauten sich meine Muskeln nicht ab. Das neue Fett war da, ganz eindeutig war es da, aber meine Muskeln waren genau deshalb auch noch da. Meine Schokocreme-Orgien (nach einer Weile durfte ich so viele Nutellabrote essen, wie ich wollte) und die Donuts meines Vaters haben also meine Muskeln geschützt, zumindest ein wenig.

Zum Glück war auf der Intensivstation etwas geschehen, was die Zeit zwar nicht ständig, aber doch mit schöner Regelmäßigkeit schneller vergehen ließ. Regelmäßig, weil es sich nach dem Dienstplan richtete. Als ich noch ganz frisch auf der Normalstation war, also gerade erst die Intensivstation verlassen hatte, lag ich in meinem Bett und tat nichts. Spielte ein bisschen auf dem Handy herum und ließ meinen Gedanken freien Lauf. Plötzlich stolperten meine Gedanken, waren auf etwas gestoßen, was sie und mich überraschte. Hatte ich auf der Intensivstation eine Freundin gehabt? Es fühlte sich an, als würde ich jemanden, den ich gut kannte, vermissen. Meine Gedanken hatten dieses Gefühl auf ihrem wilden Lauf durch meinen Kopf gefunden, nur wusste ich absolut nichts damit anzufangen. Ich wusste nicht, wer diese vermeintliche Freundin war, wie sie aussah oder hieß. Ich war noch nicht einmal zu hundert Prozent sicher, dass da tatsächlich jemand gewesen war. Es war, als stöberte ich in weißem Nebel nach einem Geist, der sich mir entzog, wenn ich versuchte, näher zu kommen. Genauso fühlt es sich an, wenn einem ein Name auf der Zunge liegt. Eigentlich weiß man diesen Namen ganz sicher, doch wenn man zu viel darüber nachdenkt oder krampfhaft versucht, sich zu erinnern, dann fällt er einem definitiv nicht ein. Mit diesem Geist war es genauso, er huschte, entschwand, war in dem Nebel kaum sichtbar, weil er selbst genauso hell und durchscheinend war.

Ich versuchte, mich zu einer Erinnerung zu zwingen, was natürlich zum Scheitern verurteilt war. Also wartete ich, dachte an etwas anderes, lenkte mich ab. Und ich ging es logisch an: Wer konnte auf der Intensivstation in der Lage gewesen sein, mit mir zu reden? Freundschaftlich, nah und vertraut? Oft und regelmäßig? Die anderen Patienten schieden schon deswegen aus, weil sie erstens genauso wie ich ihre Betten nicht verlassen und zweitens nicht nach Lust und Laune durch die Station wandern und mal dem einen, mal dem anderen Zimmer einen Besuch abstatten konnten. Dafür waren wir alle dort zu krank und zu immobil gewesen, und die Zimmer waren auch nicht für freien Eintritt gedacht. Meine Familie konnte es ebenfalls nicht gewesen sein, zum einen, weil wir auf einer anderen Ebene miteinander verbunden sind, als Familie und nicht als Freunde. Zum anderen erinnerte ich mich an meine Familie ziemlich gut, da lag nicht viel im Nebel. Gleiches galt für die wenigen engen Freunde, die mich schon auf der Intensivstation besucht hatten; auch sie waren in meinem Kopf glasklar vorhanden und sehr präsent – ohne jegliche Geisteralüren. Es musste also jemand Fremdes gewesen sein. Welche Fremden hatten auf der Intensivstation Zutritt, waren regelmäßig bei mir und das länger als nur einen kurzen Moment? Eine Krankenschwester! Meine Freundin musste eine Schwester auf der Intensivstation gewesen sein. Meine Erinnerung wurde durch diese Erkenntnis zwar nicht beflügelt, aber mein Bauchgefühl schrie laut: »Ja, genauso muss es sein!« Also begann ich in Social Media beziehungsweise in meinen Accounts zu suchen, ich glaubte, wusste, meinte mich zu erinnern oder hoffte vielleicht auch nur, dass sie mir geschrieben hatte oder wir uns anderweitig vernetzt hatten, ich fragte ein bisschen rum – und fand sie. Oder glaubte zumindest, sie gefunden zu haben. Ich schrieb sie auf Instagram an. Man muss sich das aus ihrer Sicht vorstellen: Da schreibt dir eine, mit der du in den letzten Tagen ganz intensiven Kontakt hattest, mit der du dich über Familien-, Männer- und Beziehungsprobleme ausgetauscht hast, der du deine persönlichsten Gedanken und Gefühle anvertraut und mit der du dich eng verbunden gefühlt hast. Diese neue Freundin schreibt dir also. Und zwar in etwa so: »Ähm, hallo. Ich glaube, ich erinnere mich an dich. Warst du bis vorgestern meine Krankenschwester auf der Intensivstation? Ich bin Angie, die ohne Beine.«

Es war tatsächlich »meine« Krankenschwester. Ihr Name war Larissa. Als Intensivschwester wusste Larissa, dass ihre Patienten durch die Schmerz- und Narkosemittel, durch die teilweise traumatischen Erlebnisse, die sie überhaupt erst auf die Intensivstation gebracht hatten, und eben auch durch ein künstliches Koma und die damit einhergehende Beatmung in ihrer Erinnerung beeinträchtigt sein können. Sprich: Sie nahm es mir nicht übel, dass ich mich nicht konkret an sie erinnerte, sondern eher an das Gefühl, das ich mit ihr verband. Sie schrieb mir auch sofort zurück:

> »Hey, ich hab dich auf der IMC betreut. Wollte dir sagen, wie beeindruckt ich von dir bin. Ich habe schon viele Schicksalsschläge gesehen in der Zeit auf Intensiv und IMC, aber noch nie so eine positive und starke Persönlichkeit wie deine. Du bist so toll und stark und hübsch und witzig, ich bin mir sicher, dass du das alles meistern wirst und dass du deine Ziele erreichen wirst. Mit deinen jungen Jahren … Du bist ein Vorbild!«

IMC steht für Intermediate Care und ist, wie der Name schon sagt, eine Zwischenstation zwischen Intensiv- und Normalstation. Hier wird man versorgt, wenn man keine intensivmedizinische Behandlung mehr braucht, aber noch intensiv pflegerisch betreut und überwacht werden muss.

Mir kamen die Tränen, als ich Larissas Nachricht las. Wie unglaublich offen, liebevoll und herzlich diese Frau war! Wie viele Menschen können das, einem anderen Menschen ohne großen Anlass etwas so Wunderbares sagen? Einfach so? Es ist so wichtig, andere zu stärken, sich auf das Gute statt auf das Schlechte zu konzentrieren und es für den anderen auch auszusprechen – oder in diesem Fall zu schreiben. Warum loben wir uns gegenseitig nicht viel mehr? Warum fällt es uns schwer, Fremde anzulächeln? Warum sagen wir denen, die uns auf der Straße entgegenkommen, nicht, dass sie eine tolle Frisur haben oder ein cooles T-Shirt tragen? Wenn wir uns über ein Kompliment freuen, warum machen wir anderen nicht öfter eines? Warum sagen wir nicht viel öfter: »Du bist toll!« Ihre Nachricht sagte viel mehr über sie aus als über mich.

Die Erinnerung an unser eigentliches Kennenlernen fehlt mir bis heute. Larissa hat mir natürlich davon erzählt. Wir müssen in den Nächten, wenn es auf der Intensivstation ruhig war, viel geredet haben. Larissa saß an meinem Bett, hat mir von ihrer Familie und ihren Beziehungen erzählt und ich ihr von meinen. Wir haben zusammen gelacht (was mit einer frischen Gesichts-OP gar nicht so einfach ist), zusammen geweint, und wir haben uns gegenseitig therapiert. Therapieren ist eigentlich ein zu großes Wort, aber wir haben uns gegenseitig geholfen, indem wir geredet und zugehört haben. Es hilft, wenn man Gedanken und Gefühle nicht nur für sich selbst dreht und wendet, sondern sie mit jemandem teilt, sie ausspricht und für den anderen sortiert. Es gibt nicht viele Menschen, mit denen das so leicht und schwerelos geht wie mit Larissa. Wir haben uns stark gemacht und nebenbei schlicht und einfach auch richtig viel Spaß gehabt. Bis heute nehmen wir kein Blatt vor den Mund, beschönigen nichts, sagen uns auch Dinge, die die andere vielleicht nicht hören will, aber hören muss.

Ich habe keine Ahnung, warum wir so schnell – wir kannten uns ja gar nicht – in das Persönliche eingetaucht sind. Vielleicht lag es daran, dass wir nichts anderes machen konnten, als uns zu unterhalten. Wir hätten ja schlecht tanzen oder feiern, lecker essen oder ins Kino gehen können. Also haben wir gesprochen. Warum wir dabei auch so schnell Vertrauen zueinander gefasst haben? Das war Schicksal. Larissa und ich sind uns so unfassbar ähnlich, wir denken und handeln gleich, selbst wenn wir es völlig unabhängig voneinander tun. Wir mögen die gleichen Dinge, haben die gleichen Werte und Vorstellungen vom Leben. Sogar unsere Tattoos sind fast identisch, obwohl wir sie schon lange vor unserer ersten Begegnung haben stechen lassen. Ich bin unendlich froh, dass ich Larissa, die heute eine meiner besten Freundinnen ist, damals kennengelernt habe. Ich glaube nicht, dass ich sie jemals getroffen hätte, wenn ich den Unfall nicht gehabt hätte und nicht im Krankenhaus gelandet wäre. So vieles in meinem Leben – so viel Gutes in meinem Leben – wäre nicht passiert, wenn ich den Unfall nicht gehabt hätte. Für mich ist der Unfall deshalb kein Zufall, keine einsame Tragödie, kein Ereignis, das man isoliert für sich betrachten kann, sondern ein Teil meines Schicksals. Das hat es mir von Anfang an einfacher gemacht, den Verlust meiner Beine zu akzeptieren und mich in mein neues Leben einzufinden. Was nicht heißen soll, dass ich unheimlich scharf darauf wäre, so etwas noch einmal zu erleben. *Natürlich* hätte ich gut auf den Unfall, die lange Zeit im Krankenhaus, die anhaltenden Schmerzen, die wiederholten Operationen, die Schlafprobleme, die Veränderungen meines Körpers, die Umgewöhnung, auf das ganze Drum und Dran verzichten können. Aber es ist geschehen und ich kann es als Teil meines Schicksals gut akzeptieren. Ich hadere nicht.

Es hatte noch andere Vorteile, dass das Schicksal mir Larissa geschickt hat. Wenn ihr Dienst es zuließ, waren wir zusammen, obwohl ich auf der Normalstation lag. Ich rollte dann mit meinem Rollstuhl einfach zu ihr auf die Station rüber oder sie kam auf ein schnelles Hallo bei mir auf der Normalstation vorbei. Sie hatte oft Nachtdienst, deshalb saßen wir im Schein meiner Nachttischlampe oder – meistens – bei ihr im Schwesternzimmer zusammen und quatschten. Dann schickte sie mir vorher eine Nachricht »Bist du noch wach?« (natürlich war ich noch wach) oder ich schrieb »Hast du Zeit?«. Manchmal war ich nur noch auf meiner eigenen Station, um mir meine Medikamente zu holen. Es war nichts Geheimes oder Unerlaubtes, was wir taten, aber es fühlte sich nach Klassenfahrt an: Leise über die Gänge huschen, flüsternd reden und albern, während alle anderen schon schliefen. Es war wunderbar.

Dennoch wurde mir die Zeit im Krankenhaus lang und immer länger, erst recht, als mein erster Entlassungstermin unerwartet kippte: Meine Verletzungen waren noch nicht ausreichend verheilt, ich musste entgegen aller Hoffnung länger bleiben. Bis heute empfinde ich diesen Tag als den schlimmsten Tag meines Lebens. Es war nicht schrecklich im Krankenhaus, ganz im Gegenteil, ich hatte Freunde, ich hatte Larissa, ich bekam Besuch, ich wurde fantastisch betreut. Aber mein Leben befand sich im Pausenmodus. Und das bei jemandem, der so ungeduldig ist wie ich? Ich wollte endlich in die Gänge kommen, mein neues Leben beginnen, etwas *tun* und nicht länger nur warten. Immerhin würde ich nach meiner Entlassung ja nicht einfach in mein altes Leben zurückkehren, sondern alles würde anders sein. Neu sein. Ich war ein bisschen nervös, aber vor allem gespannt. Außerdem wollte ich nach Hause. Einfach nach Hause. Es war schon klar, dass ich nicht tatsächlich nach Hause zurückkehren würde, zumindest nicht in meine eigene Wohnung, in die ich erst ein knappes halbes Jahr vor dem Unfall eingezogen war. Ich würde erst einmal bei meiner Mutter und Mario wohnen, niemand – ich eingeschlossen – fand es eine gute Idee, sofort nach dem Krankenhaus allein zu leben. Das traute ich mir selbst nicht zu. Heute bin ich anderer Meinung. Ins eiskalte Wasser geworfen zu werden beziehungsweise sich mit voller Absicht hineinzustürzen, hilft ungemein dabei, sich in ein neues Leben einzufinden. Es ist einfacher, die eigenen Kräfte zu erkennen und zu mobilisieren, wenn man es *muss,* einfach deshalb, weil kein anderer neben dir steht, um dir die Arbeit abzunehmen. Man findet schneller zu sich selbst, wenn man gezwungen ist, sich auf sich selbst zu verlassen. Wenn du nicht selbst die Play-Taste drückst, bleibt dein Leben im Pausenmodus. Das war mir damals, wie gesagt, nicht klar, aber mit »nach Hause wollen« meine ich vor allem, dass ich wieder mehr Privatsphäre wollte. Dass ich mich darauf freute, nach meiner eigenen Uhr zu leben und nicht nach den Krankenhausstrukturen. Dass ich mein eigenes Bett, mein eigenes Bad, mein eigenes Essen haben wollte. Dass ich endlich wieder einmal in ein Geschäft oder in einen Supermarkt wollte. Dass ich wieder mehr sehen wollte als nur die weißen Wände meines Kranken-zimmers oder den immer gleichen Ausschnitt von der Welt, den ich aus dem Fenster sah. Mir war schlicht und ergreifend lang-weilig. Furchtbar und elendig langweilig. Was im Rückblick ein riesiges Glück war, denn so kam ich zu meinem neuen Job.

KAPITEL 9

LAAANGWEILIG

Im Krankenhaus sterbe ich irgendwann. Vor Langeweile. Ich kann essen. Fernsehen gucken. Besuch bekommen. Ab und an ein wenig lesen. Larissa treffen, wenn sie Zeit hat. Mit meinen Mitpatienten reden oder eine rauchen. Musik hören. Das Internet am Handy durchstöbern. Schlafen. Trotzdem hat der Tag zu viele Stunden und mein Krankenhausaufenthalt zu viele Tage. In den ersten Tagen nach dem Unfall explodierte meine Inbox fast, auf allen Kanälen wurde ich überschwemmt von Nachrichten.

»Angie, was ist passiert???«

»Habe von deinem Unfall gehört, wie geht es dir?«

»Schicke dir ganz viel Kraft und Stärke«

»Brauchst du Hilfe?«

»Wann kann ich vorbeikommen?«

»Wir sind für dich da.«

Es gab und gibt so viele fantastische Menschen in meinem Leben, ich habe wunderbare Freunde. Auch Bekannte oder Freunde von Freunden, die mich eigentlich kaum kannten, meldeten sich. Anfangs hatte ich nicht die Kraft, jedem Einzelnen persönlich zu antworten; dafür war es noch zu früh und ich noch zu erschöpft. Außerdem war ich nicht sicher, wie oft ich meine Geschichte erzählen und wie oft ich dieselben Fragen beantworten wollte. Ob ich es emotional überhaupt *konnte*. Also postete ich ein Video auf Instagram. Auf dem Video ist meine linke Gesichtshälfte geschwollen, mein Auge verquollen, und in meinem Mundwinkel sitzt eine dicke Naht. Wie eine wulstige, blutige Raupe sieht sie aus; die Fäden wirken wie dünne Beinchen, die sich rechts und links der Naht in meine unverletzte Haut gegraben haben. Ich trage ein schickes Krankenhausnachthemd und eine Sauerstoffbrille. Das ist nicht wirklich eine Brille oder zumindest keine für die Augen. Tatsächlich ist es ein Schlauch, der an ein Sauerstoffgerät angeschlossen ist. Unter dem Kinn teilt sich der Schlauch, geht links und rechts hoch und wird wie ein Brillenbügel an beiden Seiten über die Ohren zur Nase geführt. An der Nase sitzen zwei kurze Stutzen, die in die Nasenlöcher hineinragen, um Sauerstoff in die Luftwege zu leiten. Ich hatte extra auf einen Filter verzichtet, wollte nichts beschönigen, sondern zeigen, wie es war. Wie ich war. »So sehe ich aus, eine Woche nach meinem Verkehrsunfall, den ich eigentlich nicht überleben hätte können«, sagte ich. »Mir geht's gut, das ist das Wichtigste. Und das Leben geht weiter.«

Mir war es wichtig, mit dem Verlust meiner Beine von Anfang an offen umzugehen – auch deshalb habe ich das Video gemacht und öffentlich geteilt. Deshalb fragte ich auch meine Freunde ganz direkt, ob sie meine Beine beziehungsweise die Reste davon sehen wollten, als sie mich besuchten. Es war der 12. November, ich war am Tag zuvor auf die Normalstation verlegt worden und das erste Grüppchen von Freunden stand auf der Matte. Ich war ihnen so dankbar, dass sie kamen, mich unterstützten und mir zeigten, dass ich ihnen wichtig war. Dass ich für sie noch immer die alte Angie war, Beine hin oder her. Gerade deshalb sollte es nicht komisch werden, weder für sie noch für mich. Ich hatte Angst, dass wir irgendwann den Zeitpunkt verpassen würden, an dem sie mich noch nach meinen Beinen fragen konnten. Wenn man ein Thema zu lange meidet, weil man es unangenehm oder peinlich findet oder weil man den anderen rücksichtsvoll schonen will, dann ist es irgendwann zu spät. Dann wird es immer schwieriger, dieses Thema anzusprechen. Deshalb tat ich es frühzeitig und mit größtmöglicher Offenheit.

Womit ich nicht gerechnet hatte, war, dass sich meine Story mitsamt meinem Video in den sozialen Netzwerken wie ein Lauffeuer verbreiten würde. Ich war immer schon online aktiv gewesen, aber nie mit dem Ziel, wirklich Reichweite zu entwickeln. Ich postete für meinen – zugegebenermaßen großen – Freundes- und Bekanntenkreis, aber das war es auch schon. Allerdings habe ich schon immer unheimlichen Spaß daran gehabt. Die Idee, die hinter Social Media steckt, passt perfekt zu meinem überbordenden Mitteilungsbedürfnis. Ich liebe es zu reden, ich bin laut, kontaktfreudig und aufgeschlossen. Natürlich bin ich auch introvertiert und schüchtern und habe immer ein wenig Angst, keinen Anschluss zu finden, aber auch da sind soziale Medien genau das Richtige: Man kann die Distanz wahren, wenn man will; man antwortet, wann und wie es einem passt; man schließt Freundschaften, bei denen man Zeit und Gelegenheit hat, sich erst einmal auf digitaler Ebene abzuchecken und besser kennenzulernen.

Auf jeden Fall wurde meine Geschichte geteilt und geteilt, und auf einen Schlag hatte ich viele Follower mehr. Diese Menschen, von denen ich einen Großteil nicht kannte, sprachen mir Mut zu, sendeten mir Genesungswünsche oder berichteten von schwierigen Situationen, die sie selbst durchgemacht hatten. Ich weiß, dass ein Kommentar schnell geschrieben und ein Herz schnell verschickt ist, dass jemand kurzfristig Anteil an deinem Schicksal nehmen kann und du dann doch schnell wieder vergessen bist. Dennoch hüllten mich die Nachrichten all dieser Fremden in eine warme Decke. Sie taten mir gut. Selbst wenn die Anteilnahme und der Zuspruch vielleicht nicht immer wahnsinnig tief empfunden oder langfristig waren: Ihre Wirkung war es.

Ziemlich bald kamen die ersten Medienanfragen. Zeitungen, Radioredaktionen und TV-Sender wollten über mich berichten. Oder vielmehr war es der Unfall in seiner Absurdität und mein wundersames Überleben, über das sie berichten wollten. Leute, die mich kannten, hatten den Kontakt hergestellt, oder die Redaktionen fanden mich online. Ich bekam also Nachrichten, Mails, später auch Anrufe, ob ich ein Interview geben wollte. Einige TV-Sender wollten gleich eine ganze Doku mit mir machen und mich über mehrere Wochen begleiten: während meines Krankenhausaufenthalts, meiner Entlassung, meiner ersten Zeit mit Behinderung im Alltag. Am Anfang stand ich noch so stark unter Medikamenten, dass ich vieles gar nicht richtig realisieren konnte. Meine Mutter musste mir helfen, sie musste Telefonate führen, Dinge für mich fragen und abklären. Vor allem machte meine Familie sich Sorgen. »Willst du das wirklich?«, fragte meine Mutter. »Dann wissen alle Bescheid, es wissen wirklich *alle* Bescheid.« Aber ich war mir sicher. Ich wollte es. Darüber hinaus war es mir schon damals egal, ob jemand wusste, dass ich meine Beine verloren hatte. Ich empfand das nicht als etwas, was man geheim halten musste. Es ist natürlich etwas sehr Persönliches, und hausieren gehen muss ich mit der Information nicht. Aber es war nicht peinlich oder unangenehm. Nicht verbergenswert. Keine Beine mehr zu haben, war jetzt ein Teil von mir, so wie es meine Haarfarbe oder meine Augenfarbe oder die Form meiner Nase sind.

Es war klar, dass es nicht um eine rein empathische Anteilnahme ging, weder bei vielen meiner neuen Follower noch bei den Anfragen der Medien. Es ging natürlich auch um das Reißerische, um den Aufmacher, den ich abgeben würde, um Voyeurismus und Katastrophentourismus, Einschaltquoten und Klicks. Aber das war in Ordnung. Nicht weil ich es erstrebenswert fand, mich öffentlich ausschlachten zu lassen. Sondern weil ich schon früh merkte, dass es dort draußen Menschen gab, denen meine Geschichte und meine positive Einstellung Mut machten. Denen ich helfen konnte, so wie Tims Geschichte mir geholfen hatte. Darüber hinaus machte mir das Ganze, so medikamentös benebelt ich auch war, Spaß. Ich mag es, Aufmerksamkeit zu bekommen, selbst wenn ich mich gleichzeitig davor grusele. Ich mag es, mit neuen Menschen in Kontakt zu kommen, selbst wenn ich Angst davor habe, nicht gemocht zu werden. Ich mag es, Neues auszuprobieren und Dinge zu tun, von denen ich eigentlich denke: »Das kannst du doch gar nicht.« Dann kriege ich Magenkribbeln und bin schrecklich aufgeregt, aber ich weiß, dass es das wert sein wird. Ich weiß, wie stolz und glücklich ich sein werde, hinterher, wenn ich es geschafft habe. Ich weiß, dass ich die Latte danach noch ein Stückchen höher legen kann, für das nächste Mal. Weil ich mit jedem Mal, das ich mich dazu überwinde, etwas zu tun, vor dem ich Respekt oder sogar Angst habe, wachse und stärker werde.

Zeitungsinterviews konnte ich verschiedene geben, aber bei den TV-Sendern musste ich mich für einen entscheiden. Ich telefonierte mit mehreren Redaktionen, alle waren souverän und sehr professionell. Schließlich entschied ich nach meinem Bauchgefühl, wählte die Leute, die am nettesten wirkten. Das hat natürlich nichts mit dem Sender zu tun; die Nettigkeit hängt an der Person, mit der man spricht, aber irgendwie musste ich ja eine Entscheidung treffen. Immerhin würde ich mit diesen

Menschen eine Weile zusammenarbeiten, ich würde sie in mein Krankenzimmer bitten, sie in mein Zuhause lassen, sie auch in meinen schlechtesten und schwächsten Momenten um mich haben. Es lief auch alles prima, auf der zwischenmenschlichen Ebene sowieso, das Team war sehr nett und rücksichtsvoll.

Rückblickend finde ich, die Reportage setzt zu sehr auf Mitleid, zeichnet mich schwächer und beschädigter, als ich bin, als Opfer. Natürlich fühlte ich mich damals auch anders als heute; ich war noch nicht so stark und gefestigt wie jetzt, war noch nicht angekommen in meinem neuen Leben. Alles andere wäre auch unwahrscheinlich, denn es war ja tatsächlich alles neu für mich. Ich habe seitdem aber noch weitere Fernsehreportagen gemacht, auch Drehs und Shootings für Unternehmen, mit denen ich zusammenarbeite. Jedes Mal stand das Mutmachen im Vordergrund, es ging um Stärke und Optimismus, nicht darum, bedauert zu werden. Das ist es, was ich zeigen will und was mir wichtig ist: Mut, Stärke, Optimismus. Bei diesen späteren Reportagen, Drehs und Shootings hatte ich die Chance, mehr ich selbst zu sein. Authentischer dargestellt zu werden. Was auch daran liegt, dass ich es mir inzwischen zutraue und herausnehme, ich selbst zu sein.

Vor einiger Zeit hatte ich zum Beispiel einen Dreh in einem Fitnessstudio. Ich sollte auf dem Fahrrad fahren, wofür ich meine Prothesen tragen musste. Aber genau dieses Fahrrad war vollkommen ungeeignet, es harmonierte einfach nicht mit meinen Prothesen. Sie stießen immer wieder an den Lenker. Das war nervig, es war mit ziemlicher Sicherheit nicht gut für meine Prothesen und wirkte zu allem Überfluss auch noch unprofessionell, als könnte ich nicht richtig trainieren. Früher hätte ich den Mund gehalten, nichts gesagt und meinen Frust in mich hineingefressen, bis ich im Endeffekt schlecht gelaunt gewesen wäre. Ich hätte es nicht hingekriegt zu sagen: »Sorry, aber das funktioniert so nicht, auch wenn ihr diese Einstellung gern im Film hättet.« Ich hätte es nicht geschafft, Nein zu sagen – obwohl ich doch wusste, dass all diese Menschen, die für den Dreh nötig waren, einmal quer durch Deutschland gereist waren, nur um diese Aufnahmen mit mir zu machen. Sie waren *wegen mir* hier. Ich rede hier nicht von Staralüren, sondern davon, dass es in Ordnung ist, in solchen Situationen auf sich selbst zu hören, auch wenn man damit die Erwartungen von anderen enttäuscht. Auf jeden Fall habe ich es dieses Mal – bei diesem Dreh – geschafft zu sagen, dass es mit dem Fahrrad nicht funktioniert. Und wisst ihr was? Es war vollkommen in Ordnung für alle. Sie sahen ja selbst, dass es nicht ideal lief, sodass man das Material nachher wahrscheinlich gar nicht hätte nutzen können.

Die Dreharbeiten für die TV-Reportage, die Interviews und meine Aktivitäten auf Social Media füllten die Zeit im Krankenhaus trotzdem nicht aus. Also überlegte ich, was ich noch machen konnte – vom Krankenbett aus, mit eingeschränktem Bewegungsradius. Ich war zwar inzwischen mit Rollstuhl mobil, hatte sogar angefangen, im Fitnessraum des Krankenhauses zu trainieren, aber verlassen konnte ich das Krankenhaus nicht. Es musste also etwas sein, das online funktionierte; und es schien mir logisch, den Stein, der auf Social Media ins Rollen gekommen war, auch weiterrollen zu lassen, ihm im Idealfall noch einen zusätzlichen Schubser zu verpassen. Es musste etwas sein, was zu mir passte, mit dem ich mich identifizieren konnte. Und es sollte anderen helfen, ihnen im Idealfall Mut machen und Stärke geben.

Ich wusste inzwischen, dass ich aus drei Gründen am Leben war: Das Schicksal hatte es freundlicherweise so eingerichtet, dass zwei Menschen als Erste an der Unfallstelle vorbeikamen, die – schon berufsbedingt – etwas von Erster Hilfe verstanden und wahrscheinlich auch stärkere Nerven hatten als der Durchschnittsbürger. Die abgehärteter waren als der Rest von uns, auf jeden Fall stelle ich mir das so vor. Der eine war ein Polizist, der privat auf dem Heimweg war, der andere ein Mitarbeiter der Bundeswehr. Unabhängig voneinander waren sie auf der Autobahn unterwegs, als der Unfall passierte. Beide stoppten, sprangen aus ihren Fahrzeugen und begannen, mich zu versorgen. Ohne zu zögern, trotz des grausamen Anblicks und der schieren Unmöglichkeit der Aufgabe. Im Erste-Hilfe-Kurs lernt man eher etwas über die Klassiker wie die stabile Seitenlage, die Herz-Lungen-Wiederbelebung oder den Druckverband. Aber das Ausmaß war diesmal wesentlich größer, auch für meine beiden Ersthelfer. Hätte jemand, der nicht von Berufs wegen mit Ausnahmesituationen vertraut ist, das meistern können? Das *aushalten* können? Ich glaube nicht. Sicher würden wir alle in einer ähnlichen Situation unser Bestes geben, wir würden helfen wollen und es auch versuchen, aber wie weit würden wir kommen? Wir, die wir nie zuvor mit etwas annähernd Ähnlichem konfrontiert worden sind? Diese beiden Menschen sind also einer der Gründe, warum ich noch lebe.

Der zweite Grund war der Kraftsport. Durch das Training war mein Herz-Kreislauf-System unheimlich stark, meine Muskulatur war widerstandsfähig, und ich verfügte über eine enorme Ausdauer, über ein ausgeprägtes Durchhaltevermögen – das ist nämlich genau das, was man beim Kraftsport trainiert. Vor allem war ich nicht nur körperlich, sondern auch mental stark. Ich habe den Kraftsport immer als mein Lebenselixier empfunden, jetzt wurde er zu meinem Lebensretter. Ich bin sicher, dass ich bei dem Unfall gestorben wäre, wenn ich schlechtere Voraussetzungen gehabt hätte, wenn ich mir diese Stärke nicht vorher antrainiert hätte. Und weil aller guten Gründe drei sind, war der Rettungswagen sehr schnell vor Ort und das Krankenhaus ganz in der Nähe. Hätte das Ganze ein paar Minuten länger gedauert, wäre ich hopsgegangen, Ersthelfer hin, Kraftsport her.

In Sachen Social Media machte es für mich, wie ich da in meinem Krankenbett lag, Sinn, beim Thema Kraftsport anzusetzen, mich auf diesen speziellen Grund zu konzentrieren, der mich hatte überleben lassen, denn davon verstand ich am meisten. Und er passte auch am besten zu mir. Den Sport als solches hatte ich schon vorher regelmäßig auf meinem Account gefeiert; ich glaube, jeder sah, dass ich mein Herz dort hineinsteckte. Als echter, überzeugter Fan war ich eine glaubwürdige Botschafterin. Für mich ging Kraftsport außerdem schon immer Hand in Hand mit einer ausgewogenen Ernährung und einer gesunden Lebensweise: Ich benutzte Sportnahrung und Nahrungsergänzungsmittel, die mich wirklich überzeugt hatten, die mir nach meinem Unfall sehr geholfen haben und von denen ich auch weiterhin begeistert bin; ich kochte mit frischen, gesunden Zutaten und habe mich schon als Jugendliche aufgeregt, wenn meine Mutter das nicht tat.

Meine Mutter kann fantastisch kochen und backen, und als ich jünger war, ernährten wir uns auch ausgewogen und bewusst gesund. Oder zumindest gesünder. Damals kochte sie auch noch täglich, immer kam ein warmes Essen auf den Tisch. Mein Lieblingsessen, das man zwar nicht als besonders gesund bezeichnen kann, aber das so unglaublich lecker war, gab es fast jede Woche, einfach weil ich es so gern mochte: Erbsen und Möhrchen in Mehlschwitze, dazu diese geringelten Würstchen – Bratwurstschnecken – und Kartoffeln oder Püree, das ich mir unter das Gemüse mischte. Das war der Geschmack meiner Kindheit, auch wenn besagte Kindheit mehr oder weniger endete, als ich sieben Jahre alt war und meine Mutter mit dem Süchtigen zusammenkam. Dann gab es noch unseren Familiennudelsalat, den ich mir oft wünschte. Wenn wir Kinder krank waren, bekamen wir außerdem Banane und Zwieback, zermatscht und miteinander vermengt. Das esse ich heute noch manchmal, nicht unbedingt, weil ich krank bin, sondern weil es ein wohliges Gefühl in mir auslöst. Und dann war da noch mein traditioneller Geburtstagskuchen: eine Frischkäsetorte, die meine Mutter mit Lebensmittelfarbe fliederfarben färbte. Ich sage fliederfarben, obwohl es eher Lila war – und das, obwohl ich Lila gar nicht mag. Aber meine Geburtstagstorte musste diese Farbe haben, weil Milo von den Tweenies lila war, und in den war ich als Kind sehr verliebt. Die Tweenies waren eine Mischung aus Teletubbies und Sesamstraße. Milo war zwar nur eine Puppe, aber in meinen Augen der coolste Typ der ganzen Puppentruppe.

Über die Jahre wurde die Zeit meiner Mutter immer knapper, während mein Bewusstsein für gesunde Ernährung wuchs. Wir hatten eine Kochwoche in der Schule gehabt, bei der ich viel Lehrreiches erfahren und aus der ich unheimlich viel Wissen mitgenommen hatte. Außerdem sah ich bei meiner Patentante, dass ein ausgewogenes Kochen mit frischem Gemüse und nahrhaften Zutaten kein Hexenwerk sein musste. Meine Mutter konnte es ja auch, keine Frage. Nur wurden andere Dinge zunehmend wichtiger, etwa das Putzen, das für meine Mutter wie eine Sucht war, und die Therapietermine meiner Schwester. Was Letzteres angeht, finde ich natürlich auch, dass die Gesundheit wichtiger ist, als allabendlich ein großartiges Menü zu zaubern. Aber gesund zu kochen dauert nicht länger und ist nicht aufwendiger, als ungesund zu kochen. Bei meiner Mutter war es eher eine Kopfsache, sie hatte keine Ruhe, sich darauf einzulassen; es war einfacher, gar nicht oder so wie immer zu kochen. Erst recht, wenn sie von der Arbeit zu den Terminen mit meiner Schwester, in den Supermarkt und schließlich nach Hause hetzte, wo sie dann erst einmal den Putzeimer aus der Abstellkammer holte. Es war für uns alle hektisch, unsere Tage waren von morgens bis abends durchgetaktet. Das einzig Gute daran war, dass ich bis heute Dinge zack-zack erledige. Ich bekomme viel in einen kurzen Tag.

Meine Mutter griff nicht zu Fertiggerichten, die man nur noch in der Mikrowelle erwärmen muss. Aber sie kochte nicht mehr oft, nicht mehr gern und nur selten mit frischen Zutaten. Stattdessen wurden Maggi-Tütchen zum Standard in unserer Küche. Ich habe das auch einmal angesprochen und gefragt, ob wir uns nicht gesünder ernähren könnten und warum das Putzen wichtiger sei. Wenn meine Mutter wütend wurde, reagierte sie immer eingeschnappt und trotzig. »Dann gibt's halt gar nichts mehr«, antwortete sie, und damit war die Sache erledigt. Sobald ich konnte, begann ich, mir mein Essen selbst zu kochen.

Ernährung war und ist also ein wichtiges Thema für mich. Deshalb entschied ich mich im Krankenhaus, als ich überlegte, wie es nun weitergehen konnte, das Unternehmen anzuschreiben, dessen Sportnahrung und Nahrungsergänzungsmittel ich nutzte. Inzwischen hatte ich sechs- oder siebentausend Follower, und es wurden stündlich mehr. Meine Reichweite war ein Gewicht, das ich in die Waagschale werfen konnte, genauso wie meine Geschichte und nicht zuletzt meine Überzeugung, dass der Kraftsport mein Leben gerettet hatte. Ich schickte der Firma also eine Mail und bekam auch relativ prompt eine Antwort: Ja, sie wollten es gern mit mir ausprobieren, erst einmal testweise. Nicht als Kooperation, sondern ich bekam einen Link, den ich teilen konnte. Sie wollten sehen, ob die Leute über diesen Link auf ihre Website beziehungsweise in ihren Online-shop kommen würden. Simpel und ohne Verpflichtung für sie oder für mich. Ich war völlig zufrieden damit, war froh, dass sie überhaupt darauf angesprungen waren und ich meine erste Social-Media-Zusammenarbeit eingetütet hatte. Das waren die ersten beiden Ziele, die ich mir in meinem neuen Leben gesetzt hatte: Ich wollte anderen mit meiner Geschichte Mut machen. Und ich wollte diese Zusammenarbeit an Land ziehen. Kurz nachdem ich die Antwort erhalten hatte, machte mein Handy ein weiteres Mal pling: In meiner Inbox war eine Nachricht des

Inhabers gelandet. Er wollte Nägel mit Köpfen machen, sofort richtig mit mir zusammenarbeiten. »Super«, habe ich gedacht und geantwortet, und damit war ich drin.

Danach sind noch weitere Kooperationen mit anderen Marken hinzugekommen. Die wichtigste Voraussetzung war und ist für mich, dass ich voll und ganz hinter den Produkten stehe, für die ich mein Gesicht und meinen Namen hergebe. Ich muss sie selbst nutzen, muss von ihnen überzeugt sein und einen wirklichen Mehrwert für meine Follower darin sehen. Darüber hinaus muss nicht nur das Produkt stimmen und zu mir passen, sondern auch der Kundenservice muss erstklassig sein. Es bringt überhaupt nichts, wenn ein Unternehmen *meine* Mails zügig und zuvorkommend beantwortet, sich aber bei Anfragen seiner Kunden – meiner Follower – nicht rührt. Dann kann ich die Marke nicht guten Gewissens weiterempfehlen und beende die Zusammenarbeit lieber, anstatt immer wieder Nachrichten von enttäuschten Followern zu bekommen. Das halte ich immer noch so; wenn überhaupt, dann bin ich seit damals noch viel kritischer und strenger in meiner Auswahl von Kooperationspartnern geworden.

Meine erste Kooperation hatte mir gezeigt, dass es sich lohnte, die Initiative zu ergreifen. Also tat ich es noch einmal. Zu diesem Zeitpunkt war ich schon länger aus dem Krankenhaus raus, inzwischen betreute mich mein Hausarzt und natürlich bekam ich auch regelmäßige physiotherapeutische Behandlungen. Ich hatte damals starke Phantomschmerzen, meine Beine taten also an Stellen weh, wo ich gar keine Beine mehr hatte. Außerdem schlief ich sehr schlecht, obwohl ich dauernd müde war und mein Körper dringend Schlaf brauchte. Die Medikamente, die ich nahm, halfen mir nicht. Sowohl mein Hausarzt als auch mein Physiotherapeut empfahlen mir daraufhin, ein alternatives Medizinprodukt auszuprobieren, was ich auch tat. Aber auch da gibt es je nach Marke riesige

Unterschiede, außerdem ist es sehr individuell, welche Produkte man gut verträgt und welche die beste Wirkung entfalten. Nach ein paar weniger gelungenen Versuchen fand ich schließlich das Produkt, das für mich am besten funktionierte – den Tipp hatte ich in den sozialen Netzwerken bekommen, sonst wäre ich wahrscheinlich niemals auf genau diese Marke und dieses Produkt gestoßen. Ich war wirklich begeistert, wollte diesen Tipp auch an andere weitergeben. Natürlich gibt es keine Garantie, dass das, was für dich passt, auch für andere geeignet ist. Aber ich selbst war wegen meiner Schmerzen und des Schlafmangels verzweifelt gewesen und wusste, wie das sein kann. Dass vielleicht dieser eine Tipp den Unterschied machen konnte. Deshalb fragte ich beim Hersteller an, ob sie an einer Kooperation interessiert seien. Das waren sie – und ich merkte, dass ich anderen helfen konnte, damit sogar ein wenig Geld verdiente und zugleich richtig Spaß an der Sache hatte.

Eine Zeit lang dachte ich auch, dass Beautyprodukte eine gute Idee wären. Ich schminke mich gern, nutze viele Produkte, die ich wirklich genial finde, und ich weiß, dass Beautyprodukte auch für viele andere ein wichtiges Thema sind. Ich merkte aber schnell, dass Beauty nicht meine *Leidenschaft* ist. Ja, ich finde den Lippenstift X und den Nagellack Y toll, ich style mich mit Begeisterung und weiß auch, ob eine bestimmte Marke oder ein spezielles Produkt besser oder schlechter für mich geeignet ist. Aber ich brenne nicht dafür – zumindest nicht so, dass ich das Feuer weitergeben könnte. Also habe ich alle Beautykooperationen relativ schnell wieder beendet. Trotzdem waren sie eine gute Sache. Dadurch weiß ich jetzt, was ich *nicht* will, und das zu wissen, ist enorm viel wert.

Im Zuge der Beautykooperationen, die ich eingegangen war, erkannte ich auch, dass ich mich gar nicht so sehr auf der Influencerschiene weiterentwickeln wollte. Social Media ja, Kooperationen, hinter denen ich stehe, auch ja. Aber ich wollte kein Gesicht auf Instagram sein, das heute sagt »Probiert doch mal das aus« und morgen »Aber das hier ist auch ganz toll«. Ich wollte eine Botschafterin sein. Eine Botschafterin für ausgewählte Marken und einzelne, unabhängige Projekte zu Themen, die mir wichtig waren und immer noch sind. Es ist mir schon immer schwergefallen, nichts zu tun. Spenden geht immer, das ist klar, erst recht wenn es um Hunger- oder Naturkatastrophen geht. Aber es gibt darüber hinaus so unendlich viele gesellschaftliche Themen, für die wir unsere Stimme erheben müssen. Ich versuche das im Kleinen; nicht nur, indem ich das Leben mit einer Behinderung für alle sicht- und greifbar mache, den positiven Umgang damit vorlebe und anderen ihre Berührungsängste nehme. Ich zeige: Mein Leben ist genauso wie deines. Genau wie alle anderen habe ich gute und schlechte Tage, ich arbeite, putze und koche, gehe einkaufen, zum Friseur, zum Steuerberater, zur Tierfutterhandlung, zum Sport. Wenn ich am Wochenende etwas Besonderes vorhabe oder im Job ein Highlight ansteht, genieße ich das wie alle anderen auch. Ein Shooting-Wochenende in Berlin mit tollem Hotel und wunderbaren Menschen ist für mich genauso außergewöhnlich wie für die meisten anderen Menschen auch. Ein zweitägiger Workout-Workshop, den ich für eine meiner Lieblingsmarken begleiten darf, lässt mich genauso in Jubelschreie ausbrechen wie jeden anderen auch. Darüber hinaus versuche ich aber eben auch, anderen Themen eine Stimme zu geben. Psychischen Krankheiten zum Beispiel. Oder ich mache mit beim Kampf gegen das vermeintliche Schönheitsideal, das schon bei jungen Mädchen zu absurdem, selbstzerstörerischem Verhalten führt. Und ja, es ist legitim, gegen dieses Schönheitsideal zu sprechen, auch wenn ich selbst sehr auf mein Äußeres achte, viel Zeit und Geld darauf verwende. Ich mache mich für mich selbst schön, nicht für andere. Ich fühle mich mit Wimpernverlängerung wohler als ohne, aber ich bin mir trotzdem nicht zu fein,

Videos von mir direkt nach dem Aufstehen zu posten. Ohne Make-up, mit wilden, ungekämmten Haaren und einem roten Pickel im Gesicht. So sehen wir nämlich alle morgens aus, der Pickel vielleicht ausgenommen. Kennt ihr die Streamingserie, in der die Frau jeden Morgen (jeden Morgen!) aus dem Bett huscht, bevor ihr Mann aufwacht, um sich die Zähne zu putzen, die Haare zu machen und Make-up aufzutragen? Nur um dann schnell wieder ins Bett zurückzuschlüpfen und vermeintlich gleichzeitig mit ihrem Mann aufzuwachen. Damit er sie stets in makelloser Vollkommenheit sieht. Oh mein Gott, was für ein Stress! Obwohl es mir selbst wichtig ist, wie ich aussehe, ist es mir vollkommen egal, ob andere sich schminken oder nicht, ob sie dünne Wimpern haben oder knapp neben der Bikinifigur liegen. Jede und jeder sollte genau das machen, was für sie oder ihn richtig ist (nur bitte nicht das Ins-Bad-schleichen-und-perfekt-aufwachen-Ding, denn das kann nicht das sein, was *euch* glücklich macht, sondern höchstens euren Partner oder eure Partnerin).

Wenn man von sich behauptet, offen und aufgeschlossen zu sein und seine Follower ernst zu nehmen, dann muss man sich auch immer wieder mit Themen auseinandersetzen, von denen man erstens keine Ahnung hat, dass es sie überhaupt gibt. Und auf die man zweitens zunächst mit Ablehnung reagieren möchte. Ich habe schon berichtet, dass ich immer mal wieder Nachrichten zum Thema »Beine haben versus Berühmt sein« bekomme. Entweder wird mir gesagt, dass ich für meinen Erfolg auf Social Media meine Beine lassen musste. Oder andere wünschen sich selbst eine Behinderung, um dadurch wie ich erfolgreich oder »berühmt« zu werden. Ersteres ist natürlich Quatsch, niemand hat mich vorab gefragt, ob ich meine Beine hergebe, wenn ich dafür meinen Traumjob bekomme. Ich hätte ja noch nicht einmal gewusst, dass es mein Traumjob ist! Es ist eher so, dass ich nach meinem Unfall an einem Scheidepunkt stand. An einer Kreuzung, von der zwei Wege abgehen. Der eine Weg führt in eine positive Richtung, der andere in eine negative. Negativ bedeutet für mich, dass ich mich runterziehe, mich selbst fertigmache: »Warum musste mir das passieren? Wieso gerade ich? Mein Leben ist wertlos, ich bin so traurig, ich kann nichts daran ändern.« Diese Gefühle sind legitim, und jeder von uns hat sie hin und wieder, mal weniger, mal stärker ausgeprägt. Aber jedes Mal, wenn man die negative Richtung einschlägt, muss man all das auch wieder aufarbeiten, den ganzen Weg zurückgehen, um wieder auf den positiven Weg zu kommen. Für mich war es deshalb logischer, direkt den positiven Weg einzuschlagen. Du kommst viel schneller ans Ziel, kannst deine Kräfte viel sinnvoller nutzen und bist dadurch auch erfolgreicher in dem, was du tust. Dabei ist es egal, worum es sich bei diesem Erfolgreichsein handelt – das kann der Erfolg sein, dass man nach einem Unfall wie meinem mit der Hilfe von Prothesen wieder laufen lernt, dass man wieder rausgeht und Freunde trifft oder neue Leute kennenlernt. Dass man sich wieder traut, auf der Autobahn zu fahren. Das kann ein Job sein, den du dir aufbaust. Es kann alles sein, was dir wichtig ist oder dir im Moment noch schwerfällt. Wenn du am Anfang ein bisschen Energie aufwendest und dich selbst motivierst, den positiven Weg einzuschlagen, dann kannst du alles Negative direkt über Bord schmeißen, dich von diesem ungeheuren Ballast freimachen. *Das* habe ich von Anfang an gemacht und *deshalb* bin ich heute erfolgreich. Nicht weil ich meine Beine eingetauscht hätte.

Die zweite Art Nachrichten ist schon schwieriger. Ich habe, wie gesagt, nie vor der Wahl »Beine oder Erfolg« gestanden, und ich würde diese Wahl auch niemals jemandem wünschen. Ganz abgesehen davon, dass eine Behinderung nicht automatisch ein tolles neues Leben garantiert. Wenn jemand so unzufrieden mit seinem Leben ist, dass sie oder er ein Bein oder einen Arm oder ich weiß nicht was für ein anderes Leben geben würde – würde es dann nicht mehr Sinn machen, am *Leben* etwas zu verändern statt am *Körper*? Es ist ja nicht so, dass man sich heute den Arm abschneidet und morgen fängt man mit seinem neuen Leben als Mensch mit Behinderung an. Es ist im Gegenteil eine Menge Arbeit, sich in ein Leben mit Behinderung einzufinden. Wer behauptet, er habe keine Kraft, sein Leben auf andere, weniger einschneidende (oder besser: abschneidende) Art und Weise zu verändern, der hat keine Vorstellung davon, wie schwierig, belastend und anstrengend es ist, seine Beine zu verlieren und plötzlich ein Mensch mit Behinderung zu sein. »Das mag sein«, wird nun als Gegenargument kommen, »aber durch die Behinderung wird man wenigstens dazu *gezwungen*.« Dazu kann ich nur sagen: Wer nicht die Kraft in sich findet, sein Leben zu ändern, ohne dafür irgendwelche Gliedmaßen herzugeben, der wird wahrscheinlich auch nicht die Stärke haben, um sich mit einer plötzlich vorhandenen Behinderung wieder aufzurappeln und komplett neu anzufangen.

Die meisten dieser Nachrichten stammen auch nicht von Menschen, die sich *wirklich* eine Behinderung wünschen. Sondern von Menschen, die sich eine Veränderung wünschen, die vielleicht unglücklich in ihrem Job sind, die davon träumen, berühmt oder reich zu sein, die zu tollen Events eingeladen werden möchten oder hoffen, auf diesem Weg Stars und Sternchen kennenzulernen. Diesen Menschen sage ich: Ja, ich habe ein tolles Leben, aber erstens nicht *wegen* meiner Behinderung, sondern *mit* meiner Behinderung. Wenn mein Leben *wegen* etwas toll ist, dann wegen dem, was ich aus meinen eigentlich schlechten Voraussetzungen gemacht habe. Ich musste mir schließlich etwas einfallen lassen, nachdem durch den Unfall meine ursprünglichen Pläne, mich bei der Polizei oder beim Bundeskriminalamt zu bewerben, ins Wasser gefallen waren. Zweitens stehe ich doch trotzdem mit beiden Beinen auf der Erde, oder nicht? Natürlich ist es toll, wenn ich von einem Kooperationspartner zu einem Event eingeladen werde, wenn ich in einem Hotel übernachten darf, das ich mir selbst niemals leisten würde, oder wenn ich Leute kennenlerne, die ich sonst nicht getroffen hätte. Aber das sind auch für mich Ausnahmen. Ich bin immer noch ich und keine überkandidelte, abgehobene Diva.

In einer Hinsicht bin ich aber ganz einer Meinung mit denen, die mir solche Nachrichten schicken: Man darf und sollte sich große Ziele setzen. Man sollte kühne Träume und wilde Erwartungen ans Leben haben. Das sollten wir uns wert sein. Aber um sie zu erreichen, müssen wir nicht auf andere gucken, sondern auf uns. Was ist *meine* Stärke? Was will *ich*? Was kann *ich*? Wenn wir das über uns selbst wissen, können wir uns aufmachen – zu unseren großen Zielen.

Ganz selten bekomme ich noch eine dritte Art von Nachrichten – nämlich von Menschen, die sich tatsächlich eine Behinderung wünschen. Die sich Gliedmaßen oder Sinne wegwünschen, die sich Beine, Arme, Füße oder Hände amputieren lassen würden, wenn sie könnten. Nicht etwa, weil sie sich mein Leben oder meinen Job wünschen, sondern weil sie das Gefühl haben, dass ein bestimmter Körperteil oder ein spezieller Sinn nicht zu ihnen gehört. Weil sie sich im Gegenteil *mit* diesem Körperteil oder *mit* diesem Sinn behindert fühlen. Sie fühlen sich *mit* diesem Teil ihres Körpers unvollkommen. Dieser oder jener Teil ihres Körpers erscheint ihnen wie ein störendes Anhängsel, fühlt sich fremd an. Ihr tatsächlicher Körper passt nicht zu dem mentalen Körperbild, das sie haben, stimmt also nicht mit ihrer Identität überein. Ihr Kopf lehnt den Körper, so wie er ist, ab.

Dieser Wunsch nach einer Amputation, nach einer Querschnittslähmung, nach Taub- oder Blindheit ist eine psychische Störung, die allerdings medizinisch (noch) nicht anerkannt ist. Man spricht von einer Körperintegritätsidentitätsstörung, auf Englisch auch Body Integrity Identity Disorder (BIID) oder Body Integrity Dysphoria (BID). Als ich das erste Mal damit konfrontiert wurde, war ich schockiert. Ich habe diesen Wunsch, einen Körperteil oder einen Sinn vorsätzlich verlieren zu wollen, vollkommen abgelehnt, ich fand es »krank« oder »verrückt«. Ich kann dieses Verlangen immer noch nicht nachvollziehen, und ich kann auch nicht sagen: »Klar, super, macht das, wenn es euch hilft.« Mir kommt es weiterhin falsch vor. Aber inzwischen respektiere ich, dass es Menschen gibt, die einen solchen Wunsch haben. Die sich das nicht leichtfertig wünschen, sondern die ernsthaft darunter leiden, dass sie sehen oder hören können, zwei Hände oder beide Beine haben.

Teilweise ist der Leidensdruck dieser Menschen so groß, dass sie die von ihnen gewünschte Behinderung vortäuschen, etwa indem sie Hilfsmittel, einen Rollstuhl oder einen Blindenstock nutzen, ohne sie tatsächlich zu benötigen – sie wollen von ihren Mitmenschen als behindert angesehen werden. Manche Betroffenen gehen noch drastischer vor, schnüren sich zum Beispiel einen Arm auf den Rücken oder den Unterschenkel nach oben. Manche verletzen sich auch selbst oder unterbinden die Blutzufuhr zu den unerwünschten Gliedmaßen in der Hoffnung, dass diese absterben und amputiert werden müssen – oder sie finden einen anderen Weg, sich die entsprechenden Körperteile oder Sinne entfernen zu lassen.

Für eine TV-Reportage habe ich einmal eine junge Frau mit BIID treffen dürfen, die ihren einen Unterschenkel als »falsch« empfand. Sie sagte, wenn ihr Bein unterhalb des Knies weg wäre, wäre alles gut. Wir haben uns lange unterhalten; ich wollte, dass sie mir Fragen über mein Leben mit einer Behinderung stellt, denn ich kann mir vorstellen, dass vielleicht doch nicht plötzlich »alles gut« ist, nur weil der Unterschenkel amputiert wurde. Das Körperbild, das jemand mit einer solchen Störung von sich hat, mag dann endlich stimmig sein. Aber kommt die- oder derjenige auch mit dem Leben zurecht, das nun vor ihr beziehungsweise ihm liegt? Und was, wenn die Störung sich ein neues Ventil sucht und man nach erfolgreicher Amputation des einen Unterschenkels nicht mehr mit dem anderen Arm zurechtkommt? Ich weiß nicht, ob das ein realistisches Szenario ist; BIID scheint eine relativ selten auftretende Störung zu sein und ist auch nicht besonders umfassend erforscht.

Ich maße mir nicht an, diese Krankheit einfach vom Tisch zu wischen. Genauso wenig kann ich voll hinter den Menschen stehen, die davon betroffen sind. Ich stehe irgendwo dazwischen, sehe, dass es Menschen gibt, die tatsächlich unter ihrem Unterschenkel oder einem Arm leiden, und denke gleichzeitig, dass das doch nicht sein kann. Ist es gerechtfertigt, dass sich Menschen mit BIID mit Transgenderpersonen vergleichen – also mit Menschen, die ihre Geschlechtsidentität anders empfinden als das Geschlecht, das ihnen anhand äußerer Merkmale (Penis oder Vagina) bei der Geburt zugesprochen wurde? Keine Ahnung. Wahrscheinlich wird das erst die Zukunft zeigen, wenn mehr geforscht wird oder wir als Gesellschaft gezwungen sind, uns mit diesem Thema auseinanderzusetzen. Ich sage »gezwungen«, denn von allein geschieht selten etwas – erst wenn Betroffene laut werden, wird ihr Thema gehört. Das ist bei Frauen so, bei Menschen mit Behinderung, bei Transgendern beziehungsweise der LGBTQ+-Community, bei bestimmten physischen oder psychischen Krankheiten, bei allem, was nicht alle betrifft. Was ich für mich aus der Begegnung mit Menschen mit BIID gezogen habe: Ich muss zuhören, mich informieren, offen sein, auch für Dinge, bei denen es mein erster Instinkt ist, mich abzuwenden. Das ist nicht immer einfach, aber grundsätzlich empfinde ich es als Privileg: Durch Social Media und meine Selbstständigkeit komme ich mit Menschen und Themen in Kontakt, die ansonsten wahrscheinlich an mir vorbeigegangen wären. Ich erfahre mehr von dem, was andere bewegt, wie andere leben, was sie denken und fühlen, welche Herausforderungen, Risiken, Wunder und Chancen das Leben für uns bereithält.

Ich merke, dass ich dadurch zum einen noch aufgeschlossener werde und zum anderen selbstsicherer und stärker. Man würde meinen, je mehr Möglichkeiten, Lebensweisen und -wege sich vor einem auftun, umso eher würde man die eigenen hinterfragen. Habe ich die richtige Wahl getroffen? Schränke ich mich ein, wenn ich nicht dieses und jenes ausprobiere? Beraube ich mich selbst einer Erfahrung? Ich empfinde es umgekehrt: Wenn ich nicht genau diesen Weg gegangen wäre, dann hätte ich von all diesen Möglichkeiten nie etwas erfahren. Also bin ich dankbar, denn mein Weg ist der richtige für mich und öffnet mir zudem die Augen für alle anderen Wege, die es gibt. Für das Straßennetz, auf dem wir uns bewegen und manchmal auch begegnen.

Apropos selbstsicherer und stärker: Von dem schon erwähnten Workout-Workshop gibt es ein Video. Ein Video von mir, wo ich in der großen Halle, in der das Event stattfand, auf dem Boden sitze. Vorn in der Halle ist eine Bühne aufgebaut, zwei Trainer powern dort rein, heizen ihr Publikum an, die Übungen mitzumachen, die sie vormachen. Vor der Bühne liegen Gymnastikmatten auf dem Boden, mehrere Reihen, die ganze Halle ist voll davon. Auf jeder dieser Matten steht ein ziemlich sportlicher Mensch, geht in die Knie, in die Planke, in die Liegestütze, immer das, was vorn auf der Bühne gezeigt wird, und das in einem imponierenden Tempo. Dazu wummern die Bässe durch die Backsteinhalle. Am Rande der Matten sitze ich; diese Übungen kann ich nicht mitmachen, dazu fehlt meinen Beinen die Gelenkigkeit. Stattdessen habe ich meine Prothesen ausgezogen, halte die eine mit beiden Händen am oberen Ende fest. Ich halte sie aufrecht in die Luft, sodass der Fuß gen Decke zeigt, und schwenke sie fröhlich im Takt. Ich schwenke nicht nur ein bisschen, sondern mit vollem Einsatz, wirble meinen überdimensionalen Taktstock in großen Bewegungen hin und her. Das ist ein Video oder besser gesagt: ein Anblick, den ich damals im Krankenhaus niemals für möglich gehalten hätte. Ja, ich war schon damals offen, meine Beine waren kein Geheimnis, ich wollte aufrecht, mit geradem Rücken und vorgestreckter Brust vorausgehen, ich wollte mutig sein und anderen Mut machen. Aber das hier? Das hätte ich mir in meinen kühnsten Träumen nicht ausgemalt. Tambourmajorin Angie, die ihre Siebzigtausend-Euro-Prothese vor verdammt vielen Leuten in einer geilen Location zu treibendem Sound schwenkt und sich dabei freut wie ein kleines Kind. Ich liebe meinen Job.

Wisst ihr, was das Beste daran ist? Gut, *alles* ist das Beste daran. Aber mit am besten ist, wie es überhaupt dazu gekommen ist. Schon vor meinem Unfall habe ich beim Training immer die Sportkleidung meiner Lieblingsmarke getragen. Ich liebe die Klamotten, trage sie inzwischen auch im Alltag immer und überall, von der Leggins über das bauchfreie Top bis zum Sport-BH. Wann habe ich das letzte Mal einen normalen BH angehabt? Keine Ahnung. Auf jeden Fall saß ich eines Tages mit Gianna, meiner allerallerbesten Freundin, beim Prothesentechniker in Köln und wartete auf meine Beine. Irgendetwas musste eingestellt und angepasst werden, ich weiß es nicht mehr. »Du«, sagte ich zu Gianna, nachdem ich einen Blick auf mein Handy geworfen hatte, »ich habe gerade eine Mail bekommen, das muss ein Fake sein.« Mein Herz schlug trotzdem heftig, denn wenn es kein Fake war, dann hatte ich gerade von meiner Lieblingssportklamottenmarke eine Anfrage für eine Zusammenarbeit bekommen. Mist, wenn man in diesem Moment mangels Beinen – egal welcher Art – nicht aufstehen und vor Freude rumzappeln kann. Aus dem einen oder anderen Grund kann man nicht still sitzen, wenn man sich riesig freut, oder? »Oh mein Gott, wie geil ist das denn?!«, kreischte Gianna. Genau, wie geil war das denn?! Ich wollte mir trotzdem keine falschen Hoffnungen machen, konnte mir nicht vorstellen, dass sie mich – Angie Berbuer, überzeugte Sportlerin, Prothesenträgerin, Rollstuhlfahrerin, wohnhaft nicht in Hollywood, sondern im Rhein-Erft-Kreis, Hundemutter und Normalmensch – für eine Kooperation anfragten. »Ich glaube, das ist nicht echt«, sagte ich. Vorsichtshalber schrieb ich trotzdem zurück.

Es ist Giannas und mein kleines, privates Ritual, dass wir nach einem Besuch beim Prothesentechniker in einem bestimmten Fast-Food-Restaurant einkehren, gesunde Ernährung hin oder her. Das ist auch nötig, denn wenn man vom Prothesentechniker kommt, ist man hungrig. Sehr hungrig. Wenn die Prothesen neu eingestellt oder angepasst werden, lassen die Techniker einen nämlich jede Menge rumlaufen. Hier die Übungstreppe hoch, dort wieder runter und bitte noch einmal rauf. Und dann hier noch eine Pirouette, und wie wäre es mit einem kleinen Salto? Letzteres ist natürlich Quatsch, Pirouetten und Saltos lassen wir schön bleiben. Aber der Rest ist anstrengend. Wir saßen also in besagtem Fast-Food-Restaurant, um uns zu stärken, und mein Telefon klingelte. Es war eine ausländische Nummer, da ist der erste Reflex ja eher, abzuwarten oder gar nicht erst dranzugehen, falls mal wieder jemand »wegen deinem Computer anruft, okay?«. Aber das mit der Mail war schon verrückt genug gewesen, also nahm ich ab. Unglaublicherweise war tatsächlich eine Mitarbeiterin der Lieblingssportklamottenfirma dran. Ich glaube, nachher habe ich sogar Freudentränen geweint oder bin zumindest vor lauter Aufregung irre geworden. Da müsste ich Gianna noch mal fragen.

So hat diese Zusammenarbeit angefangen. Erst war es ein Sponsoring, das heißt, ich bekam die neuesten Kollektionen zum Testen und Zeigen. Das Unternehmen wollte ausprobieren, ob und wie wir harmonierten, ob ich mich mit der Marke identifizieren konnte und die Marke sich mit mir. Daraus wurde dann eine feste Kooperation, und jetzt bin ich – gemeinsam mit Sportlern und Athleten auf der ganzen Welt – eine Art Markenbotschafterin. Darauf bin ich stolz. Schlicht und ergreifend superstolz. Außerdem war es ein unfassbar gutes, fast surreales Gefühl, das erste Mal aktiv von einem Unternehmen – und dann noch von einer meiner Lieblingsmarken – angesprochen zu werden. Sie hatten mich wohl über ein Video entdeckt, das auf YouTube trendete.

Wenn ich heute für Kooperationen angefragt werde, kann ich es mir erlauben, nur die Dinge anzunehmen, die hundertprozentig ich sind. Eine Grundvoraussetzung ist, dass ich die Produkte auch selbst kaufen und nutzen würde. Und mehr noch, ich muss, wie gesagt, wirklich überzeugt von den Produkten sein, ich muss sagen »Mensch, ist das genial«. Außerdem schaue ich, wie die Marke beziehungsweise das Unternehmen grundsätzlich dasteht. Vertreten sie Werte, für die ich einstehen kann? Wie behandeln sie ihre Kunden? Sind sie offen, aufgeschlossen, innovativ? Und dann habe ich noch das Praktische im Blick: Wie hoch ist der Zeitaufwand für mich, was wird erwartet? Kann und möchte ich das erfüllen? Erst dann sage ich Ja oder Nein.

Natürlich habe ich nie wirklich frei, sondern stehe immer unter Strom. Ich kann nicht einfach sagen: »So, siebzehn Uhr, jetzt ist Feierabend« oder »Ich bin dann mal drei Wochen in Urlaub.« So läuft Social Media nicht. Ich gebe auch einen Großteil meines Lebens preis, ohne dass ich steuern kann, welche Menschen das sehen und wie sie darauf reagieren. Ich weiß vorher nicht, ob ich ein Herzchen oder einen Hasskommentar zurückkriege. Man muss lernen, damit umzugehen, seine Gefühle zu professionalisieren. Zum Glück will ich es nicht anders. Alle Bestandteile meines Lebens sind miteinander verwoben, aus Privatem wird Berufliches, aus Beruflichem Privates. Aus Followern werden Freunde, aus Freunden Follower, aus

Lieblingsmarken Auftraggeber, aus Auftraggebern Freunde, aus meiner Behinderung ein Anknüpfungspunkt, aus einem Anknüpfungspunkt eine neue Idee, aus einer neuen Idee ein neuer Auftrag und immer so weiter. Dieses Zusammenspiel ist eine stetige Entwicklung, eine endlose Acht – das Zeichen für Unendlichkeit.

Wenn ich zurückschaue auf das erste Video, das ich im Krankenhaus von mir gepostet habe, und sehe, welche Schritte ich gemacht habe, wie eines zum anderen gekommen ist, wie sich mein Weg weiterentwickelt hat und noch immer weiterentwickelt, dann bin ich dankbar, dass ich mich damals getraut habe, die Initiative zu ergreifen und meine erste Anfrage rauszuschicken. Ich bin dankbar, dass mir so sterbenslangweilig war, dass ich, ohne zu zögern, in mein neues Leben durchgestartet bin. Wenn ich es ganz banal zusammenfassen müsste, würde ich sagen: Ich bin so glücklich in meinem Job, dass mir sogar die Steuererklärung leicht von der Hand geht und Spaß bereitet. Und ja, das kann ich manchmal selbst nicht glauben.

KAPITEL 10

PANTOFFEL

Der Mann kommt von der Arbeit nach Hause, die liebende Ehefrau eilt fürs Begrüßungsküsschen herbei, die vorgewärmten Pantoffeln stehen neben der Tür, das Essen auf dem Tisch. Mal abgesehen davon, dass an diesem Bild fast alles falsch ist (seit Corona ist er doch eh im Homeoffice, Frauen arbeiten sowieso härter, vielleicht liebt der Mann einen Mann oder die Frau eine Frau, und wer trägt überhaupt noch Pantoffeln?): Irgendwie stelle ich mir mein Leben so vor. Echt! Gut, ich brauche den Mann nicht, das habe ich ja schon als vierjährige Puppenmutter gesagt, aber den ganzen Rest, den will ich. Ein glückliches Heim schaffen. Kinder, das Hausmütterchen machen, dazu Hunde und einen Kombi oder auf jeden Fall eine Familienkutsche, gern in der Sportausführung.

Ich werde manchmal gefragt, ob ich seit meinem Unfall Angst vor dem Autofahren oder zumindest vor der Autobahn entwickelt habe. Nein, das habe ich nicht. Wahrscheinlich auch deswegen nicht, weil ich ja nicht tatsächlich beim *Autofahren* verunglückt bin. Zwar ist es auf der Autobahn geschehen, aber ich *stand* ja draußen, hinter dem Auto, suchte im Kofferraum nach dem Warndreieck und den Warnwesten. Ich wurde im Grunde in einen Autounfall verwickelt, ohne selbst im Auto zu sitzen. Anscheinend verbindet mein Unterbewusstsein Autofahren deshalb nicht mit Gefahr, sodass ich mich weiterhin unbeschwert ins Auto setzen kann.

Es war allerdings eine ganz andere Sache, nach dem Unfall das erste Mal wieder im Auto zu sitzen. Für die Reportage, die der TV-Sender direkt nach dem Unfall über mich gedreht hat, begleitete mich das TV-Team auch bei der Entlassung aus dem Krankenhaus. Meine Mutter und Mario holten mich ab, fuhren mich mit dem Auto nach Hause. Mario am Steuer, ich auf dem Beifahrersitz, meine Mutter auf der Rückbank. Außerdem hatte sich noch die Reporterin zu uns gequetscht; es war voll im Auto, schließlich fuhren auch mein Rollstuhl und mein Gepäck mit – alles, was ich im Krankenhaus bei mir gehabt hatte. Als wir auf die Autobahn abbogen, fragte mich die Reporterin, ob das ein mulmiges Gefühl bei mir auslösen würde, ob ich Angst hätte. Damals habe ich Ja gesagt. Es war kein gutes Gefühl, an anderen Autos oder – noch unangenehmer – an Lastwagen vorbeizufahren, immerhin ist es ja mit einem Lkw zu dem Ursprungsunfall gekommen. Rückblickend war dieses Gefühl, damals im Auto mit der Reporterin, aber nur eine Momentaufnahme. Ich vermute, weil alles noch frisch und meine Emotionen noch roh waren. Es war das erste Mal seit dem Unfall, dass ich mich wieder in einer Umgebung befand – im Auto auf der Autobahn –, die mein Kopf mit dem Geschehenen in Verbindung bringen konnte. Klar, auch im Krankenhaus erinnerten mich meine Beine jeden Tag daran, was passiert war. Aber im Gegensatz zur Autobahn war das Krankenhaus ein erinnerungsfreier und damit sicherer Ort für mein Unterbewusstsein. Ich glaube, es lag wirklich nur daran, dass diese Fahrt das erste Mal war. Danach habe ich nie wieder Angst gehabt. Im Gegenteil, ich liebe es, Auto zu fahren, genauso wie ich es schon vor dem

Unfall geliebt habe. Weil ich mit meinen Prothesen aber keine Pedale treten kann, fahre ich inzwischen ein Automatikauto mit Handgas. Da gibt man Gas und bremst über einen Hebel in Lenkradnähe, den man per Hand bedient. Außerdem muss man sich mit Brief und Siegel und Hast-du-nicht-gesehen von offizieller Seite die Erlaubnis einholen, mit Handgas fahren zu können-Slash-dürfen-Slash-müssen. Dieses Auto konnte ich mir ein halbes Jahr nach dem Unfall endlich, endlich, endlich anschaffen. Zum Glück besaß ich ein »normales« Auto, das ich im Gegenzug verkaufte – der Verkauf trug einen großen Teil dazu bei, dass ich mir den neuen Wagen leisten konnte. Ich benötigte ja nicht nur Handgas, sondern auch genügend Platz für meinen Rollstuhl. Und ich musste ausreichend Bewegungsfreiheit haben, um mit Prothesen ein- und auszusteigen. Aber die Freiheit und Unabhängigkeit, die ein Auto ermöglicht, sind unbezahlbar – als Mensch mit Behinderung kannst du eben nicht jeden x-beliebigen Bus nehmen oder dich frisch, fromm, fröhlich, frei aufs Fahrrad schwingen. Deswegen ist auch später eine Familienkutsche unabdingbar. Zumindest, wenn ich mich in Zukunft mit ein bis vier Kindern im Schlepptau sehe. Dann dürfte der Bedarf an Platz, Bewegungsfreiheit und Unabhängigkeit nämlich noch einmal eklatant steigen.

Seit ich aus dem Krankenhaus entlassen worden bin und angefangen habe, mir mein neues Leben aufzubauen, habe ich nicht nur meine Selbstständigkeit ins Rollen gebracht. Ich probe auch schon für das traute Heim. Nein, ich kaufe keine Babyklamotten, halte nicht Ausschau nach Wohnungen mit einem extra Kinderzimmer und ich stelle auch keine Pantoffeln bereit (für wen auch immer), das meine ich nicht und damit würde ich mich auch bloß selbst erschrecken. Aber ich mache es mir schön. Ich schaffe mir ein Zuhause, in dem ich – und ich glaube auch die meisten Menschen, die mich besuchen – gern bin. Meine kleine Insel, mein Kokon, mein Zufluchtsort.

Zugegeben, ich lasse jede Menge Leute da rein. Nämlich all jene, die sich meine Beiträge auf Instagram und Co. oder meine Videos auf YouTube angucken. Ihr wisst, wie ich meinen Kleiderschrank sortiere, wie mein Bett stehen muss, damit man besser an die Steckdosen kommt, wo in meiner Küche die Gewürze stehen. Sogar, dass ich jetzt einheitliche Seifenspender für Hand-, Haar- und Hundewäsche habe. Für mich ist das kein Widerspruch, denn wenn ich jemanden virtuell an meinem Leben teilhaben lasse, dann gehört auch der Einblick in meinen Lebensmittelpunkt dazu, in mein Zuhause.

Ich habe Hausarbeit schon immer geliebt. Nicht nur gern gemacht, sondern wirklich geliebt. Ich putze und wische, dekoriere und dekoriere um, ich ordne, räume und strukturiere. Ich habe schon vor Jahren gemerkt, dass ich in meiner Umgebung Ordnung brauche, damit es auch in meinem Kopf aufgeräumt ist. Damit ich klar denken kann. Umgekehrt sieht man es meiner Wohnung an, wenn bei mir im Kopf Unordnung herrscht. Dann habe ich nicht die Ruhe, mich meiner Wohnung zu widmen; stattdessen hält das Chaos Einzug. Das ist wie mit dem Huhn und dem Ei: Was war zuerst da? Muss ich meine Wohnung aufräumen, *damit* es in meinem Kopf ordentlich aussieht? Oder kann ich meine Wohnung nur deshalb aufräumen, *weil* es in meinem Kopf ordentlich ist? Man wird ganz kirre, wenn man über solche Dinge nachdenkt und in einem Teufelskreis landet, aus dem man niemals den Absprung schafft. Das ist genauso, wenn ich Filme oder Serien sehe, die Gegenwart, Vergangenheit und Zukunft verweben: Ich reise in die Vergangenheit und verändere dort dieses und jenes, in der Hoffnung, dadurch ein Problem in der Gegenwart beziehungsweise in der Zukunft loszuwerden. Durch meine Reise in die Vergangenheit verändere ich also die Gegenwart – was aber bedeutet, dass diese »neue« Gegenwart und diese »neue« Vergangenheit nun andere als die ursprünglichen sind, sodass ich eigentlich gar nicht in die Vergangenheit reisen und etwas verändern kann, denn die Dinge wären ja bereits anders. Wenn ich aber nicht hinreisen kann, kann ich auch nichts verändern, also dürfte es gar nichts Neues geben. Und schon hat man einen Knoten im Gehirn und Unordnung in der Küche. Falls ihr mir jetzt nicht folgen konntet: Sage ich ja.

Ich suche mir deshalb eine Nische dazwischen: Ich schaffe regelmäßig Ordnung, rein prophylaktisch. Auf diese Weise wird es nur dann problematisch, wenn mir meine Struktur entgleist, weil ich vielleicht viele Termine gleichzeitig habe, in Hektik bin oder krank werde. Das sind alles gute Gründe, um unordentlich zu sein. Nicht weil man unordentlich sein will, sondern weil die Unordentlichkeit unter diesen Umständen halt einfach passiert.

Die Hausarbeit ohne Beine zu machen, ist kein riesiges Problem (außer Fensterputzen, das geht gar nicht, und zufälligerweise bin ich auch kein Fan davon). Es ist nur zeitintensiver und überhaupt aufwendiger. Mit Prothesen geht mir dieses und jenes leichter von der Hand, mit Rollstuhl klappen dafür andere Dinge besser. Wenn ich zum Beispiel beim Putzen mit dem Wischmopp etwas umstoße, das auf dem Boden steht, dann kann ich mich mit Prothesen nicht mal eben bücken und dieses Etwas wieder aufheben und hinstellen. Wenn der Boden nass und rutschig ist, bin ich nämlich sonst das nächste, was am Boden liegt. Oder versucht mal, mit einem steifen Fuß – der Fuß meiner Prothesen rollt ja nicht ab wie ein natürlicher Fuß und hat auch kein Gelenk – das klappbare Ende von eurem Schrubber in die Seitentaschen des Wischmopps zu schieben, wenn der nass vor euch auf dem Boden liegt. Das geht zwar irgendwann, dauert nur ungleich länger. Ich habe mal ein Video davon gemacht, um auf YouTube zu zeigen, wie das so ist. Die Szene mit dem Schrubber-in-die-Wischmopptaschen-Kriegen dauert nicht ewig, aber wenn ich mir das Video anschaue, ohne dass ich mich in der tatsächlichen Situation befinde, dann werde ich ganz hibbelig, will da eingreifen und das schnell für die Video-Angie erledigen. Als wenn die echte Angie schneller wäre! Das ist genauso, wie wenn man Leuten zuguckt, die sehr langsam auf ihrem Handy schreiben oder suchend am Computer tippen, während man danebensteht und am liebsten sagen möchte: »Soll ich mal kurz …?« Die anderen machen ja nichts falsch, nur man selbst ist unruhig und ungeduldig. Ja, Geduld ist wirklich nicht meine Stärke. Zumindest bin ich dadurch aber gut darin, Dinge schnell zu erledigen und flott über die Bühne zu bringen. Bei manchen Hausarbeiten gebrauche ich also meine Prothesen, muss mich aber ein wenig quälen. Dafür komme ich mit dem Rollstuhl nicht an die oberen Fächer meines Kleiderschranks und kann auch nicht den Spiegel über dem Waschtisch im Bad sauber machen. Man muss also ein bisschen planen und vorausschauend handeln und den Blutdruck im Falle des Falles auf ein Normalniveau zwingen.

Ich sage immer, dass ich meine Leidenschaft für die Hausarbeit nicht von meiner Mutter habe. Meine Mutter hat ihre ja noch, haha. Aber ernsthaft: Meine Mutter ist viel krasser als ich, zumindest was das Putzen und Saubermachen angeht. *Wenn* ich davon etwas mitgenommen habe, dann höchstens ein Trauma. Ehrlich. Als wir noch als Familie mit meinem Vater zusammengewohnt haben, hat meine Mutter auch schon viel geputzt, aber noch nicht mit diesem Verlangen, mit dieser Sucht, die sie später an den Tag legte. Meine Eltern haben sich damals, wenn sie stritten, immer gegenseitig in Rage gebracht. Zum Beispiel lief mein Vater mit dreckigen Schuhen durchs Haus und setzte sich anschließend an den gedeckten Abendbrottisch, als wäre nichts geschehen. Meine Mutter, die die Putz- und Wischhoheit innehatte, ärgerte sich über den Dreck, sagte das auch, und schon gab es die herrlichste Auseinandersetzung. Mein Vater war nicht gerade jemand, der Deeskalation betrieb, und natürlich hatte er den Anpfiff meiner Mutter vollkommen verdient.

Als Reaktion auf meine schimpfende Mutter nahm er jedoch eine Flasche Limonade vom Tisch, schraubte den Deckel ab und goss den gesamten Inhalt auf den Boden. Anschließend schnappte er sich einen Teller mit Essen und ließ das Ganze – Essen und Teller – in die Limopfütze fallen. Weil meine Mutter sich über den Dreck beschwert hatte, den er verursachte. Er wollte sie provozieren, sie für ihren Protest, für die Tatsache, dass sie sich beschwerte, und für ihre vermeintliche Frechheit bestrafen; seine Handlung besagte: »*Jetzt* hast du richtigen Dreck.« Meine Mutter war immer stark und wütend genug, ihm Kontra zu geben. Trotzdem war sie es, die am Ende das Chaos beseitigte.

Eigentlich wundere ich mich, dass meine Mutter danach eine Putzwut entwickelte. Also die Wut, ja, unbedingt, die kann ich verstehen. Aber hätte auf lange Sicht nicht eher eine Putz*verweigerung* entstehen müssen? Eine Antihaltung? Hätte nicht eine Revolutionärin aus ihr werden müssen? Eine, die gegen das Putzen aufbegehrt? Vielleicht war es aber auch die Erkenntnis, die sie beflügelte, dass niemand mehr ihr Putzen zunichtemachen konnte, nachdem sie sich von meinem Vater getrennt hatte. Dass es sich nun endlich lohnte, zu putzen, weil niemand mehr Dreck ins Haus schleppte oder Limopfützen verursachte. So oder so: Sie putzte um ihr Leben. Fand ich. Und meine Schwester und ich mussten mitputzen. In den ersten Jahren nach der Trennung von meinem Vater, als ich sieben, acht, neun Jahre alt war, genügte es im Wesentlichen, wenn wir Kinder sauber waren oder zumindest keinen Dreck verursachten. Keine Krümel wild um uns verteilten, keinen Sand vom Spielplatz mit hereinschleppten, keine Fingerspuren an den Küchenschränken hinterließen, solche Dinge. Macht mal dieses, macht mal jenes, sagte meine Mutter auch immer öfter. Dumm nur, dass wir keinen Schimmer von »diesem« oder »jenem« hatten oder davon, wie man richtig sauber macht.

Später, als ich ungefähr zehn oder elf Jahre alt war, bekamen wir Aufgaben, die wir möglichst nicht falsch erledigten, denn ansonsten gab es durchaus Ärger. Mit runden Ecken staubzusaugen, kann ich beispielsweise nicht empfehlen, zumindest nicht, wenn meine Mutter die Ecken anschließend kontrolliert. Wie gesagt, meiner Mutter war das Putzen heilig. Und ich wurde trotzig. Was mich natürlich nicht vom Putzen befreite. Meine Aufgabe war es, das Bad zu putzen, was in Ordnung war, denn das Bad machte ich gern sauber – einfach weil der Vorher-nachher-Effekt so deutlich war und unser Bad außerdem eine überschaubare Größe hatte.

Ich merke, dass auch ich über die Jahre pingeliger geworden bin, selbst wenn ich finde, dass ich meine eigenen Wohnungen schon immer sauber und ordentlich gehalten habe. Meine Mutter fand das früher, in meiner ersten eigenen Wohnung, nicht. Ich weiß noch, dass sie einmal nicht zu Besuch kommen wollte, weil sie meinte, sie könne es ihrem Hund nicht zumuten, sich auf meinem Boden aufzuhalten, der sei zu dreckig. Also der Boden, nicht der Hund. Wenn ich nicht so empört gewesen wäre, hätte ich bestimmt gelacht, weil das schon ein wenig absurd war. Ganz schön frech, meine Mama. Dass sie – mit ihrem Putzwahn – überhaupt einen Hund hatte, war schon ein kleines Wunder. Ein kleines Wunder meiner Überredungskunst. Ich hatte schon immer einen Hund haben wollen, irgendwie gehörte ein Hund für mich dazu: Als Familie hat man einen Hund. Eines Tages bekam meine damalige beste Freundin einen Hund; ich war natürlich meganeidisch. Aber ich wusste, dass ich bei meiner Mutter null Chancen damit hatte. »Doch«, machte meine Freundin mir Mut, »du schaffst es garantiert, deine Mutter zu überreden.« Eigentlich hatte sie recht, warum sollte ich es nicht wenigstens probieren? Das Einzige, was passieren konnte, war, dass ich meine Mutter so nerven würde, dass sie sauer wurde. Dann konnte ich immer noch mit dem Nerven aufhören. Aber so weit kam es gar nicht erst. Nerven ja, das musste ich. Aber meine Mutter wurde nicht sauer, sondern sagte Ja. Ich konnte es kaum glauben, es war wie eine Offenbarung, die mir sagte: »Angie, wenn du dir etwas vorgenommen hast, dann kannst du es auch schaffen.« Natürlich keine Offenbarung in dem Sinne, dass ich einen brennenden Dornbusch gesehen hätte, der zu mir sprach. Eher die Erkenntnis, dass ich meine Ziele erreichen kann, wenn ich mich wirklich dafür starkmache. Das hört sich so selbstverständlich an; klar müssen wir uns dahinterklemmen, wenn wir ein Ziel erreichen wollen. Aber das Hunde-Ja meiner Mutter war ein ziemlich hoch gestecktes, fast unerreichbares Ziel. Dass ich es trotzdem erreicht hatte, schenkte mir Vertrauen in mich. Ich fühlte mich wie Superwoman, nicht nur glücklich über den Hund, den ich bald haben würde, sondern auch stark und unbesiegbar, selbst wenn dieses Hochgefühl bald wieder abebbte. Superwoman fühlt sich beim Badputzen, Hausaufgabenmachen und Zimmeraufräumen wahrscheinlich auch nicht dauerhaft super. Aber immerhin weiß ich seitdem, dass es sich erstens lohnt, sich kühne Ziele zu setzen, und man zweitens ordentlich Butter bei die Fische geben muss, um sie zu erreichen. Das Allerallerschönste war aber, dass meine Mutter – trotz der Extraarbeit und trotz des Putzens – anfing, Hunde zu lieben. Ich hatte nach ihrem Ja relativ schnell einen Hund gefunden. Den nahm ich allerdings mit, als ich bald darauf zu meinem Ex und seiner Familie zog. Dieser Hund – Lio – lebte also nur kurz bei meiner Mutter in der Wohnung. Trotzdem vermisste meine Mutter ihn, und das sogar so sehr, dass sie sich selbst einen Hund anschaffte. Ich finde es toll, dass meine Mutter über ihren Schatten oder, besser gesagt: über ihre Putzwut gesprungen war und mir die Erlaubnis gegeben hatte – und dass sie sich mit einem eigenen Hund sogar selbst darauf einließ, sozusagen mit Haut und Hundehaaren.

Tja, Hundehaare. Die sind so eine Sache für sich. Eine Mischung aus nervtötender Sisyphusaufgabe und extra Ansporn, den Staubsauger doch noch mal aus der Ecke zu holen, selbst wenn man todmüde ist. Nachdem ich mit Lio bei meinem Ex ein- und ohne Lio wieder ausgezogen war, weil Lio lieber bei meinem Ex und seiner Familie bleiben wollte, hatte ich einige Zeit keinen Hund. Dann kam der Unfall, und ein Hund war erst einmal kein Thema, ich hatte genug mit mir selbst zu tun. Dachte ich. Im Rückblick sehe ich, wie viel Struktur mir die beiden Hunde, die ich inzwischen habe, geben. Meinem Kopf, der es ja gern ordentlich und aufgeräumt mag, hat das unheimlich gutgetan. Klare Strukturen, tägliche Aufgaben und Rituale, feste Punkte auf meiner Tagesordnung. Für mich ist das etwas Feines. Vor allem war es eine wahnsinnige Hilfe, in meinem neuen Leben richtig an- und wieder auf die Beine zu kommen.

Außerdem ist es ein wunderbares Gefühl, geliebt zu werden. Zumindest glaube ich, dass meine Hunde mich lieben. Mich, nicht nur mein Hundefutter und meine Streicheleinheiten. So intensiv wie bei Charly und Loki habe ich das bei Lio nicht empfunden. Und das, obwohl ich zumindest Charly aus den völlig falschen Gründen gekauft habe. Mit ihm wollte ich mich nämlich glücklich kaufen, so wie man sich mit einem neuen Sofa, neuen Klamotten oder Schuhen glücklich kauft. Zu dieser Zeit habe ich unheimlich viel online gekauft. Oh, dieses Gefühl, etwas Besonderes im Ausland zu bestellen, mit längerer Lieferzeit und damit auch längerer Vorfreude. Ich habe gekauft, gekauft, gekauft, auch wenn ich nicht über meine Verhältnisse gelebt habe. Aber ich habe meine Bedürfnisse nicht verstanden, habe sie falsch kanalisiert. Mein Kaufrausch war ein Ventil. Das war völlig daneben und ziemlich ungesund, aber wenn man mittendrin steckt, sieht man seine Misere ja meistens nicht. Außerdem wollte ich Liebe. Also kaufte ich Hundeliebe.

Sicher spielte es auch eine Rolle, dass ich im Corona-Lockdown wie alle anderen isoliert zu Hause saß. Zu allem Überfluss fiel der Lockdown in die Zeit, in der ich keinen Kontakt mit meiner Mutter hatte. Sie hatte mir (noch) nicht vergeben, dass ich nach dem Unfall erst bei ihr und Mario eingezogen, aber schon nach zwei Monaten wieder ausgezogen war. Ich war natürlich nicht wirklich allein und isoliert, ich sprach und schrieb mit meinen Freunden, wir schickten Snaps und Videos hin und her. Hin und wieder telefonierte ich auch mit meiner Schwester, meiner Oma, meinem Onkel und meiner Tante. Nicht zuletzt stand ich mit vielen herzlichen Menschen auf Social Media in Kontakt. Wenn man auf Social Media aktiv ist, ist man nie allein, überdies saßen wir in Sachen Corona ja alle im gleichen Boot. Oder eben im gleichen stillen Zuhause. Ich war auch schon mit meinem Noch-nicht-Doppel-Ex zusammen, fühlte mich aber trotzdem oft einsam. Die Fitnessstudios waren geschlossen, ich konnte keinen Sport machen, hatte keine Abwechslung. Hurra, heute gehe ich einkaufen! Was für ein Highlight! Das ging uns allen so. Nur dass ich es irgendwann nicht mehr aushielt und Charly kaufte.

Im zweiten Lockdown folgte Loki, diesmal schon aus besseren Gründen: Ich wünschte mir einen Spielgefährten für Charly. Außerdem lief es mit Charly so gut, dass ich mir einen zweiten Hund problemlos zutraute. Und ich fand, da wir zwei Erwachsene waren – ich und mein Noch-nicht-Doppel-Ex, der inzwischen mehr oder weniger bei mir wohnte –, passten zwei Hunde besser als einer. Nie hätte ich gedacht, dass Charly und Loki in ihrem Charakter so unterschiedlich sein könnten. Charly ist introvertiert und ein versierter Ignorant. Wenn er mich nicht hören oder sehen will, dann hört und sieht er mich auch nicht. Ich könnte mich auf den Kopf stellen, und er würde mich trotzdem nicht mit seinem Hinterteil angucken. Kommt hingegen Besuch oder treffen wir andere Leute draußen, dann ist er im Nullkommanichts bei ihnen, ist aufmerksam und interessiert. Ich hingegen bin für ihn eine Selbstverständlichkeit. Und anscheinend auch ein wenig langweilig. Wäre Loki nicht zu unserer kleinen Familie gestoßen, hätte ich das vielleicht nicht in diesem Maße wahrgenommen, der Vergleich hätte mir gefehlt. Aber Loki ist das genaue Gegenteil, er ist mir ähnlicher – offen und neugierig –, ist auch viel stärker auf mich bezogen, er kuschelt und zeigt mir seine Liebe. Trotzdem sind beide genau richtig, wie sie sind. Wisst ihr, was außerdem toll an Hunden ist? Sie sind wichtiger als meine Prothesen, mein Rollstuhl und meine mangelnden Beine aus Fleisch und Blut. Wenn ich mit Charly und Loki vor die Tür gehe, dann spricht mich niemand auf meine Behinderung an – sondern nur auf die beiden. Wie alt sind die zwei denn, welche Rasse ist das, macht das Fell viel Arbeit? Ich liebe es!

Ich frage mich, was die beiden mit den Pantoffeln anstellen würden, wenn das Szenario mit dem liebenden Ehemann wahr werden sollte. Ich schätze, es hätte sich dann nach kürzester Zeit auspantoffelt. Mangels Pantoffeln, denn die wären wohl bis zur Unkenntlichkeit zerbissen und zerkaut. Was wahrscheinlich genau richtig für mich wäre. Ich *will* zwar putzen und waschen, ein trautes Heim schaffen und Pantoffeln anreichen, ich bin damit glücklich. Aber es ist wichtig, sich darüber nicht zu vergessen. Was nicht heißt, dass ich öfter mal die Beine hochlegen will. Es soll nur heißen, dass ich dazu tendiere, mich in Dingen, die mich beschäftigt halten und die ich gern mache, zu verlieren. Meine Oma hat mir erzählt, dass es ihr so erging. Dass sie Ehefrau, Mutter, Großmutter war, aber nicht so sehr sie selbst. Jetzt haben ihre Kinder eigene Familien, die Enkel sind erwachsen (ich brauche meine Oma trotzdem noch!), und ihr Mann, mein Opa, ist tot. Und meine Oma hat mehr Zeit für sich selbst, als sie je haben wollte, kennt sich aber gar nicht richtig und weiß manchmal nichts mit ihrer eigenen Gesellschaft anzufangen. Sich unter all diesen Schichten, unter all diesen Rollen, die sie zeit ihres Lebens innehatte, nun selbst zu finden, ist nicht so einfach, sagt sie. Deshalb soll ich mich bitte gar nicht erst verlieren.

Habe ich erwähnt, dass mein Opa Araber war? Hussni Ali Musa aus Saudi-Arabien, viele Jahre glücklich verheiratet mit Elisabeth von der Mosel. Mein Opa war laut und gemütlich, liebevoll und manchmal ein wenig verpeilt. Heimlich färbte er seine tiefschwarzen Locken, als sie anfingen, weiß zu werden. »Das ist Omas Haarfärbemittel, nicht meines«, behauptete er dann immer und konnte kein Wässerchen trüben. Nur dass meine Oma längst weiße Haare hatte und diese weder versteckte noch färbte, schon gar nicht tiefschwarz. Und wenn er etwas färben würde, dann sowieso nur seinen Bart, schob er sicherheitshalber immer hinterher. Er war stolz, mein Opa, und obwohl er im Deutschsein päpstlicher war als der Papst, hatte er ein feuriges Temperament. Hin und wieder flog da schon mal ein Pantoffel hinter uns Kindern her, wenn wir etwas angestellt hatten. Dieses Temperament haben mein Vater und ich von ihm geerbt. Ich sage dann immer, das ist das Viertel Araber in mir. Vielleicht sollte es auch deswegen später eher keine Pantoffeln in meinem Haushalt geben. Dafür werfe und treffe ich einfach zu gut.

KAPITEL 11

ÄRSCHE

Es gibt zu viele Ärsche auf der Welt. Da sind wir uns einig, oder? Ärsche, die unsere Gesellschaft mitbestimmen (aber über Politik, Ungleichbehandlung, mangelnde Empathie, das Klima oder den Untergang der Welt will ich jetzt gar nicht reden). Ärsche, mit denen man verwandt oder (noch) befreundet ist. Die einen sitzenlassen, enttäuschen, verarschen (wie passend), die es vermasseln, einen runterziehen, die einen nicht lieben, die man nicht braucht. Aber das hier soll ein fröhliches Kapitel werden, deshalb widme ich mich stattdessen lieber dem naheliegendsten Arsch überhaupt: meinem. Meinem Hintern, meinem Po, meinen vier Buchstaben, meinem Allerwertesten. Auf Kölsch auch *ming Fott,* selbst wenn das für das restliche Deutschland eher nach Chinesisch klingt. Auf jeden Fall kann ich mit diesem Arsch richtig gut leben. Ich finde den sogar ziemlich klasse. Das war nicht immer so.

Während meiner Abiturzeit hatte ich zugenommen. Ich saß viel und lernte, bewegte mich wenig. Ich war nicht dick, aber mein Körper hatte sich verändert, und ich fühlte mich plump. Irgendwie steif und unbeweglich. Unwohl in meinem Körper.

Ich brauchte mehr Bewegung, einen Ausgleich zu dem langen Sitzen, außerdem wollte ich wieder locker in meine Klamotten passen, statt mich hineinquetschen zu müssen. Also meldete ich mich in einem Fitnessstudio an. Wenn man sich nicht gerade für ein Edelstudio mit angeschlossenem Luxusspa entscheidet, hätte ich damals behauptet, dass Fitnessstudios eigentlich eine recht unemotionale Sache sind. Klar ist es nett, wenn die Umkleideräume und Duschen ein bisschen was hermachen und nicht nur funktional sind. Wenn die Trainingsräume einladend sind, das Licht stimmt, die Leute grüßen. Ich stellte mir das Ganze gut vor, aber ich hatte keine übermäßigen Erwartungen. So kann man sich täuschen. Schon als ich das Studio das erste Mal betrat, war es, als wäre ich nach Hause gekommen. Nicht etwa deswegen, weil ich endlich meinen Sport, meine Leidenschaft gefunden hatte; das kam erst später. Sondern weil diese besondere Atmosphäre herrschte. Es war – im übertragenen Sinne – heimelig dort, herzlich und wohlig warm, als hätte das Studio die Arme ausgebreitet und mich aufgenommen. Ich fühlte Sicherheit und Rückhalt, ich konnte jederzeit hierherkommen. Solange das Studio geöffnet hatte, war ich willkommen.

Dieses Gefühl hatte mir zu Hause gefehlt, erst recht, während meine Mutter mit dem Süchtigen zusammen war. Diese Zeit wirkte nach. Es wirkte auch nach, dass mein Vater nach Jahren, in denen der Kontakt ganz abgerissen war, trotzdem keine Zeit mit uns Kindern verbringen wollte oder konnte. Waren wir doch einmal bei ihm, lieferte er uns nach ein paar Stunden bei seinen Eltern – meinem Opa und meiner Oma – ab. Was mir im Prinzip nur recht war; ich war furchtbar gern bei meinen Großeltern. Aber ich fühlte mich zurückgewiesen, vielleicht nicht gerade vom Rest der Welt, aber von Menschen, denen ich wichtig hätte sein sollen. Ich hatte meine Freunde, klar, aber deine Familie, die muss dich doch lieben, oder? Dieses Gefühl, nicht dazuzugehören, sorgte dafür, dass ich das, was mir das Fitnessstudio bot, mit offenen Armen annahm. Dass ich zurückumarmte.

Nachdem ich eine Weile trainiert hatte, merkte ich außerdem, dass sich mein Körper veränderte, und zwar genau so, wie ich mir das vorgestellt hatte. Ich verlor an Gewicht, baute relativ harmlos ein paar Muskeln auf, bewegte mich sicherer und leichtfüßiger. Es war eines der besten Gefühle der Welt. Ich war zufrieden, hatte erreicht, was ich hatte erreichen wollen. Und dann stand eines Tages mein Trainer vor mir und sagte: »Angie, warum willst du überhaupt abnehmen? Du hast so gute Voraussetzungen.« Er zog das »o« in »so« in die Länge, legte die Betonung darauf. »Hast du nicht Lust, den Po, die Beine, die Arme zu trainieren und ein bisschen Muskeln aufzubauen? Ich glaube, das wäre was für dich.« Ich war unsicher, dachte an Bodybuilder, die sich mit Öl einrieben, bis sie glänzten, die stolz ihre Muskeln anspannten und Adern und Venen wie Schlangen unter ihrer Haut hervorspringen ließen. Ich hatte nicht vor, zum Rambo zu mutieren. Aber ich probierte es trotzdem. Nicht die Rambo-Mutation, aber den Kraftsport. Ohne meinen Trainer, der mir zuredete und nicht lockerließ, hätte ich es wahrscheinlich nicht getan.

Ich fand mein Leben damals nicht schön, hatte einen Hass auf meinen Vater, fand das Verhältnis zu meiner Mutter schwierig, zehrte nicht von einer glücklichen Kindheit, in die ich mich in meinen Gedanken hätte zurückretten können. Ich war verwundbar. Wahnsinn, wie gut es mir tat, mit dem Kraftsport gegen all das anzukämpfen. Endlich gab es etwas, das mich stark machte. Das mich glücklich machte. Beim Training schüttete mein Gehirn Dopamin und Serotonin aus, auch bekannt als Glückshormone. Nach einer halben Stunde Ausdauertraining steigt zudem die Endorphinkonzentration an – noch ein Glücklichmacher. Trainiert man regelmäßig, erhöht sich die Konzentration aller drei Botenstoffe dauerhaft. Nebenwirkungen:

bessere Konzentration, stärkeres Glücksempfinden und höhere Zufriedenheit. Kein Wunder, dass man gern Sport treibt, wenn man erst einmal in Schwung gekommen ist. Heißt es nicht, die ersten vierzehn Tage muss man durchhalten, und dann läuft es von allein? Oder man muss sich zehn Mal aktiv zu etwas anhalten, sich vielleicht sogar überwinden, dann ist es zur Gewohnheit geworden und man kann es einfach machen, ohne Denken, Drehen und Wenden? Diese Hürden hatte ich schon überwunden, weil ich bereits regelmäßig ins Fitnessstudio ging. Ich konnte also direkt voll im Kraftsport aufgehen, ohne Wenn und Aber und Schweinehund.

Ich muss zugeben, dass ich ein wenig fanatisch wurde. Wobei sich »ein wenig« und »fanatisch« logisch betrachtet ausschließen. Wer fanatisch ist, hat »ein wenig« aus seinem Wortschatz gestrichen. Ich war fanatisch. Voll und ganz fanatisch. Für mich gab es nur noch den Sport, er stand ganz oben auf meiner Prioritätenliste und begann, mein Leben zu bestimmen. Klar, die Glückshormone. Aber es lag auch daran, dass ich den Kraftsport zu meinem Ventil gemacht hatte. Egal, ob ich glücklich, traurig, stark, schwach, mutig oder ängstlich war, ob gute oder schlechte Dinge in meinem Leben geschahen: Kraftsport war die Lösung. Oder eher: Kraftsport gab mir die Möglichkeit, auf diese Dinge und meine Gefühle zu reagieren. Ärger mit meiner Mutter? Trainierte ich einfach weg. Wut auf meinen Vater? Stemmte ich halt ein paar Kilos extra. Frisch verliebt? Beflügelte mich beim Ausdauertraining. Einen guten Tag? Krönte ich mit einem zusätzlichen Durchgang. Erschöpft vom Lernen? Das Training machte mir den Kopf wieder frei. Vor allem veränderte sich mein Körper auf eine andere Weise, als es vorher der Fall gewesen war, solange ich lediglich »normal« trainiert hatte. Meinem Körper ging es fantastisch.

Beim Kraftsport entwickelt man seine Muskelkraft; man sorgt dafür, dass der einzelne Muskel stärker wird. Gleichzeitig trainiert man aber auch das Gehirn, das die Koordination zwischen den verschiedenen Muskeln steuert. Sprich: Dein Gehirn lernt, mehr Muskelfasern gleichzeitig zu aktivieren. Und je mehr Muskeln koordiniert zusammenarbeiten, umso mehr Kraft steht dir zur Verfügung. Nach dem Motto: Gemeinsam sind wir stärker. So erreicht man im Kraftsport eine maximale Kraftfähigkeit. Vor allem arbeitet dein Körper dadurch viel harmonischer, dein kompletter Bewegungsapparat ist plötzlich perfekt abgestimmt. Wie ein Uhrwerk, wo ein Teil präzise ins andere greift. Du wirst stärker, ja, aber auch schneller, ausdauernder und belastbarer. In den Muskeln von Kraftsportlern findet man sowohl Schnellkraftfasern als auch Kraftausdauerfasern in besonders trainierter Form. Du kannst also schnell große Kräfte entfalten, sie aber auch über einen längeren Zeitraum aufrechterhalten.

Diese Art von Kraft war ein ganz neues Erlebnis für mich. Nicht nur, weil ich stärker wurde, sondern weil sich mein Körper viel leichter und dynamischer bewegte. Treppen flog ich nur so hoch, Anstiege brachten mich nicht länger aus der Puste; im Gegenteil, ich hatte ausreichend Atem, um dabei noch entspannt zu reden. Mein Körper explodierte vor Energie, ich konnte laufen, rennen, springen, und bei jedem Schritt federten meine Beine, sorgten für zusätzlichen Schwung und Elan. Ich war wie eine Mary Poppins, die dauervergnügt und mit einem fröhlichen Sprung im Schritt durchs Leben geht. Nur muskulöser, weniger bieder und hoffentlich nicht ganz so nervtötend lieblich. Man sah mir beziehungsweise meinem Körper die Veränderung zwar an, aber nicht so, wie es zum Beispiel beim Bodybuilding der Fall gewesen wäre. Beim Bodybuilding geht es vornehmlich um ein größtmögliches Muskelwachstum – also um Muskeln, die man wirklich sehen soll. Dass der Bodybuilder dadurch stärker wird, ist eher eine Begleiterscheinung. Beim Kraftsport ist es für mich genau umgekehrt; der Kraftzuwachs ist das Ziel, nicht die Sichtbarkeit.

Was deinem Körper guttut, tut auch deinem Kopf gut. Mein komplettes Ich fühlte sich gut. Mein Selbstwertgefühl wuchs und damit auch mein Selbstbewusstsein. Ich wurde nicht nur körperlich, sondern auch mental stärker. Das Training schaffte Stille, Ruhe und Ordnung in meinem Kopf, ich powerte meinen Körper aus und entspannte dadurch meinen Geist. Körper und Kopf wurden eins, ich war das erste Mal seit sehr langer Zeit ganz bei mir. Ich war ruhiger, sicherer, klarer und stärkte meine Psyche. Das war – und ist – mir wichtiger als alles, was ich auf körperlicher Ebene durch den Kraftsport erreichte.

Ich merkte aber auch, dass ich süchtig wurde, dass sich Kraftsport zu einer Art Droge entwickelt hatte. Es dauerte etwas, bis ich das wirklich realisierte und mir eingestehen konnte. Heute würde ich es als den Tiefpunkt in unserer Beziehung – der Beziehung zwischen mir und dem Kraftsport – beschreiben. Ich glaube, es war dieses unglaubliche Hochgefühl, das der Kraftsport in mir auslöste, das mich abhängig machte. Gerade in der Anfangszeit, wo dieses Körpergefühl noch neu war, war ich anfällig, auch weil ich noch nie etwas Ähnliches erlebt hatte. Heute liebe ich dieses Gefühl immer noch, aber ich bin nicht mehr ganz so grün hinter den Ohren. Ich bin abgeklärter und kenne meinen Körper besser, bin nicht mehr so leicht zu beeindrucken und habe mein Verlangen deshalb besser im Griff.

Erkenntnis ist der erste Schritt. Ich schaffte es, mich aus diesem Tief herauszukämpfen, zwang mich, weniger fanatisch zu trainieren, weniger rigide mit meiner Ernährung zu sein und wieder selbst das Zepter in die Hand zu nehmen, statt es dem Kraftsport zu überlassen. Ich würde sagen, in den Monaten vor meinem Unfall hatte ich die Oberhand zurückgewonnen, ich war mit mir und dem Kraftsport im Reinen und hatte so weit die Kontrolle, dass ich das Ganze nicht mehr als Sucht bezeichnen würde – sehr wohl aber als einen festen Bestandteil meines

Lebens, den ich mir nicht mehr aus meinem Alltag wegdenken konnte oder wollte.

Im Rückblick habe ich damals viele Freunde verloren; nicht, weil wir uns zerstritten hätten. Sondern weil ich auf einmal viel weniger Zeit hatte und meine Freundschaften vernachlässigte. Zum einen, weil ich dauernd im Fitnessstudio war. Zum anderen aber auch, weil mich viele Freunde nicht verstehen konnten. Sie konnten es nicht in den Kopf kriegen, dass der Kraftsport so wichtig für mich geworden war, mehr oder weniger dem Nichts heraus. Ich kann sie verstehen. Wenn jemand eine Leidenschaft entwickelt, die man selbst nicht teilt, dann ist es schwierig zu akzeptieren, dass man plötzlich hinter dieser Leidenschaft zurückstehen soll. Es gibt Menschen, die nicht verstehen, dass andere Briefmarken sammeln. Dass sie Vögel beobachten, Fische fangen, gern backen, töpfern oder Schach spielen, dass sie malen und zeichnen, Theater spielen, stricken oder Modelleisenbahn-Landschaften bauen. Oder eben Kraftsport betreiben. Mit der Sportleidenschaft ist es sogar doppelt schwierig, denn fast jede und jeder treibt irgendeine Art von Sport. Die einen gehen schwimmen, die anderen joggen, spielen Volleyball oder Fußball, machen Yoga, fahren Rennrad oder laufen Marathon, gehen klettern, trainieren Karate oder spielen Tennis. Die meisten tun es mit einer gewissen Regelmäßigkeit, aber nicht alle mit brennender Leidenschaft. Wenn du aber diejenige bist, die von der Leidenschaft wie vom Blitz getroffen wird, dann genügt es dir nicht, deiner Leidenschaft einmal in der Woche nachzugehen. Du willst und brauchst mehr. Zudem wirst du am Anfang, wenn deine Leidenschaft noch frisch ist, vollkommen davon aufgefressen. Dann kannst du keine halben Sachen machen. Ich habe früher oft versucht, das zu erklären: Der Kraftsport war mein Baby. Er hatte Auswirkungen auf jeden Teil meines Lebens, hat alles in meinem Leben verändert. Er hat *mich* verändert. Wenn man diesen

Sport so exzessiv betreibt, wie ich es damals tat, dann ist das eine Lebenseinstellung. Es ging viel Zeit dafür drauf, mein kompletter Lebensstil veränderte sich. Ich plante mein Leben um den Sport herum.

Da war zum Beispiel meine Ernährung. Zum Kraftsport gehört nicht nur das Training, sondern auch das, was man isst oder eben bewusst nicht isst. Ich hatte schon vorher versucht, mich ausgewogen und gesund zu ernähren, aber all das wurde jetzt noch wichtiger. Essen begann eine zentrale Rolle in meinem Leben zu spielen. Es ging zum einen darum, welche Kalorien ich wann zu mir nahm, und zum anderen um eine ausreichende Zufuhr von Proteinen und Kohlenhydraten. Deine Muskulatur braucht nämlich beides, um volle Arbeit leisten zu können und diese Leistung langfristig zu steigern.

Ich trank also Proteinshakes, ernährte mich eiweißreich und kohlenhydrathaltig, nutzte Sportnahrung und Nahrungsergänzungsmittel. Trotzdem war es nicht so, dass ich alles »normale« Essen eingestellt hätte. Ich achtete nur mehr darauf, was genau ich aß und wann ich es aß. Ein empörtes »Wie, du hast schon gegessen?« hörte ich mehr als einmal. Wenn ich mich mit Freunden traf, konnten sie nicht verstehen, dass ich dann nicht einfach noch einmal aß, wenn sie aßen. Wenn ich daraufhin erklärte, dass ich feste Essenszeiten hatte, weil ich mich grundsätzlich nach dem Sport mit Kalorien eindeckte und dann nicht zwei Stunden später schon wieder großen Hunger verspürte, und dass mir eine Reiswaffel mit Frischkäse genügte, erntete ich dumme Sprüche, verständnislose Blicke und manchmal auch Missmut. Als wenn ich den gemeinsamen Abend kaputtmachte, nur weil ich auf die Pizza verzichtete oder mir keinen Burger bestellte. Die anderen fanden, ich schränkte mich ein. Wenn andere das von dir denken, versuchen sie oft, dich zu retten. Dich vor dir selbst und den Einschränkungen, mit denen du dir vermeintlich das Leben schwer machst, zu bewahren. Ich empfand meine neuen Ernährungsgewohnheiten aber gar nicht als Einschränkung, dafür aber die ständigen Diskussionen als Einmischung. Ich wollte mich nicht verteidigen; ich merkte, wie gut es meinem Körper ging, wie perfekt alles – Training und Ernährung – ineinandergriff. Ich schränkte mich nicht ein, im Gegenteil, ich gab meinem Körper genau das, was er brauchte. Ich nahm mir nichts weg, sondern gab mir ganz viel. Wer schon einmal seine Ernährung umgestellt hat, kann das wahrscheinlich verstehen. Andere nicht unbedingt. Hätte ich mich aus einem anderen Grund mit einem Schlag anders ernährt, wäre es vielleicht einfacher zu akzeptieren gewesen. Oh, du bist allergisch gegen Gluten? Das ist natürlich etwas anderes. Du musst mit dem, was du isst, vorsichtig sein wegen deiner Neurodermitis? Klar, das verstehen wir. Aber wenn du das Ganze freiwillig machst und dann auch noch für einen Sport, von dem viele keine Ahnung haben? Dann wird es schon schwieriger. Insofern verstehe ich meine Freunde, aber ich verstehe auch mich selbst. Verstehe, warum ich Freundschaften zurückstellte oder einschlafen ließ.

Auch heute noch verlangen mein Körper und mein Kopf nach Training. Zu dem Zeitpunkt, als der Unfall geschah, war ich jedoch viel stärker involviert. Ich trainierte sozusagen täglich, an manchen Tagen ging ich sogar zweimal ins Studio. Als ich nach dem Unfall auf der Intensivstation aufwachte, spürte ich, wie bereits erwähnt, den Muskelkater vom letzten Training noch in den Oberschenkeln, dem Rest meiner Beine, der mir geblieben war. Und als die Ärzte mir von dem Verlust meiner Beine berichteten, war es eine meiner ersten und größten Ängste, keinen Kraftsport mehr machen zu können. Selbst im Krankenhaus, als eigentlich nichts mehr ging, so ganz ohne Beine und mit medikamentös zugedröhntem Hirn, hat mir der Sport Fokus gegeben. Es war das Bedürfnis, Sport zu machen und meinem Körper etwas Gutes zu tun, was mich flott wieder auf die – sinnbildlichen – Beine brachte. Natürlich war da das Video von Tim, das mir Mut gemacht hat. Und auch mein eigener Optimismus, meine grundsätzliche Das-Glas-ist-nicht-halb-sondern-übervoll-Haltung zum Leben haben mich aus dem Krankenbett gejagt. Ich hatte schließlich schon nach ein paar Tagen im Krankenhaus beschlossen, mein neues, beinloses Leben mit offenen Armen anzunehmen. Wenn man jedoch bedenkt, dass ich am 5. November meine Beine verlor, am nächsten Tag das erste Mal auf der Intensivstation aufwachte und am 12. November trotzdem ein erstes kleines Training absolvierte, dann hat der Kraftsport einen riesengroßen Anteil an meinem Auf-die-Beine-Kommen und an meiner Steh-auf-Mensch-Einstellung.

Natürlich gab es Rückschläge. Ich musste länger im Krankenhaus bleiben als erwartet, ich musste öfter operiert werden als gedacht, aber insgesamt lief es rund. Deshalb saß ich also sieben Tage nach meiner Einlieferung auf dem Rand meines Krankenbettes und trainierte meine Arme und den Rücken mit einem Theraband. Das ist ein elastisches Latexband, wie ein überdimensionales, aber steiferes, widerborstigeres Gummiband, das man mit den Armen, Beinen oder anderen Körperteilen dehnt, um die Muskeln zu trainieren. Das Theraband, mit dem ich an diesem Morgen im Krankenhaus trainierte, war grün. Grün ist die Farbe der Hoffnung. Ich fand, das passte. Noch mal fünf Tage später war ich auf den Rollstuhl umgestiegen; ich war also mit einem Mal wieder einigermaßen mobil, mein Bewegungsradius war aber natürlich auf das Krankenhausgebäude begrenzt. Und ich hatte die Erlaubnis meiner Ärzte bekommen, im krankenhauseigenen Fitnessraum zu trainieren, zwar nur die Arme, aber immerhin. Also rollte ich in den Aufzug, runter in den Fitnessraum und vor das erste Gerät. Das Gefühl, wieder Sport machen zu können, war unbeschreiblich. Nicht nur, weil mein Körper und Geist regelmäßige Besuche im Fitnessstudio gewohnt waren und heftigst nach einer Trainingseinheit verlangten. Sondern auch, weil dieses erste, kleine, harmlose Training für mich ein großer Schritt in die Zukunft war. Ich fühlte mich wie Neil Armstrong, als er auf dem Mond landete und seinen berühmten Spruch losließ. Ein kleines Heranrollen für meinen Rollstuhl, aber ein großer Sprung für mich.

Meine Muskeln aufzubauen war viel Arbeit gewesen, und es bestand trotz der Trainingseinheiten im Fitnessraum des Krankenhauses keine Chance, meinen muskulären Status quo zu halten. So viel konnte und durfte ich nach dem Unfall nicht trainieren. Also versuchte ich wenigstens, an Muskeln zu retten, was zu retten war. Ich würde sie brauchen, wenn ich mich einigermaßen dynamisch mit meinem Rollstuhl bewegen und später, wenn ich Prothesen bekäme, wieder gehen lernen wollte. Ich trank Proteinshakes in rauen Mengen und schaufelte Eiweiß in mich hinein – neben jeder Menge Wohlfühlessen, denn auch das war nötig. Weniger für meine Muskeln, mehr für meine Seele. Selbst wenn man grundsätzlich eher ein Think-pink-Denker und außerdem sicher ist, am Ende des Regenbogens auf eine Schüssel mit Gold zu stoßen, können zwei Monate im Krankenhaus und ein unbekanntes neues Leben, das auf dich wartet, schon mal eine Überdosis Schokocreme und Co. nötig machen. Was meinem Körper aber nicht geschadet hat: Hätte ich abgenommen, wären auch meine Muskeln geschwunden.

Als ich das Krankenhaus endlich verlassen durfte, war an die Art Training, die ich von früher gewohnt war, trotzdem nicht zu denken. Mein Körper war müde, musste sich an seine neue, beinlose Form gewöhnen, ich kämpfte mit Phantomschmerzen, nahm noch immer starke Medikamente und war außerdem mit meinen Physiotherapieterminen beschäftigt. Selbst als ich irgendwann so weit war, wieder ins Fitnessstudio zu gehen, hielt ich es einfach, stellte keine großen Anforderungen an mich und meinen Körper. Zwar steigerte ich mich von Mal zu Mal, Stück für Stück, aber ich trainierte nicht mehr so oft und auch nicht so intensiv wie früher. Außerdem machte mir – wie allen anderen auch – Corona irgendwann einen extradicken Strich durch die Rechnung. Was mich erstaunlicherweise enorm motivierte. Als die Fitnessstudios wieder öffnen durften, fühlte ich mich stark und energiegeladen. Ich hatte mich inzwischen von meinem Doppel-Ex getrennt, schlug ein neues Kapitel in meinem neuen Leben auf, und der Kraftsport sollte darin wieder mehr Platz einnehmen. Seitdem arbeite ich daran, eine gute Mischung aus einem Trainingspensum wie früher und dem zu finden, was mir heute guttut. Ich steigere mich langsam, aber stetig. Nicht zuletzt ist das heute auch Teil meines Jobs: Der Kraftsport hat mir einige meiner wichtigsten Kooperationen verschafft. Während ich früher allein trainiert habe, freue ich mich heute, meine Follower auf Social Media zum Training mitzunehmen. Und ich bin stolz darauf, zu zeigen, dass eine Behinderung das Leben nicht verhindert, sondern einfach nur anders macht und, wenn man sich darauf einlässt, sogar bereichert.

Ganz abgesehen davon habe ich dem Kraftsport, wie schon gesagt, etwas nicht ganz Unwesentliches zu verdanken: mein Leben. Wären mein Herz-Kreislauf-System, meine Muskeln und auch mein Gehirn nicht auf maximale Belastung und Ausdauer getrimmt gewesen, hätte ich an der Unfallstelle und vielleicht auch im Krankenwagen nicht so lange durchgehalten, wie es nötig war, damit man mich im Krankenhaus retten konnte. Ich lebe, habe zu mir selbst gefunden, mache meinen Traumjob und habe einen Hintern, mit dem ich sehr zufrieden bin. Kein Wunder, dass ich diesen Sport göttlich finde, oder?

KAPITEL 12

LÜCKEN

Mir fehlt da ein Paar Beine. Und ein Zahn. Wer etwas genauer hinschaut, sieht auch die Narbe, die sich von meinem Mundwinkel in die Wange reinzieht. Da hatte ich nach dem Unfall die besagte dicke Lücke; die Seite ist aufgerissen worden, als ich mit dem Gesicht in die Windschutzscheibe des italienischen Krankentransporters geknallt bin. Dafür ist es schön geworden, oder? Ich bin auf jeden Fall zufrieden, und ich merke auch nichts mehr. Und überhaupt: *Everything happens for a reason.* Ich glaube an Schicksal, sonst hätte ich mir nicht genau diesen Spruch schon vor Jahren stechen lassen. Wer das Tattoo noch nicht gesehen hat: Guckt mal auf meiner linken Seite, zwischen Taille und Rippen.

Auch der Unfall war Schicksal. Mein Schicksal. So gesehen hat das Schicksal mir also ein paar Lücken hinterlassen. Die Lücke im Gesicht ist erledigt, wegoperiert, kaum noch zu sehen. Dann wäre da noch meine Zahnlücke. Am Anfang habe ich stolz und öffentlich verkündet, dass ich sie behalten werde. Als Erinnerung an den Unfall, der mein Leben veränderte. Ein Mahnmal in meinem Mund. Auch ein wenig als Zeichen des

Trotzes: Das bin ich jetzt, nachdem ich mich wieder aufgerappelt habe. Mich kriegt ihr nicht unter. Doch dann kamen die blöden Kommentare, live und auf Social Media. Das schwarze Loch sehe doch voll hässlich aus. Ich sei doch sonst so hübsch, warum würde ich mich selbst entstellen. Und so weiter, und so fort. Was allerdings das Allerdümmste an diesen Kommentaren war: Ich ließ mich von ihnen verunsichern. Und das sogar so weit, dass ich hin und wieder Bilder von mir bearbeitete und mir den fehlenden Zahn reinretuschierte. Heute weiß ich es zum Glück besser: Ich bin schön so, wie ich bin. Ihr seid schön so, wie ihr seid. Jede und jeder von uns ist schön so, wie sie oder er ist. Schon klar, das ist eine der banalsten Erkenntnisse, die man haben kann. Aber es geht auch gar nicht darum, das mit dem Wir-alle-sind-schön-so-wie-wir-sind in der Theorie zu wissen. Man muss auch praktisch davon überzeugt sein. Man muss es *glauben*. Man muss sich gut in und mit dem eigenen Körper fühlen, um mit einem fehlenden Zahn trotzdem breit in die Kamera lächeln zu können.

Was bei mir der Zahn ist, sind bei anderen Menschen andere Teile ihres Ichs, mit denen sie vielleicht hadern. Da wären natürlich die Klassiker wie Po, Bauch, Beine, Arme. Oder man hat etwas an der eigenen Nase, den Haaren oder den Augen auszusetzen. Und, und, und. Bitte vergesst es! Ja, ich habe auch mit dem Sport angefangen, weil ich mich damals zu dick und unbeweglich fühlte. Das war aber nicht, weil ich Sorge hatte, dass ich *anderen* nicht gefiel. Sondern weil ich in der Abizeit viel saß und lernte und sich mein Körper dadurch tatsächlich verändert hatte – in eine Richtung, die mir nicht gefiel und die mir auch nicht guttat. Also unternahm ich mit dem Sport etwas dagegen. Ich finde, das ist etwas anderes, als sich einen nicht vorhandenen Zahn in den Mund zu retuschieren, weil man sich von irgendeinem Deppen auf Social Media einreden lässt, man sei sonst nicht gut genug.

Wer jetzt denkt, ich sei zum Beispiel auch gegen Schönheitsoperationen, der täuscht sich. Ich bin weder dafür noch dagegen. Ich finde einfach, wenn sich jemand *mit sich selbst* nicht wohlfühlt, dann soll sie oder er den richtigen Weg für sich finden, um das zu ändern. Solange man es *für sich* tut. Sich den Busen vergrößern zu lassen, weil sich der Partner mehr in der Hand wünscht, finde ich Mist. Sich den Busen vergrößern zu lassen, weil man BHs und Klamotten endlich ausfüllen möchte, finde ich in Ordnung. Unsere Zeit ist zu kurz und unser Leben zu kostbar, um sich in der eigenen Haut nicht wohlzufühlen.

Meine Zahnlücke, die ich zuletzt wieder mit Stolz gezeigt hatte, ist inzwischen trotzdem gefüllt. Durch den fehlenden Zahn hätte sich nämlich mein gesamtes Gebiss verschieben können. Die benachbarten Zähne hätten angefangen, sich in die Lücke hineinzubewegen, und wären Gefahr gelaufen, regelrecht umzukippen. Dadurch wäre der Kiefer falsch belastet worden, was auf Dauer den gesamten Knochen in Mitleidenschaft ziehen kann. Das wollte ich natürlich nicht. Wenn ich nun also wieder mit Zahn und ohne Lücke lächele, dann nicht, weil ich meine Prinzipien über Bord geworfen habe. Sondern weil ich sonst irgendwann womöglich noch weitere Zähne verloren hätte, und das wäre weder für die Gesundheit meines Kiefers noch für das problemlose Kauen und Essen noch für meinen Wohlfühlfaktor gut gewesen.

Meine auffälligsten Lücken sind natürlich meine Beine. Beziehungsweise die Lücken, die sie hinterlassen haben. Anfangs hatte ich nur den Rollstuhl, um diese Lücken zu füllen. Nicht die tatsächlich unterhalb meiner Oberschenkel entstandenen Lücken, sondern eher eine Lücke im Leben: nämlich die Tatsache, dass ich mich ohne Beine und Füße plötzlich nicht mehr frei fortbewegen konnte. Und das, obwohl ich ja fühlte, dass eigentlich alles noch da war, dass es sogar wehtat oder – wenn ich Glück hatte – nur kribbelte. Ein solcher Phantomschmerz in Körperteilen, die man verloren hat oder die amputiert wurden, ist eine so verrückte wie gewöhnliche Sache. »Gewöhnlich« im Sinne von »Dass man Phantomschmerzen hat, ist ganz normal«. Und »verrückt«, weil es ein vollkommen irres Gefühl ist, wenn man seine Beine spürt, obwohl man hundertprozentig weiß, dass sie nicht da sind. Stellt euch vor, ihr sitzt im Krankenhausbett und schaut auf die Stelle, wo eure Knie, Unterschenkel und Füße sein müssten. Obwohl auf dem Laken definitiv gähnende Leere herrscht, fühlt ihr trotzdem, dass da etwas ist. Anfangs durfte nie etwas dort liegen, wo theoretisch meine Füße gewesen wären. Ich konnte es nicht abhaben, wenn jemand an dieser Stelle etwas auf meiner Decke oder in meinem Bett ablegte. Natürlich war der Platz frei, aber es war der Platz meiner Füße! Wenn dort etwas lag, nahm es meinen Füßen den Platz weg, und das machte mich wahnsinnig. Heute stört mich das nicht mehr, aber damals sagte ich meinen Besuchern öfter, dass sie dieses oder jenes wegnehmen sollten.

Abgesehen davon, dass der Phantomschmerz ein wirklicher Schmerz ist, furchtbar wehtun und außerdem Dinge wie Schlafstörungen und Depressionen nach sich ziehen kann, hadert und zweifelt man zusätzlich an sich selbst. Erstens, weil man Angst hat, dass diese Gefühle und Schmerzen bleiben. Man kann nie wissen, ob sie jemals verschwinden. Zweitens, weil man sich leicht verrückt, enorm machtlos und völlig ausgeliefert fühlt. Wenn man noch alle Körperteile hat und einen ganz normalen Krampf in der Wade bekommt, dann tut das weh, aber man kann etwas dagegen unternehmen, indem man das Bein entsprechend dehnt und die Wade massiert. Bei einer Wade, die nicht mehr da ist, gestaltet sich das schon schwieriger. Dieses Gefühl, dass etwas in deinem Kopf nicht stimmt und du dir diese Schmerzen im Grunde selbst zufügst, ist furchtbar. Natürlich fügst du sie dir nicht bewusst und willentlich selbst zu, und du bist auch nicht am Durchdrehen. Es ist bloß so, dass das Nervensystem deines Gehirns durch den Verlust oder die Amputation eines Körperteils »verwirrt« wird. In unserem Gehirn gibt es nämlich eine Art Landkarte, auf der jeder Teil des Körpers abgebildet ist. Von dort werden alle Teile kontrolliert, dort werden Empfindungen aus dem jeweiligen Körperteil wahrgenommen und weiterverarbeitet. Einfach gesagt: Stößt du dir den Zeh, wird das von dem Zehareal auf deiner Gehirnlandkarte bemerkt, und dein Gehirn kann entsprechend reagieren. Wird ein Körperteil wie zum Beispiel ein Bein amputiert, bleibt es trotzdem auf der Landkarte vertreten – nur dass das Gehirn keine Signale mehr für das fehlende Körperteil erhält und sich deshalb umorganisiert. »Umorganisiert« heißt: Die Nachbarregionen machen sich in dem verwaisten Areal breit. Das Problem ist nur, dass dadurch Empfindungen aus den Nachbarregionen auf das fehlende Körperteil projiziert werden, was natürlich Verwirrung stiftet. Mangels Körperteil werden die Signale auch noch falsch verarbeitet. Und schon hat man den Phantomschmerz an der Backe. Oder besser gesagt: am Bein.

Ich habe außerdem immer mal wieder ein Phantom*gefühl*. Damit meine ich nicht ein Gefühl in meinen nicht mehr vorhandenen Beinen. Sondern ich fühle, was ich an der Unfallstelle auf der Autobahn gefühlt haben muss. Ich fühle keine Schmerzen (die ich an der Unfallstelle garantiert hatte), aber um mich herum ist es plötzlich furchtbar nass und kalt, sodass es mich schüttelt. Dieses Phantomgefühl überfällt mich ganz plötzlich, ohne dass es erkennbar von irgendetwas ausgelöst wird. Allerdings taucht es nur auf, wenn ich mich schlecht fühle, wenn ich emotional nicht gut drauf bin. Das Bizarre ist ja, dass ich keine bewussten Erinnerungen an die Situation an der Unfallstelle habe. Die hat mein Bewusstsein freundlicherweise alle in Schubladen gepackt und die Schlüssel weggeworfen. Ich nehme an, dass mein Phantomgefühl eine dieser Erinnerungen ist, die ab und zu aus einer der Schubladen hervorlugt. Oder die sich in meinem Unterbewusstsein festgeklammert hat und immer dann an die Oberfläche treibt, wenn mein inneres Abwehrsystem gerade nicht aufpasst. Übrigens habe ich nichts davon willentlich auf den Weg gebracht, weder die Schubladen noch das Abwehrsystem; ich hatte und habe nie das Gefühl, das zu brauchen, musste nie etwas abschütteln, weil mich nichts verfolgte. Ich habe zwar keine eigenen Erinnerungen, aber ich kenne viele Details rund um den Unfall aus Gesprächen oder den Akten. Trotzdem beschäftigt mich das Geschehene nicht. Bis auf ein Mal, als ich wegen etwas anderem ins Krankenhaus musste und mir entsetzliche Sorgen machte, und mit Ausnahme des selten auftretenden Phantomgefühls gibt es keine Auslöser oder Ängste, keine Albträume oder Erinnerungsfetzen, die mir das Leben schwer machen. Das habe ich wahrscheinlich meiner Einstellung zu verdanken. Ich frage nie »Was wäre, wenn?« oder »Warum ich?«. Wenn ich nicht ändern kann, was nicht mehr zu ändern ist, dann nehme ich es an. *Everything happens for a reason.*

Mit dem Rollstuhl kam ich schnell klar. Als er neun Tage nach dem Unfall das erste Mal in mein Krankenzimmer gerollt wurde, sollte ich eigentlich nur üben, hinein- und hinauszukommen. Es klappte viel besser als erwartet, und ich genoss das Gefühl, wieder mehr Herrin der Lage zu sein, selbst zu bestimmen, wann ich mich wie wohin bewegte. Beim ersten Mal durfte ich eine Stunde im Rollstuhl sitzen bleiben. Danach war ich erschöpft, aber glücklich.

Auf die Prothesen musste ich länger warten, denn dafür mussten meine Stümpfe erst komplett verheilt sein. Ich erwähnte schon, dass ich nicht besonders geduldig bin? Gott, ich sehnte mich nach Prothesen. Ich wollte wieder laufen können, aber vor allem wollte ich wieder auf Augenhöhe mit meinen Mitmenschen sein. Ich hasste es, wenn ich im Rollstuhl saß, und andere schauten auf mich herunter. Meistens lag nämlich

Mitleid im Blick der anderen, und dieses Mitleid mochte und brauchte ich nicht. Heute trage ich längst Prothesen und entgehe so dem Runtergucken, aber ehrlich gesagt: Inzwischen stehe ich sowieso darüber.

Der Unfall war Anfang November passiert, und irgendwer hatte mir leichtsinnig vorausgesagt, dass ich schon Weihnachten in Prothesen stehen würde. Das war definitiv nicht so. Meine Wunden wollten sich einfach nicht schließen, sodass ich mich, nachdem ich schon eine Weile aus dem Krankenhaus entlassen war, schließlich in einem Wundheilzentrum habe beraten lassen. Im Rückblick war das nicht die beste Idee (dass ich weiterhin rauchte, war ebenfalls kontraproduktiv, aber zum Glück habe ich diesbezüglich wenig später den Absprung geschafft). Das Konzept des Wundheilzentrums sah nämlich vor, dass ein ambulanter Pflegedienst meine Wunden regelmäßig ausspülen und tamponieren sollte. Tamponieren bedeutet, ein Stück Verbandstoff wird in die Wunde eingeführt – gestopft, könnte man auch sagen – und die Öffnung dadurch verschlossen. Duschen war in dieser Zeit eigentlich nicht angesagt. Da ich aber schon wieder ins Fitnessstudio ging, war das Nichtduschen absolut keine Option für mich. Also packte ich meine Stümpfe wasserfest in Tüten ein und duschte trotzdem. Das Spülen und Tamponieren setzten wir eine Weile fort, ohne dass es von Erfolg gekrönt gewesen wäre. Im Gegenteil: Eines Tages schwoll mein einer Stumpf gefährlich an, schmerzte stark und mir war furchtbar übel. Also ab in die Notaufnahme des nächstgelegenen Krankenhauses. Und das war mein Glück. Hier wurde ich nämlich von einem Arzt behandelt, der das aussprach, was ich schon eine Weile gedacht hatte: »Lass die Beine in Ruhe«, sagte er. Nicht wortwörtlich, aber im übertragenen Sinne. Durch das Ausspülen wurden nicht nur schlechte Bakterien aus der Wunde gespült, sondern auch gute, was dem Heilungsprozess gar nicht guttat. Es bestand sogar die Gefahr, dass zusätzlich schlechte Bakterien *hinein*gespült wurden. Außerdem saß die Tamponade viel zu fest und zu tief in der Wunde, sodass die Wundflüssigkeit nicht so ablaufen konnte, wie sie es eigentlich sollte. Stattdessen hatte sich das Wundwasser in meinem Stumpf aufgestaut, die Bakterien hatten frohlockt und mein Bein hatte sich in der Folge entzündet. Ab da änderte ich die Wundversorgung, der Pflegedienst wurde abbestellt und meine Stümpfe bekamen eine Pause. Ich achtete lediglich darauf, dass keine Bakterien eindringen konnten. Was soll ich sagen? Innerhalb von ein, zwei Wochen hatten sich die äußerlichen Wunden geschlossen. Falls sich durch nicht sichtbare unverheilte Stellen im Beininneren »Taschen« bildeten, könne man das Problem später angehen, hatte der Arzt in der Notaufnahme gesagt – falls sich überhaupt ein Problem daraus entwickeln sollte. Vor allem betonte er, das Ganze seien keine Wunden, sondern ein Heilungsprozess, der noch nicht vollständig abgeschlossen war. »Also ab in die Prothesen, fang mit den Vorbereitungen an!«, gab er mir mit auf den Weg.

Das tat ich. Ich vereinbarte sofort meinen ersten Termin bei einem Prothesentechniker in Köln. Es dauerte dann noch zwei Wochen, bis alles ausgemessen, angepasst und angefertigt war. Aber dann war es so weit. Ich hatte mich für robuste, wasserfeste Prothesen aus Titan und Edelstahl entschieden, mit denen ich Sport machen konnte. Der Anbieter verspricht »ein noch aktiveres Leben«, und sogar toben und draußen spielen mit den Kindern soll möglich sein, wenn man Kinder hat (oder wenn man anderweitig toben und draußen spielen will). Meine Prothesen werden von einem Mikroprozessor gesteuert. Die eingebauten Sensoren merken, wie und wo ich unterwegs bin, in welchem Tempo ich mich bewege und wie der Untergrund beschaffen ist. Dadurch kann der Prozessor entsprechend reagieren und die Prothesen steuern. Ganz viel hängt auch an den Kniegelenken, mit denen die Prothesen ausgestattet sind. Am

Anfang startete ich mit Gelenken, die nicht ganz so viel konnten. Die aber sicherer waren, wenn man das Laufen neu lernte. Ich habe sie immer meine Alte-Oma-Gelenke genannt, denn sie waren eben nicht furchtbar dynamisch. Wenn man diese Gelenke im Griff hat, also sicher damit läuft, kann man auf die nächsten, dynamischeren Gelenke umsteigen. Ab ins nächste Level. Es ist ein Lern- und Entwicklungsprozess, bis man die Gelenke hat, die man haben will und die man beherrscht. Mein Ziel waren von Anfang an die wirklich genialen Gelenke, die ich heute habe – darauf habe ich ganz bewusst und mit sehr viel Schweiß und Herzblut hingearbeitet. Solange man gesunde Beine aus Fleisch und Blut hat, braucht man an vieles keinen Gedanken zu verschwenden, aber nicht jede Prothese mit jedem Gelenk kann Treppen im Wechselschritt steigen, rückwärts gehen oder Schrägen überwinden. Oder auf abschüssigen Flächen sicher stehen. Die Prothesen, die ich heute trage, können es. Wenn ich wollte, könnte ich sogar verschiedene Einstellungen für unterschiedliche Aktivitäten vorkonfigurieren. Dann müsste ich via App auf meinem Handy nur noch anwählen »Fahrradfahrmodus« oder »Beim Physiotherapeuten« oder was auch immer ich an Voreinstellungen gespeichert hätte, und die Prothesen würden die Bewegung entsprechend ausführen.

Das alles ist schon ziemlich cool, oder? Insofern ist es auch nicht verwunderlich, dass meine Beine ihren Preis haben: Rund siebzigtausend Euro kostet eine Prothese, einhundertvierzigtausend Euro also beide zusammen. Dann braucht man jedes halbe Jahr neue Liner, die jeweils ein paar Hundert Euro kosten. Und alle paar Monate werden neue Schäfte fällig – das sind die »Trichter« oben an den Prothesen, in denen meine Stümpfe sitzen. Weil es Maßanfertigungen sind, fallen dafür ein- bis zweitausend Euro an. Man braucht vor allem in der Anfangszeit öfter neue Schäfte, weil sich die Stümpfe noch verändern. Mit den Jahren wird sich das jedoch einpendeln, dann haben die

Stümpfe ihre Form gefunden. Um Schäfte anzufertigen, müssen zunächst Gipsabdrücke meiner Stümpfe gemacht werden. Auf dieser Basis werden dann erst einmal Interimsschäfte aus Kunststoff hergestellt. Es wird fleißig gemessen und gefeilt, bis die Interimsschäfte perfekt sitzen. Erst dann werden – mit den Interimsschäften als Vorlage – die eigentlichen Carbonschäfte angefertigt. In diesem letzten Schritt kann man sich auch ein individuelles Design für seine Schäfte aussuchen. Die einen wünschen sich ihre Schäfte zum Beispiel in Grün oder Lila, andere entscheiden sich vielleicht für Glitzer. Es ist unheimlich viel möglich.

Ich war – und bin – mir bewusst, dass meine Prothesen eine Riesensache sind. Nicht allein wegen der wahnsinnigen Technologie, die darinsteckt, oder wegen des Preises. Nein, auch weil ich mit den Prothesen neue Beine bekam. Zweites Leben, zweites Paar Beine. Das ist keine Selbstverständlichkeit. Natürlich können meine neuen Beine nicht all das, was meine alten Beine konnten. In meiner zweiten eigenen Wohnung – die erste, in der ich nach meinem Unfall allein lebte – hatte ich einen Eckschrank in der Küche. Wenn mir da etwas hinunterfiel, konnte ich mich nicht einfach hinknien, halb in den Schrank hineinkriechen und das wieder rausholen. Nein, ich musste meine Freunde bitten, das für mich zu tun, wenn sie zu Besuch kamen. Ich kann mich auch nicht mal eben bücken, um etwas aufzuheben oder mir die Schuhe zuzubinden. Aber alles in allem können meine Prothesen richtig viel und ermöglichen es mir, ein ganz anderes Leben zu leben, als es »nur« mit Rollstuhl möglich wäre. Finde ich. Trotzdem bin ich auch im Rollstuhl gern unterwegs. Wenn ich mit Charly und Loki rausgehe, kann ich sie im Rollstuhl zum Beispiel sich richtig auspowern lassen, weil ich da besser Schritt halten kann. In diesen Fällen ist das Rollstuhlfahren für mich sogar ein echtes Muskeltraining. Wenn ich aber in der Wohnung den ganzen Tag im Rollstuhl sitze und nicht in die Prothesen wechsele, fühle ich mich etwas »fauler«, weniger gefordert und weniger produktiv. Aber ich denke, das ist ein subjektives Empfinden.

In der Nacht, bevor ich meine Prothesen bekam, konnte ich vor Aufregung nicht schlafen. Ich kann mit den Prothesen, für die ich mich entschieden habe, nicht alle Schuhe tragen, hohe Absätze gehen zum Beispiel gar nicht. Aber das ist mir egal, denn dafür haben meine Prothesen ja mit die besten Kniegelenke, die man bekommen kann. Und ich trage sowieso am liebsten sportliche Schuhe, die passen zu allem und sind trittsicher. Für den großen Tag hatte ich mir neue Schuhe gegönnt. Neue Beine, neue Füße, neue Schuhe. Es waren schwarz-weiße Sportschuhe in Größe 39. Ich habe meine ursprüngliche Schuhgröße behalten, auch wenn ich bei den Prothesen eine andere Größe hätte wählen können. Größe 39 ist gut, finde ich. Es gibt fast alle Schuhmodelle in 39, weil es eine Größe ist, die viele tragen. Ich freute mich wie wahnsinnig darauf, wieder laufen zu können. Und ich freute mich, es bewusst zu lernen. Das sah und sehe ich tatsächlich als Geschenk: Wenn wir als Kleinkinder laufen lernen, dann geschieht alles intuitiv. Von der Evolution gesteuert. Alle Kinder durchlaufen ungefähr dieselben Stadien – vom Rücken auf den Bauch rollen, auf Knie und Arme stützen, krabbeln und sich schließlich auf zwei Beine aufrichten – ungefähr zum gleichen Zeitpunkt, im gleichen Alter. Das ist vorprogrammiert, und ich würde sagen, die allerwenigsten Menschen haben eine konkrete Erinnerung daran, wie und wann sie diese Fortbewegungsmöglichkeiten erlernt haben.

Ich hingegen durfte das Gehen nun noch einmal lernen – sehr bewusst und sehr intensiv. Es war irre. Toll und schwierig und leicht und wunderbar. Außerdem war ich plötzlich wieder groß! Im Grunde fühlten sich die Prothesen wie neue Schuhe an. Schuhe, die noch ein wenig eingelaufen werden mussten. Natürlich musste ich üben; meine Prothesentechniker ließen mich zwischen den Holmen zweier Barren in der Ebene hin und her gehen, damit ich lernte, den Prothesen zu vertrauen und auf ihnen zu stehen, sie wirklich zu belasten. An den Holmen konnte ich mich bei Bedarf festhalten. Wenn mir die »Beine« wegknickten, weil ich noch nicht die volle Kontrolle darüber hatte, fingen meine Prothesentechniker mich auf. Später tauschten sie die Holme gegen Krücken aus, sie schickten mich auf Rampen, quer durch den Raum und die Übungstreppe hinauf und hinunter. Ich musste lernen, vom Boden aufzustehen. Das alles geht nicht von heute auf morgen, das Gehtraining dauert. Und nur dass man dann irgendwann relativ sicher geht, heißt noch gar nichts. Es kann durchaus ein paar Jahre dauern, bis man wirklich fit in seinen Prothesen ist. Bevor man überhaupt mit dem Gehtraining beginnt, muss man außerdem lernen, die Prothesen richtig an- und auszuziehen. Auch so etwas wie hinsetzen (und wieder aufstehen) muss man üben. Aber all das war mir nur recht. Ich war bis in die Haarspitzen motiviert, schnellstmöglich auf meinen neuen Beinen zu stehen. Mein Wille beflügelte mich, sodass ich sehr schnell sehr erfolgreich in meinen Prothesen lief. Ich mag Herausforderungen, und das kam mir jetzt zugute. Und ganz davon abgesehen machte mir das Gehtraining großen Spaß.

Wo wir gerade von Willen, Erfolg und Spaß sprechen, muss ich einen besonderen Menschen erwähnen: Heinrich Popow. Falls ihn jemand nicht kennt: Heinrich Popow ist ehemaliger Leichtathlet und einer der weltbesten Para-Athleten. Er hat unter anderem zweimal paralympisches Gold gewonnen, einmal im Hundert-Meter-Lauf, einmal im Weitsprung, und ist mehrfacher Welt- und Europameister. Er ist außerdem ausgebildeter Orthopädietechnik-Mechaniker und seit seiner Kindheit selbst Prothesenträger. Und dann ist er auch noch Mutmacher. Regelmäßig besucht er in den Krankenhäusern Menschen, die Gliedmaßen verloren haben, und motiviert sie zum Sport, weil er aus persönlicher Erfahrung weiß, dass man mit dem Verlust von Gliedmaßen auch seine Leistungsfähigkeit einbüßt. Mit dem Sport holt man sie sich zurück. Nicht nur die Leistungsfähigkeit, sondern auch die Selbstständigkeit. Man stärkt seine Selbstliebe und erhöht die Lebensqualität. Er hat mal gesagt, dass er – dank des Sports – vor nichts mehr Angst hat. Dass seine Behinderung keine Ausrede mehr für Dinge ist, die im Alltag auf ihn zukommen.[2] Heinrich hat auch mich im Krankenhaus besucht – mit genau dieser Botschaft, aber auch mit Antworten auf alle Fragen, die ich ihm stellte. Denn das ist seine Idee: zu motivieren, Antworten zu geben und Ängste vor dem neuen Leben als Mensch mit Behinderung zu nehmen. Er hatte über die sozialen Medien von mir und meinem Unfall gehört und mich daraufhin kontaktiert. Er kam nicht nur zu mir ins Krankenhaus; er stand an dem Tag, als ich meine neuen Beine bekam, überraschend auch bei meinem Prothesentechniker im Trainingsraum: Er wollte dabei sein und mich unterstützen, als ich meine allerersten Schritte mit Prothesen machte. Ich sage mal: Überraschung gelungen!

Ich liebte es vom ersten Tag an, auf Prothesen zu stehen – oder besser: zu gehen. Das Einzige, was ich nicht machen kann, aber gern machen würde, ist Bungeejumping. Oder mich einmal im Trampolinpark austoben. Was aber nicht an den Prothesen liegt, sondern einfach daran, dass man für beides Beine aus Fleisch und Blut braucht. Würde ich mich beim Bungeejumping kopfüber von der Brücke stürzen, an den »Fußknöcheln« die Bänder, die mich halten und wieder hochschnellen lassen sollen, dann würden nur meine Prothesen wieder hochkommen. Der Rest von mir wäre aus den Schäften gerutscht und abgestürzt. So fest sitzen meine Oberschenkel nämlich nicht

2   https://www.deutschlandfunk.de/ex-parasportler-heinrich-popow-der-sport-hat-meine.1346.de.html?dram:article_id=501980; Stand: 29.10.2021

in den Prothesen, dass sie einer solchen Belastung standhalten könnten. Zumindest habe ich aber einen Ersatz für den Trampolinpark gefunden: Nachdem ich meine Prothesen anderthalb Jahre hatte, bekam ich Laufprothesen, die besonders sportliche Gelenke und Federfüße haben. Das sieht aus, als hätte man riesige Sprungfedern an, und genauso fühlt man sich auch: Als könnte man fliegen oder zumindest so leichtfüßig wie ein Känguru mit großen Sprüngen durch die Welt hüpfen. Für den Alltag sind diese Prothesen nichts, aber beim Joggen oder Sprinten lassen sie einen springen, als trüge man ein kleines Trampolin unter den Fußsohlen. Heinrich war bei meinem ersten Laufprothesen-Känguru-Hüpftest übrigens auch wieder dabei – er gibt einfach unheimlich viel und setzt sich sehr persönlich ein. Ein super Mann (oder auch: Supermann)!

Meine Prothesen sind die besten Lückenfüller, die man sich vorstellen kann. Im Grunde finde ich, mein Leben hat überhaupt keine Lücken mehr. Es ist im Gegenteil sogar viel voller, viel reicher, viel angefüllter als vor meinem Unfall. Da ist natürlich mein neuer Job, klar. Aber vor allem sind es die vielen Menschen, die seitdem in mein Leben gekommen sind und einen festen Platz darin einnehmen. Zum Beispiel meine Tante Ela. Das ist die jüngere Halbschwester meiner Mutter. Sie ist kaum älter als ich und deswegen auch weniger Tante, sondern – inzwischen – mehr Freundin. Eine supergute Freundin. In den Jahren vor dem Unfall hatten wir kaum Kontakt zu ihr, aber als ich im Krankenhaus lag, stand sie an meinem Bett. Sie kam mich mindestens einmal in der Woche besuchen. Angesichts der Tatsache, dass ich im Bundeswehrzentralkrankenhaus in Koblenz lag, war jeder Besuch mit einem ziemlichen Zeitaufwand verbunden. Nicht nur für Ela, sondern für alle, die kamen. Familie und Freunde. Alle mussten ein ordentliches Stück anreisen, um mich zu sehen. Daher habe ich mich über jeden einzelnen Besuch umso mehr gefreut. Jedes Mal, wenn Ela kam, brachte sie mir etwas mit: selbst gemachten Kartoffelsalat, mit Milch-creme gefüllte Kindersüßigkeiten aus dem Kühlregal, die ich so gern mochte, Kuchen oder Sushi. Auch nachdem ich ent-lassen worden war, war sie für mich da. Nicht indem sie mich umsorgte, sondern indem sie mir half zu leben. Ich hatte zum Beispiel schon lange vor dem Unfall ein Ticket für ein Musik-festival gekauft, das ich – wenn es nach den Ärzten gegangen wäre – überhaupt nicht hätte besuchen sollen, ich kam ja gerade erst frisch aus dem Krankenhaus. Da es aber nach mir ging, wollte ich es besuchen, bloß erstens nicht allein und zweitens nur mit morgendlicher An- und nächtlicher Abreise. An eine Übernachtung beim Festival war gar nicht zu denken. Also ging Ela mit mir hin. Ich mit Handicapticket (das wir entsprechend hatten umschreiben lassen) und Rollstuhl (Prothesen hatte ich zu diesem Zeitpunkt noch nicht), sie als meine Begleitperson. Ich konnte damals nicht selbst fahren, weil ich noch starke Medikamente nahm, mit denen ich nicht am Steuer sitzen durfte. Außerdem besaß ich noch kein behindertengerechtes Auto mit Automatikgetriebe und Handgas. Stattdessen chauf-fierte uns Ela mit »meinem« Auto (das inzwischen ihr gehörte, nachdem sie es mir schon im Krankenhaus abgekauft hatte) zum Festival und wieder zurück, drei Tage lang. Ich bin so froh, dass wir diese verrückte Festivalidee durchgezogen haben, weil diese drei Tage Ela und mich zusammenschweißten. Und weil Corona danach erst einmal Schluss mit lustig machte.

Ich habe schon erwähnt, dass ich nach dem Unfall keine Angst vor dem Autofahren entwickelt habe. Trotzdem ist es für mich ein Vertrauensbeweis, wenn ich mich zu anderen ins Auto setze. Ihnen mein Leben anvertraue. Das hat nichts mit dem Unfall zu tun und ist auch kein Trauma oder Ähnliches, denn so habe ich schon immer gedacht: Ich möchte die Person, mit der ich fahre, kennen. Ich möchte wissen, wie sie Auto fährt und ob sie verantwortungsbewusst ist. Es gibt Menschen, die furchtbar lieb sind, aber genauso furchtbar Auto fahren. Deshalb bin ich einfach ein wenig vorsichtig. Von Dario weiß ich zum Beispiel, dass er ein sehr guter und sicherer Autofahrer ist. Bei ihm steige ich auch heute jederzeit ohne Bedenken ein, obwohl er ja am Steuer saß, als der Unfall geschah. Das macht mir kein bisschen aus. Im Gegenteil, ich kann sehr entspannt damit umgehen – so entspannt, dass ich sogar Witze darüber mache. Wenn ich mit Alina – meiner Freundin und Darios Schwester – am Wochenende feiern gehe, fährt Dario uns oft dorthin, wo wir hinwollen. Dann sagen wir beim Einsteigen immer: »Aber bau bitte keinen Unfall«, und wir müssen alle drei lachen. Auch wenn Dario so tut, als würden wir ihn nerven.

Auch bei Ela hatte ich von Anfang an keine Angst. Und bei noch jemandem, der nach dem oder, besser, durch den Unfall in mein Leben gekommen ist, fühlte ich mich sofort sicher: bei Gianna, mit der ich anfangs lieber nichts zu tun haben wollte und die heute meine allerallerbeste Freundin ist. Während der drei Tage, die ich mit Ela auf dem Festival war, merkte ich, dass mir meine Medikamente arg zusetzten, mich ziemlich bedröhnten. Ich probierte also ein bisschen aus, experimentierte herum. Erst mal nur, indem ich die Einnahme etwas hinauszögerte. Das klappte, mein Körper kam sehr gut damit klar, mein Kopf wurde wieder leichter und freier. Wow, super! Das war ja easy. In meinem Höhenflug schlussfolgerte ich, dass ich dann doch einfach sofort mit dem ganzen Kram aufhören konnte. Also setzte ich nach dem Festival alle Medikamente auf einmal ab. Von jetzt auf gleich. Das war keine gute Idee, mein Körper war sofort stark auf Entzug. Ich lag im Bett, konnte nicht schlafen, hatte Schweißausbrüche, fühlte mich furchtbar und jammerte auf Instagram rum. Eine junge Frau, die mir folgte, schickte mir eine Nachricht. Gianna hieß sie. Sie hatte auch ein Bein verloren, trug eine Prothese und hatte angefangen, mir zu folgen, nachdem sie von meinem Unfall gehört hatte. Sie schrieb, bei ihr sei das vor einem halben Jahr mit den Medikamenten genauso gewesen, sie habe sie auch in einer Hauruckaktion absetzen wollen, und es sei genauso mies gelaufen wie jetzt bei mir. Ich solle die Einnahme auf die richtige Art und Weise reduzieren, ruhig auch in großen Schritten, aber ich müsse die Medikamente trotzdem ausschleichen, dürfe nicht mit einem Schlag ganz damit aufhören. Das nervte, war aber eigentlich furchtbar nett von ihr. Ich machte es im Endeffekt so, wie sie es empfohlen hatte.

Das Lustige ist, dass ich das heute bei anderen Leuten genauso mache: Ich schreibe sie an und gebe ungefragt Tipps. Als ich damals aber Giannas Nachricht bekam, wollte ich am liebsten nichts mit ihr zu tun haben. Nicht wegen des unerwünschten Tipps, sondern weil ich keine Bilder auf Instagram sehen und keine Geschichten hören wollte, wie sie mit ihrer Prothese fröhlich durchs Leben ging. Ich war schlicht und ergreifend schrecklich neidisch auf sie, weil sie eine Prothese hatte und ich noch nicht. Überhaupt zog ich mir damals immer dann Scheuklappen an, wenn ich Gefahr lief, live oder auf Social Media auf Prothesenträger zu stoßen. Kindisch, ich weiß. Aber meine Emotionalität kommt meiner Rationalität eben manchmal in die Quere. Ich schrieb trotzdem ein bisschen mit Gianna, und sie war nett. Richtig nett.

Ich steckte zu diesem Zeitpunkt aber immerhin schon in den Vorbereitungen für meine Prothesen. Am nächsten Tag sollte – witzigerweise und schicksalshaft – mein Prothesentechniker bei uns zu Hause vorbeikommen. Er brachte mir meine Liner, die ich ab jetzt täglich tragen sollte, um meine Oberschenkel auf die Prothesen vorzubereiten. Damit wurden meine Stümpfe in Form gebracht. Heute brauche ich meine Liner eigentlich nur, wenn ich die Prothesen trage, aber ich habe sie auch ohne Prothesen tagsüber gern an. Sie sind wie eine Handyhülle, die meine Stümpfe schützt und eventuelle Schmerzen im Zaum hält. Eine

Woche später sollte dann ein Abdruck meiner Stümpfe gemacht werden, damit die Schäfte für die Prothesen entsprechend angefertigt werden konnten. Während wir also die Liner probierten und den weiteren Ablauf besprachen, erwähnte mein Prothesentechniker eine Kundin namens Skully, die auch bei ihm in der Versorgung sei und ihre Prothese ebenfalls von ihm habe. Am Wochenende hätten sie ein Event in der Praxis, eine eintägige Laufschule. Ob ich nicht auch kommen wolle, selbst wenn ich meine Prothesen noch nicht hätte. Skully käme auch. »Dann könnt ihr euch mal kennenlernen«, sagte er.

Ich fuhr also hin, war neugierig. Natürlich fuhr ich nicht selbst (ich durfte und konnte es weiterhin nicht), sondern ließ mich von Freunden bringen. Mit meiner Mutter hatte es Streit gegeben, sodass sie sich weigerte, mich durch die Gegend zu kutschieren. Ich verbrachte den Tag bei der Laufschule in der Praxis, lernte viel und hatte mit Skully, die mein Prothesentechniker angepriesen hatte, tatsächlich jede Menge Spaß. Wir verstanden uns sofort super, passten zusammen wie der Topf auf den Deckel oder die Faust aufs Auge. Ein Herz und eine Seele. Kein Wunder, dass mein Prothesentechniker gesagt hatte, wir müssten uns kennenlernen. Das Witzigste war allerdings, als sich herausstellte, dass Skully Gianna war. Dieselbe Gianna, die mir zu den Medikamenten geschrieben hatte. Skully war lediglich ihr Insta-Name, auf den ich zugegebenermaßen nicht besonders geachtet hatte. Deshalb hatte es auch nicht klick gemacht, als mein Prothesentechniker von ihr sprach. Für ihn sind wir übrigens bis heute Angie und Skully, nicht Angie und Gianna, und wenn wir in die Praxis müssen, ist es kein hilfsmittelrelevanter Termin. Stattdessen fühlt es sich an wie eine Art Familientreffen mit Kaffeetrinken. Fehlt nur noch ein leckerer Kuchen. Vielleicht bringe ich den das nächste Mal mit. Nach dem Event fuhr mich Gianna spontan nach Hause; ich hatte das Problem, wie ich wieder zurückkommen sollte, nämlich noch nicht gelöst gehabt. Ich habe nicht gezögert, zu ihr ins Auto zu steigen. Ich vertraute Gianna.

Ich glaube nicht, dass ich Gianna kennengelernt hätte, wenn das Schicksal am 5. November 2019 nicht zugeschlagen hätte. Ela wäre weiterhin eine entfernte Tante, aber keine gute Freundin. Ich hätte Larissa niemals getroffen. Ich hätte beim Retuschieren meines Zahns keine Lektion fürs Leben gelernt. Ich hätte nicht die Chance bekommen, noch einmal laufen zu lernen. Ich hätte nicht erfahren, wie viele wunderbare Menschen es da draußen gibt, mit denen ich täglich via Social Media Kontakt habe. Ich würde keine Kampagnen für meine Kooperationspartner machen, nicht zu Drehs, Shootings und Events eingeladen. Ich hätte nicht gewusst, dass meine Familie und Freunde bereit sind, alles stehen und liegen zu lassen, um für mich da zu sein. Ich hätte nicht geahnt, dass jede Menge Menschen jede Menge Kilometer auf der Autobahn abreißen würden, um mir im Krankenhaus ihre Unterstützung zu zeigen. Ich hätte nicht gewusst, welche Wunder Ärzte, Sanitäter, Pfleger und ganz gewöhnliche Menschen, die ungefragt zu Ersthelfern werden, vollbringen können. Ich hätte meine Mutter nicht von ihrer starken, stützenden Seite erlebt. Ich hätte viel größere Lücken im Leben, als meine Beine sie hinterlassen haben.

KAPITEL 13

SCHLÜSSELMOMENTE

Wusstet ihr, dass ich mal eine kleine Ballerina war? Komplett mit rosa Tutu, weißer Strumpfhose und Schleife im Haar. Ich hatte schon ewig nicht mehr an meine kurze Ballettkarriere gedacht, bis ich letztens mit meiner Oma darüber sprach. Sie erinnerte sich, dass ich vor jeder Ballettstunde Bauchschmerzen hatte. Damals dachte sie, dass ich Angst vor dem Ballettunterricht hatte und deswegen Bauchweh bekam. Wie sich herausstellte, hatte ich keine Angst, sondern Wut. Ich wollte keine Ballerina sein, und ich konnte es nicht leiden, dass mir jemand sagte, was ich machen sollte. Weder meine Eltern, die mich zum Ballett schickten, noch die Ballettlehrerin, die ihre Kommandos in den Raum rief. Erste, zweite, dritte, vierte, fünfte Position? Ohne mich. Demi-bras und grand plié? Lasst mich hier raus, ich bin keine Ballerina. Nicht, dass mich jemand falsch versteht, ich habe nichts gegen Ballett an sich, und ich bewundere die Menschen, die diese Kunst beherrschen. Aber das Ballett und ich, wir waren nicht füreinander gemacht. Es war ganz klar etwas, was ich *nicht* wollte. Wenn ich es trotzdem musste, empfand ich das als Zwang, als sollte mein Willen gebrochen werden. Als wäre ich ein wildes Pferd, das gezähmt werden musste. Hat niemand was vom Pferdeflüsterer gelernt? Seite an Seite, Verständnis und Respekt statt Peitsche, Dominanz und Autorität.

Das ist natürlich übertrieben, so dramatisch war es nicht mit dem Ballett, mein Wille wurde nicht gebrochen. Ich nehme an, meine Eltern glaubten einfach, Ballett sei eine feine Sache für ein fünfjähriges Mädchen. Sie wollten mir ganz sicher nichts Böses. Ich konnte es trotzdem nicht haben, dass man über mich bestimmte. Daran hat sich bis heute nichts geändert – außer dass es mir inzwischen besser gelingt, einen kühlen Kopf zu bewahren. Ich kenne und verstehe mich besser, schaffe es auch immer öfter, Nein zu sagen, egal, was andere von mir erwarten. Denn mein Bedürfnis, es anderen recht zu machen und dafür zu sorgen, dass sie glücklich und zufrieden sind, kollidiert hin und wieder mit meinem eigentlichen Nichtwollen. Dann stehe ich da, und es zerrt an mir. Dorthin den anderen zuliebe oder hierher mir zuliebe? Ich sage immer, dass ich seit meinem Unfall nur noch tue, was mich glücklich macht und gut für mich ist, und das stimmt auch. Im Prinzip. Trotzdem bin ich noch immer die, die ich auch vorher war, und der ist es nicht egal, wie es den Menschen um sie herum geht. Also muss ich das Zerren aushalten, mal in die eine Richtung nachgeben, mal in die andere. Mal mache ich Kompromisse, mal kommt die Hauptdarstellerin in meinem Leben mit ihrer Designerrobe und dem Busführerschein zum Vorschein. Und manchmal übernimmt der Trotzkopf in mir, aber auch das ist in Ordnung.

Als Fünfjährige habe ich das alles noch nicht verstanden, auch wenn mein Verlangen nach Selbstbestimmung offensichtlich schon damals recht ausgeprägt war. Solange ich jünger war, hat es nie klick gemacht, ich hatte nur meine Bauchschmerzen, hinter denen sich meine Wut versteckte, und das diffuse Gefühl, ausgeliefert zu sein. Später, wenn man älter wird, sich selbst besser kennenlernt und überhaupt mehr von dem versteht, was auf zwischenmenschlicher Ebene vor sich geht, klappt es mit den Klicks schon besser. Dann fällt der Groschen, das letzte Puzzleteil fügt sich, man hat eine Erleuchtung oder sieht plötzlich klar. Man versteht, was in einem los ist. Ich liebe solche Schlüsselmomente, weil man hinterher schlauer ist als vorher. Ich weiß, das klingt banal. Aber wenn man *nicht* erkennt, dass man knapp neben der Tür dauernd gegen die Wand läuft, dann kann man auch nicht nach der Tür suchen, den Schlüssel finden und endlich einen neuen Weg einschlagen. Stattdessen knallt man wumms, wumms, wumms mit dem Kopf weiter gegen Beton.

Das Wort »Moment« leitet sich von dem lateinischen *momentum* ab. Das kann »Augenblick« bedeuten, unter anderem aber auch »Bewegung« oder »Bewegungskraft«. Natürlich ist hier entweder oder gemeint. Entweder es bedeutet Augenblick oder – in einem anderen Kontext – Bewegungskraft. Warum sollte es im Lateinischen anders sein als im Leben: Du kannst nicht beides haben. Oder doch? Wenn man nämlich ausnahmsweise einmal nur darauf schaut, dass diese beiden Begriffe – Augenblick und Bewegungskraft – denselben Ursprung haben, dann darf man vielleicht doch sagen, dass ein Augenblick dich in Bewegung bringen kann. Dass ein Augenöffnermoment dir einen Schubs in die richtige Richtung geben kann. Dass ein einziger Moment dein Schlüssel zur Erkenntnis sein kann. Und dass diese Erkenntnis dich mit ein wenig Glück weiterbringt. Klar, wir wissen alle, dass dir die meisten Erkenntnisse nicht den Schlüssel in die Hand drücken à la »Ab mit dir und hab es schön«. Nein, bevor sie dich weiterbringen, machen sie dich fertig, werfen dich um, ringen dich nieder, lassen dich tief fallen. Weil man meistens erkennen muss, dass man blind oder dumm war oder ziemlich lange auf der Leitung gestanden hat. Insofern zieht deine Erkenntnis dich erst einmal runter. Gnadenlos und höchstpersönlich. Aber wie gesagt, ich liebe sie trotzdem, diese Momente, denn sie sorgen dafür, dass du nach deinem Ringkampf mit der Erkenntnis auch wieder aufstehst.

Ich liebe auch die Momente, in denen man ganz buchstäblich einen Schlüssel ins Schloss steckt und sofort weiß: Das passt. Das ist richtig. Dieses Erlebnis hatte ich bislang drei Mal. Ich bin nämlich drei Mal in meine eigene Wohnung gezogen, und jedes Mal war es die richtige Entscheidung. Das klingt jetzt so, als hätte ich mehrere Anläufe gebraucht, um mehrfach in ein und dieselbe Wohnung zu ziehen. Tatsächlich waren es drei verschiedene Wohnungen, und jede war die richtige – zu ihrer Zeit. Zu Hause ausgezogen bin ich allerdings auch drei Mal, das stimmt. Umgezogen bin ich sogar noch viel öfter, aber Schlüsselmomente wurden es erst, als es auch meine eigenen Wohnungen waren.

Das erste Mal, als ich zu Hause ausgezogen bin, zählt eigentlich nicht so richtig. Ich bin auch nicht in etwas Eigenes gezogen, sondern zu meinem Ex, der damals natürlich noch nicht mein Ex, sondern mein Freund war. Genau genommen bin ich auch nicht zu ihm, sondern zu seiner Familie gezogen, denn da wohnte er damals. Als wir uns trennten, zog ich zurück zu meiner Mutter und ihrem damaligen Lebensgefährten Mario. Vor dem Intermezzo bei meinem Ex hatte ich schon mit Mama und Mario zusammengewohnt, es war also keine neue Situation. Oder zumindest nur ein bisschen neu, denn in meiner Abwesenheit waren Mama und Mario in eine hübsche Doppelhaushälfte gezogen. Außerdem war meine Schwester dabei auszuziehen, aber ganz langsam und Stück für Stück. Eine Weile würden wir also noch zu viert in der Doppelhaushälfte wohnen.

Mario ist jahrelang der Nachbar meiner Mutter gewesen. Ich weiß gar nicht, warum sich die beiden nicht schon früher über den Weg gelaufen sind. Es war fast wie bei Annika und mir. Nachdem sie sich aber irgendwann doch kennengelernt hatten, kamen sie relativ schnell zusammen. Als Mario das erste Mal bei uns zu Hause war, saß er im Wohnzimmer. Wir kannten uns noch nicht, aber ich wusste natürlich, dass es ihn gab. Ich kam aus meinem Zimmer, wollte etwas aus der Küche holen und sah einen fremden Mann bei uns sitzen. Mir war sofort klar, dass das der neue Freund meiner Mutter sein musste. Ich grinste ihn an und sagte: »Ach, du bist also unser neuer Papa.« Ich fand mich lustig, wollte ihm nur einen kleinen Schrecken einjagen, aber ich glaube, Mario hat damals Schlimmes befürchtet. Auf jeden Fall war er überrumpelt. »Das kann ja heiter werden« oder Ähnliches wird ihm durch den Kopf geschossen sein. Wenn er seine Gedanken vor lauter Alarmglocken, die in ihm losgeschrillt haben dürften, überhaupt hören konnte. Aber wie gesagt, ich hatte nur einen Witz gemacht und hatte nicht vor, das Problemkind raushängen zu lassen. Im Gegenteil, Mario war ein toller, sehr lieber Mensch, und wir kamen super miteinander aus. Er hat nie versucht, eine Vaterrolle einzunehmen, und war trotzdem eine Art Vater für mich. Eigentlich eine Mischung aus Vaterersatz und gutem Freund. Er hat mir zugehört, hat mich verstanden, wir konnten gut miteinander reden. Wenn mir als Teenager jemand mit Rat und Tat zur Seite gestanden hat, dann Mario. Er machte mir und meiner Schwester nie großartige Geschenke, brachte keine kleinen Aufmerksamkeiten für uns mit, wie meine Mutter das für seine drei Kinder tat, die bei seiner Ex-Frau lebten, aber regelmäßig bei uns waren. Mario gab stattdessen emotional. Ich hatte tatsächlich ein besseres Verhältnis zu ihm als zu meiner Mutter. Außerdem konnte er fantastisch kochen. Leider arbeitete er auch enorm viel, sodass wir nicht furchtbar oft in den Genuss seiner Kochkünste kamen.

Mario tat meiner Mutter gut, deshalb waren meine Schwester und ich sofort einverstanden, als Mama und Mario fragten, ob wir nicht alle zusammen in eine gemeinsame Wohnung ziehen wollten. Das war noch vor der Doppelhaushälfte und auch eine ganze Weile, bevor ich vorübergehend zu meinem Ex und seiner Familie zog. Mama, Mario, Sarah und ich. Mit Vergnügen! Denn Mario machte meine Mutter glücklich. Ich hatte sie noch nie so erlebt. Vergnügt, befreit, leicht. Sie war auch zu meiner Schwester und mir ganz anders; unser Zusammenleben in der neuen gemeinsamen Wohnung wurde ruhiger und entspannter, wir mussten nicht dauernd Klippen umschiffen, um dann doch nur daran zu zerschellen. Leider hielt unser kleines Patchworkfamilienglück nur zwei, drei Monate an, dann war meine Mutter wieder die Alte. Sie und Mario blieben noch jahrelang zusammen, aber wenn sie ehrlich waren, war schon damals, am Anfang, das Ende abzusehen. Es war auch gar nichts Konkretes, nichts, was der eine falsch oder die andere besser gemacht hätte. Sie waren auch keine Lamm-und-Löwe-Kombi, sie passten nur einfach nicht zusammen, waren nicht für die Ewigkeit gemacht. Schade. Schade für meine Mama und schade für meine Schwester und mich.

Schade auch, weil sich – nach meinem kurzen Abstecher zur Familie meines Ex und meinem anschließenden Einzug in die Doppelhaushälfte – das weitere Zusammenleben als unmöglich entpuppte, zumindest für meine Mutter und mich. Wir sind beide Alphatiere, Löwe und Löwe, zumindest innerhalb unserer Mutter-Tochter-Beziehung. Wir sind Sturköpfe, reden oft aneinander vorbei, ohne es zu wollen oder zu bemerken, und wenn wir streiten, schaukeln wir uns gegenseitig auf. Selbst heute, wo ich längst allein lebe und meine Mutter und ich mit einer gewissen Distanz viel besser miteinander umgehen können, ist es manchmal so, dass wir ein Gespräch mittendrin abbrechen müssen. Einfach weil wir Gefahr laufen, uns in einem riesigen Streit zu verlieren. Unsere Standpunkte sind dann so konträr, unsere Meinungen so gegensätzlich, dass wir gar nicht weiter über das Thema X oder Y zu reden brauchen. Das Gute daran ist, dass wir uns das inzwischen sagen können. »Ich muss auflegen, das macht mich wahnsinnig, das kann ich jetzt nicht«, sage ich dann vielleicht am Telefon. Oder: »Komm, lass uns aufhören, das bringt nichts, wenn wir da drüber reden«, wenn wir bei einem Kaffeetrinken in eine solche Situation hineinschlittern.

Diese rettende Distanz gab es aber noch nicht, als ich damals wieder bei meiner Mutter und Mario einzog. Wir stritten dauernd, hatten Probleme wegen nichts und wieder nichts; ich fühlte mich nicht wohl und war kein bisschen glücklich. Ich konnte auch nicht denken. Die Unruhe, die dauernden Streitereien und die anhaltend negative Stimmung füllten meinen Kopf, brachten mich durcheinander und sorgten dafür, dass ich nicht wusste, wohin mit mir. Das meine ich ganz wortwörtlich; ich wusste nicht, wohin, hatte manchmal das Gefühl, fliehen zu müssen, rauskommen zu müssen, mir irgendwo einen Freiraum suchen zu müssen. Ich meine es aber auch im übertragenen Sinne: Ich hatte keine Pläne für die Zukunft, konnte auch keine machen, weil ich abgelenkt und verwirrt war, und das sorgte dafür, dass ich mich noch verlorener fühlte. Ich hatte Abitur gemacht, weil ich gut in der Schule war und gute Noten hatte, nicht weil ich einen Berufswunsch gehabt hätte, für den ich das Abitur brauchte. Viel schlimmer, ich hatte gar keinen Berufswunsch, egal, was ich dafür gebraucht hätte. Wohin also mit mir? Keine Ahnung. Mal wollte ich dieses machen, mal jenes. Ich hatte absolut keinen Peil, was ich mit meinem Leben anfangen wollte. Meine Oma fand, Lehramt wäre eine gute Idee oder ein duales Studium, soziale Arbeit vielleicht oder etwas bei der Stadt. Meine Mutter wollte nur, dass ich irgendetwas machte. Niemand – ich eingeschlossen – kam auf die Idee, zu schauen, wo eigentlich meine Stärken und Schwächen lagen. Ich als Lehrerin? Wäre ein Albtraum für alle Beteiligten geworden. Der Ballettkurs aufs Neue.

Solange ich nicht wusste, was ich mit mir machen sollte, jobbte ich. Ich kellnerte, arbeitete als Küchenhilfe, putzte oder ging für Nachbarn einkaufen. Das machte ich eigentlich schon seit Jahren. Seit meine Mutter meinen Vater verlassen hatte, war das Geld knapp, sie musste immer Nein sagen, wenn meine Schwester und ich einen Extrawunsch hatten. Das tat mir weh für sie; außerdem konnte ich mir durch meine Arbeit von eigenem Geld hin und wieder etwas leisten. Also hatte ich mir mit fünfzehn meinen ersten Job gesucht. Jetzt war ich zwanzig. Eines Tages beschloss meine Mutter, dass ich mich an den Lebenshaltungskosten und an der Miete beteiligen sollte. Meine Mutter hatte recht, ich war alt genug, verdiente etwas Geld, und sie selbst arbeitete sich den Allerwertesten ab, damit wir über die Runden kamen. Aber die Doppelhaushälfte, in der ich mit meiner Mutter und Mario wohnte (meine Schwester war inzwischen ganz ausgezogen), war kein Zuhause für mich. Wohnst du noch oder lebst du schon? Eben! Unser Zusammenleben setzte mir zu, ich war nicht glücklich, hielt mich nur in meinem Zimmer oder im Fitnessstudio auf. Warum sollte ich in mein Unglücklichsein investieren?

Die Idee auszuziehen – diesmal wirklich auszuziehen, und zwar ganz für mich allein – hatte mir schon eine Weile im Kopf herumgespukt. Das finanzielle Thema, das meine Mutter auf den Tisch gebracht hatte, war der letzte Anstoß, den ich brauchte, um diese Idee umzusetzen. Also suchte ich mir eine eigene kleine Wohnung und zog schneller als erwartet aus. Innerhalb von einem Monat wohnte ich allein. Für meine Mutter kam mein Auszug recht plötzlich, aber im Endeffekt war auch sie froh darüber, denke ich. Unser Verhältnis wurde nämlich mit einem Schlag viel besser. Wir konnten uns treffen, Kaffee trinken, reden und shoppen, ohne uns dauernd an die Gurgel zu gehen.

Ich hatte keine Angst davor, allein zu leben. Selbstständig war ich schon lange. Ich wusste, wie man putzte, konnte kochen, haushaltete mit meinem Geld. Vor allem kam ich mit mir allein klar. Ich genoss das Alleinsein, war zufrieden mit der Stille, die mich in meinem neuen Zuhause umgab. Auf einmal konnte ich auch wieder denken. Mein Kopf war wieder frei, gehörte wieder mir allein. Niemand außer mir füllte ihn an, und wenn es dort oben doch einmal voll wurde, räumte ich mit einem Training im Fitnessstudio in meinem Kopf auf und sortierte meine Gedanken neu.

Keine vier Wochen nach meinem Auszug wusste ich, wohin mit mir. Ich wusste, was ich machen wollte: eine Ausbildung bei der Polizei oder ein Studium beim Bundeskriminalamt. Auch eine Karriere bei der Bundeswehr konnte ich mir gut vorstellen, selbst wenn das nicht meine erste Wahl war. Es war wunderbar, einen Plan zu haben. Ein Ziel. Denn im Zieleerreichen bin ich gut. Ich komme mir dann vor wie ein kleiner Terrier, der sich festbeißt und nicht mehr loslässt, bis er erreicht hat, was er will. Also biss ich mich fest. Jeden Tag lernte ich vier, fünf Stunden für die Einstellungstests und Bewerbungsverfahren. Morgens aufstehen, lernen, zwischendurch ins Fitnessstudio, zurück nach Hause, kochen und essen, dann wieder lernen. Zur Belohnung abends ein bisschen Seriengucken. Ich lernte, trainierte, schlief, und das war es. Ernährte mich extrem gesund und lebte sehr bewusst. Was sich für andere nicht allzu spannend anhört, machte mich glücklich. Es füllte mich aus, ich fühlte mich so gut wie noch nie. Mein Leben war perfekt.

Ich glaube, mein Leben wäre tatsächlich sehr gut geworden, wenn ich nicht ein paar Wochen später auf der Intensivstation aufgewacht wäre. Anders zwar, als es heute ist, aber dennoch sehr gut. Leider kam mir der Unfall dazwischen und meine Beine abhanden. Wobei »leider« das falsche Wort ist. Der Unfall kam mir dazwischen, die Beine kamen mir abhanden. Punkt. Ich brauche kein »leider« in diesem Satz, denn ich bedauere mich nicht und ich trauere auch nicht um mein altes Leben. Mein neues Leben – das unten ohne – ist sogar noch besser. Natürlich gab es ein paar Anlaufschwierigkeiten, wie sollte es auch anders sein, ohne Beine. Da muss man das Anlaufnehmen erst wieder lernen. Eine dieser Schwierigkeiten war, mir selbst zu vertrauen. Wie sollte ich allein leben? Ich konnte nicht allein duschen (selbst heute falle ich hin und wieder vom Duschhocker; das ist gefährlich und darüber hinaus auch kein Vergnügen). Ich schaffte es kaum auf die Toilette, hatte Schmerzen, war müde. Einkaufen? Tüten tragen? Kochen? Im Rollstuhl konnte ich noch nicht einmal in die Töpfe gucken, die auf dem Herd standen, und was weit oben oder tief hinten im Kühlschrank stand, war unerreichbar. Betten beziehen? Wäsche waschen? Wäsche einräumen? Das Haus verlassen? Ins Haus zurückkommen? Treppen überwinden? Den Rollstuhl wenige Stufen hoch- oder runterkriegen? Wie sollte ich irgendwohin kommen, ich konnte mangels entsprechend ausgerüstetem Fahrzeug nicht mehr Auto fahren. Wie sollte ich Geld verdienen, ich konnte nicht arbeiten. Meine eigene Wohnung war gar nicht erst eine Option, denn sie lag – ohne Aufzug – in der ersten Etage und war mit Rollstuhl nicht erreichbar. Prothesen hatte ich noch nicht, und bis ich sie bekam, würde es noch eine Weile dauern.

Panik. Ich war verwundbar. Und ja, ich war auf Hilfe angewiesen. Also beschlossen meine Mutter, Mario und ich, dass ich nach meiner Entlassung aus dem Krankenhaus wieder zu ihnen ziehen würde. Zurück in die hübsche Doppelhaushälfte mit eigenem Garten. Herrlich, hatte ich gedacht, als sie das Haus mieteten, während ich noch bei meinem Ex wohnte. Jetzt sah ich vor allem die Dinge, die man erst sieht, wenn sie zum Hindernis werden. Früher hätte ich gesagt: »Oh, eine süße kleine Treppe vor der Haustür. Da kann man schön mit Laternen und Blumen dekorieren.« Jetzt fragte ich mich, wie ich mit meinem Rollstuhl ins Haus kommen sollte. Oder: »Ach, wie schön, Frühstück im Garten.« Nun sah ich den Höhenunterschied zwischen Wohnzimmer und Terrasse. Ich würde mich selbst kaum über die Schwelle kriegen, von einem Frühstückstablett ganz zu schweigen. Das Haus war nicht ungeeignet, um mit Rollstuhl bewohnt zu werden, aber es war auch nicht gerade rollstuhlgerecht. Während ich im Krankenhaus lag, schufen meine Mutter und Mario so viel Barrierefreiheit wie möglich. Vor die Haustür kam eine mobile Rampe. Eine fest installierte Version war für uns damals unbezahlbar. Jeden Morgen hatte man daher ein leicht mulmiges Gefühl im Magen, während man hoffte, dass niemand auf die Idee gekommen war, in der Nacht die Rampe zu stehlen. Es war keine Gegend, in der man sich wegen Diebstählen oder Sachbeschädigung hätte Sorgen machen müssen, überhaupt nicht. Sowieso überwiegen grundsätzlich ja auch die Guten. Die netten, rücksichtsvollen und aufmerksamen Menschen. Aber es gibt eben auch die Idioten und leider auch die Menschen-mit-Behinderung-Hasser. Zu allem Überfluss hatte man in der Reportage über mich, die der TV-Sender inzwischen ausgestrahlt hatte, erkennen können, wo ich nun lebte. Vielleicht fand ja jemand, der den Beitrag gesehen hatte, dass es eine gute Idee sei, die Rampe einer Frau mit Behinderung zu stehlen, die schon mal im Fernsehen gewesen war.

Die Treppe, die in den ersten Stock führte, wo mein Zimmer lag, ließen Mama und Mario mit einem Treppenlift ausrüsten. Ein praktisches, aber träges Ding, an das ich mich nur schwer gewöhnen konnte. In meinem Kopf hatte ich es immer eilig, sodass es mir schwerfiel, meinen Körper zur Ruhe zu zwingen, während ich in dem Liftsessel saß. Habt ihr schon mal in einem Treppenlift gesessen? Es fühlt sich komisch an, vor allem, wenn man sein Leben lang Treppen *gegangen* ist. Man kann selbst nichts tun, sitzt nur und wartet darauf, dass man am anderen Ende ankommt. Vor allem fühlt man sich exponiert, man schwebt bizarr an der Wand entlang über die Stufen hinweg, auf die man doch eigentlich seine Füße setzen sollte. Grundsätzlich ist ein Treppenlift eine super Erfindung, die sich auch relativ problemlos nachrüsten lässt; ohne einen Lift wären wir damals aufgeschmissen gewesen, genauso wie viele andere Menschen, die auf diese Hilfe angewiesen sind, egal ob mit Behinderung oder ohne. Es war halt nur ein eigentümliches Gefühl, in dem Lift zu thronen.

Oben oder unten angekommen, musste ich mich fortbewegen können. Deshalb besorgte meine Mutter einen zweiten Rollstuhl, der – wenn ich ihn nicht gerade benutzte – immer auf der ersten Etage am Ende des Treppenlifts stand. Unten im Erdgeschoss und dann, wenn ich das Haus verließ, nutzte ich meinen Hauptrollstuhl. Ohne einen Zweitrollstuhl hätten meine Mutter und Mario meinen Hauptrollstuhl – der dann mein einziger gewesen wäre – jedes Mal die Treppe hinter mir her hoch- und runtertragen müssen. Schon rein praktisch wäre das überhaupt nicht machbar gewesen. Meine Mutter hatte deshalb die Online-Kleinanzeigen durchsucht und den Zweitrollstuhl für kleines Geld gebraucht gekauft. Der Rollstuhl selbst war auch klein. Und er war irgendwie gemütlich. Nachdem meine Mutter das Sitz- und das Rückenkissen neu hatte beziehen lassen, wirkte er sogar jugendlich und passte damit besser zu mir. Ich weiß noch, wie der neue Bezugsstoff aussah: Das Muster bestand aus dunkelblauen, hellblauen und rosa Streifen im Wechsel, ein wenig Glitter war auch eingewebt. Man hätte auch einfach neue Rollstuhlkissen bei der Krankenkasse beantragen und im Sanitätshaus bestellen können, aber das wussten wir damals nicht. Wir waren noch neu im Klub und lernten erst mit der Zeit, welche Rechte und Hilfsmittel mir zustanden und welche Möglichkeiten ich hatte.

Ich habe ein paarmal versucht, allein in den Garten zu kommen. Raus ging, rein nicht. Und jede Überwindung der Schwelle war mit der Gefahr verbunden, mitsamt meinem

Rollstuhl zu stürzen. Das war definitiv nichts, was ich ausprobierte, wenn ich allein zu Hause war. Im Badezimmer funktionierte es überraschend gut, aber beim Duschen ließ ich mir grundsätzlich helfen, das traute ich mir nicht zu. Der Duschstuhl fühlte sich viel zu unsicher an, wenn ich mich daraufschwang. Außerdem durften die noch offenen Wunden an meinen Stümpfen nicht nass werden. Und den Rollstuhl musste auch jemand wegziehen, wenn ich es auf den Duschhocker geschafft hatte und das Wasser andrehen wollte. Die Laufflächen und Türen im Haus waren machbar, aber verhältnismäßig eng geschnitten. Ich eckte dadurch mit dem Rollstuhl an, verpasste den Möbeln meiner Mutter Dellen und Kratzer oder hinterließ mit den Rollstuhlreifen schwarze Striemen. Meine Mutter regte sich regelmäßig darüber auf, aber auch ohne ihre Aufregung war es mir unangenehm. Es waren nicht meine, sondern ihre Möbel, und ich konnte nicht so gut aufpassen und mich nicht so vorsichtig bewegen, wie es nötig gewesen wäre, um keine Spuren zu hinterlassen.

Und dann waren da die Erinnerungen. Eigentlich hatte sich meine Mutter Sorgen gemacht, dass ich an mein altes Leben zurückdenken und mich dadurch herunterziehen lassen würde, wenn ich in meine eigene Wohnung zurückgekehrt wäre. Stattdessen kamen hier, in der hübschen Doppelhaushälfte, die Erinnerungen hoch: Ich musste viel an das Zusammenleben mit meiner Schwester denken. Obwohl wir uns gernhaben, stritten wir früher, als sie noch bei uns wohnte, bis die Fetzen flogen. Es ging meistens um Dinge, die keine großartige Auseinandersetzung wert waren, aber wir waren Teenager und wir waren Geschwister – allein diese beiden Tatsachen hoben unsere Streitereien auf ein explosives Niveau. Ich kann nicht sagen, warum, aber die Erinnerungen daran, wie es gewesen war, als wir noch gemeinsam unter einem Dach lebten, setzten mir zu. Ich wünschte mir, meine Schwester hätte nach meinem Unfall bei Mama, Mario und mir gelebt, dann hätten wir neue, gute Erinnerungen schreiben können und die alten übertüncht. Wir hätten die Chance gehabt, richtig zusammenzuwachsen statt uns gegenseitig wegzustoßen, wie wir es die Jahre zuvor getan hatten. Wir verstehen uns heute gut, keine Frage, und vielleicht wäre ein solches Experiment sowieso zum Scheitern verurteilt gewesen. Wer weiß. Ich dachte damals einfach, dass es schön wäre, meine Schwester an meiner Seite zu haben.

Für die Beziehung zwischen meiner Mutter und Mario wirkte mein Einzug wie ein Katalysator. Leider nicht dahin gehend, dass er reinigende, entgiftende Wirkung gehabt hätte wie ein Katalysator im Auto. In der Chemie ist ein Katalysator ganz allgemein ein Stoff, der die Geschwindigkeit einer chemischen Reaktion beeinflusst, ohne dabei selbst verbraucht zu werden. Mein Einzug – überhaupt mein Unfall und mein Ins-neue-Leben-Finden – beschleunigte den Niedergang ihrer Beziehung. Wobei ich nicht sicher bin, ob ich – der Katalysator – dabei nicht doch in Mitleidenschaft gezogen und selbst verbraucht wurde.

Auf jeden Fall hatten sie beide jede Menge gestemmt. Für mich. Sie hatten sich im Krankenhaus um mich, aber auch um sämtliche Formalitäten und die überbordende Bürokratie gekümmert, die durch den Unfall angefallen war. Mit der Hilfe von Familie und Freunden hatten sie meine Wohnung aufgelöst, meine Sachen eingelagert, mir ein Zimmer in ihrem Haus eingerichtet und für so viel Barrierefreiheit wie möglich gesorgt. Sie hatten Hilfsmittel besorgt und installiert, hatten sich über meine Behinderung informiert, damit sie – wir – wussten, was auf mich zukam. Sie halfen mir mit alltäglichen Dingen, die plötzlich zu unüberwindbaren Hürden für mich geworden waren. Außerdem machten sie sich riesengroße Sorgen. Vor allem für meine Mutter waren der Unfall und alles, was er wie einen Rattenschwanz hinter sich herzog, ein Schock gewesen, der sie erschüttert hatte. Ein Erdbeben, das an ihrer Seele gerüttelt hatte.

Ich sah das alles. Ich sah, was sie für mich getan hatten und dass sie für mich da waren. Aber ich sah auch, dass meine Mutter mir gegenüber nicht aus ihrer Haut konnte, meine Behinderung hin oder her. Sobald ich aus dem Krankenhaus entlassen worden und in die Doppelhaushälfte eingezogen war, verfiel meine Mutter in ihre alten Muster. Immerzu meckerte sie an mir herum, machte mir Vorwürfe oder unterstellte mir irgendwelche Bösartigkeiten. Einmal hatte ihre Putzsucht sie gepackt. Sie hatte sich meinen Rollstuhl und eine Pinzette geschnappt und entfernte die Haare, die sich in den kleinen Vorderrädern verfangen hatten. Das passiert regelmäßig, außerdem sammelt sich auf und an einem Rollstuhl immer auch Staub, egal wie oft man ihn benutzt und wie sorgfältig man mit ihm umgeht. Meine Mutter kann beides – Haare und Staub – nicht ertragen. Ich saß währenddessen auf dem Sofa, merkte aber plötzlich, dass ich dringend auf die Toilette musste. Da war ich zwar zwanzig Minuten zuvor gerade erst gewesen, aber ich hatte begonnen, meine Medikamente zu reduzieren, und mein Körper war dabei zu entwässern.

»Ich muss auf die Toilette«, sagte ich. Ich konnte ja nicht einfach aufstehen und auf die Toilette gehen, ich brauchte meinen Rollstuhl.

»Ach, schon wieder«, kommentierte meine Mutter sarkastisch. »Das machst du doch extra, nur weil ich jetzt hier beschäftigt bin.«

Warum hätte ich das tun sollen? Es war doch sehr bequem für mich, dass jemand anderes als ich meinen Rollstuhl sauber machte. Und warum hätte ich vortäuschen sollen, auf die Toilette zu müssen? Um mich umständlich in den Rollstuhl zu schwingen, Richtung Klo um diverse Hindernisse zu kurven und mich dann auf der Toilette zu verstecken? Da konnte ich mir bessere Freizeitbeschäftigungen vorstellen.

»Ich mache das jetzt erst fertig«, bestimmte sie und versuchte so, die Diskussion zu beenden.

»Nee, du gibst mir jetzt meinen Rollstuhl. Ich muss auf die Toilette!«, entgegnete ich in einer Mischung aus Wut und wachsender Verzweiflung. Ohne Rollstuhl war ich hilflos; zu diesem Zeitpunkt hatte ich noch keine Prothesen, und meine Stümpfe waren noch nicht ausreichend verheilt, als dass ich mich darauf hätte fortbewegen können. Auf einmal fühlte ich mich tatsächlich als Mensch mit Behinderung, ich wurde mir der Einschränkungen viel stärker bewusst, obwohl ich mich doch ansonsten sehr gut in mein neues Leben eingefunden hatte. Das hatte meine Mutter mit ein, zwei dummen Sätzen erreicht.

»Du machst das doch extra, um mich zu ärgern«, schob meine Mutter nach.

Warum ging meine Mutter davon aus, dass ich ihr grundsätzlich Übles wollte, dass ich gemein zu ihr war, wenn sich die Gelegenheit ergab? Ein solcher Mensch war und bin ich nicht, und das wusste sie auch. Zumindest wusste sie es auf rationaler Ebene; emotional ging bei ihr damals alles drunter und drüber. Aus ihrer Sicht war es unmöglich, dass ich innerhalb von zwanzig Minuten ein zweites Mal auf die Toilette musste. Weil nicht sein *kann*, was nicht sein *darf* – meine Mutter war auf einer Linie mit Christian Morgensterns Palmström. Und ich hatte weder die Zeit (ich musste wirklich dringend!) noch die Geduld, ihr lang und breit von der Entwässerung zu erzählen und meinen Toilettenbesuchswunsch dadurch zu begründen und zu erklären.

Dieses Erlebnis mit meiner Mutter ist nur eines von vielen aus jener Zeit. Es ist außerdem ein Paradebeispiel dafür, dass es in unserer Kommunikation hakte – und bis heute hakt. Dass meine Mutter etwas denkt, befürchtet oder erwartet und mein Verhalten dann so interpretiert, dass es zu dem Gedachten – oder besser: zu dem *Er*dachten – passt. Was nicht passt, wird passend gemacht. Natürlich denkt und handelt *jeder* in seinem eigenen Kontext und in seinem eigenen Kosmos, im Rahmen seiner eigenen Erlebniswelt und Vorstellungskraft, davon kann sich niemand freimachen. Ich weiß nicht mehr, in welchem Zusammenhang, aber ich habe mal einen Artikel darüber gelesen, dass wir Menschen uns schwertun, uns etwas vorzustellen, was außerhalb unseres Erfahrungshorizonts liegt. Deshalb sind zum Beispiel Außerirdische, die wir uns für Filme oder Bücher ausdenken, uns Menschen meist relativ ähnlich. Die von uns erdachten Außerirdischen haben zum Beispiel oft irgendeine Art von Extremitäten so wie wir. Arme, Beine, Tentakel, einzeln oder in rauen Mengen. Oder wir erdenken sie als körperloses Bewusstsein oder frei schwebende Seelen. Beides – Bewusstsein und Seele – sind Attribute, die wir von uns selbst kennen. Fast alle unsere Außerirdischen brauchen außerdem Nahrung in der einen oder anderen Form, so wie wir, selbst wenn es kein belegtes Brot ist, das sie zu sich nehmen, sondern reine Energie, Aceton oder die Glücksgefühle anderer, die sie aus- und aufsaugen. Und sie können kommunizieren, vielleicht nicht mit Sprache oder in Zeichen, aber irgendeine Form von Kommunikation setzen wir auch für nicht irdisches Leben voraus. Versucht mal, euch einen Außerirdischen oder überhaupt ein Wesen auszudenken, das vollkommen anders ist. Das keinerlei menschliche Züge trägt. Einfach ist das nicht.

Was ich damit sagen will: Wir können uns vor allem das vorstellen, was wir auf irgendeine Art und Weise schon kennen. Aus dem Bekannten leiten wir das Unbekannte ab. Was kannte meine Mutter also, dass sie – ausgehend von ihrem Erfahrungshorizont – automatisch annahm, dass ich sie mit Absicht ärgern wollte? Warum ließ ihre Vorstellungskraft nicht zuallererst den Schluss zu, dass ich *wirklich* auf die Toilette musste? Ich weiß es nicht. Am Ende schritt meine Tante Ela ein, die zu Besuch war. Sie sorgte dafür, dass ich meinen Rollstuhl bekam und nicht auf das Sofa pinkelte.

Ich bin ziemlich sicher, dass meine Mutter zum einen überfordert und zum anderen unzufrieden mit ihrem Leben war. Ersteres *auch,* aber nicht *nur* wegen mir. Zweiteres definitiv aus anderen Gründen. Wer nicht mit sich selbst im Reinen ist, kann es auch mit anderen nicht sein. Meine Mutter und Mario hatten sich zu diesem Zeitpunkt schon ziemlich auseinandergelebt. Mama hatte sich emotional von ihm distanziert, hatte sich zurückgezogen und eingekapselt. Mit der Folge, dass sie mehr oder weniger allein war. Seelisch allein. Mario war in den Monaten nach meinem Unfall an ihrer Seite, ja. Mario hat mir unheimlich viel geholfen, ja. Mario hat im Haus geschuftet, um es rollstuhltauglich zu machen, auch ja. Aber nachdem der erste große Akt über die Bühne gebracht war, war meine Mutter allein. Nicht nur, dass sie den kompletten Haushalt sozusagen allein schmiss. Viel schlimmer war, dass Mario sie emotional allein ließ. Zwar hatte sie sich selbst von ihm abgewandt, aber trotzdem hätte sie ihn jetzt als Fels in der Brandung gebraucht, als Stütze zum Anlehnen und Schulter zum Ausweinen. Auf emotionaler Ebene konnte sie nicht einfach nach ein paar Wochen in den Alltag zurückkehren, als wäre nichts gewesen. Als hätte sie nicht auch gerade ein Trauma durchlebt. Ein anderes zwar als ich, aber ich glaube, als Mutter zerreißt es dich, wenn es dein Kind zerreißt. Richtig zu viel wurde es, als Mario seine drei Kinder für zwei Wochen zu uns holte – ich noch gefühlt halb tot und ordentlich neben der Spur, meine Mutter vollkommen fertig und erschöpft. In so einer Ausnahmesituation sind drei zusätzliche Kinder im Haus, die natürlich bespaßt werden wollen, vielleicht nicht die beste Idee.

Die Stimmung in der hübschen Doppelhaushälfte wurde entsprechend schlechter und schlechter. Meine Mutter und Mario zankten miteinander, aber auch mit mir. Wir stritten uns alle drei, regten uns gegenseitig über unsere Eigenheiten und unser Verhalten auf. Natürlich lebte ich ein anderes Leben als jemand, der morgens zur Arbeit ging und abends müde nach Hause kam. Der nicht von einem Unfall mit Beinverlust und den entsprechenden Nachwehen erschöpft war, sondern vom Alltag. Darüber hinaus war es für uns alle drei schwierig, wieder zusammenzuleben. Drei Erwachsene, wovon die eine trotzdem noch als Kind angesehen wird, einfach weil sie die Tochter ist. Die Hilfe braucht, aber ansonsten ihr Ding machen will. Zwei davon, die ein Paar sind, aber mehr nebeneinanderher als miteinander leben. Die auch ihr Ding machen wollen, das allerdings kein bisschen mit dem Ding der Tochter harmoniert. Alles in allem waren es nicht die besten Voraussetzungen für ein gelungenes Zusammenleben.

Mario war der Erste, der auszog. Es begann damit, dass meine Mutter in die Badewanne gehen wollte. Sie hatte sich im Schlafzimmer ausgezogen, wollte eigentlich sofort ins Bad, musste dann aber doch noch irgendetwas aus einem anderen Zimmer holen. Deshalb düste sie gerade nackt durchs Haus, als Mario von der Arbeit heimkam. Er hatte sie natürlich schon oft nackt gesehen, ich auch. Es war also nichts dabei, dass sie in diesem Moment unbekleidet war. Mario fragte: »Warum bist du nackt?« Er fragte allerdings nicht neutral oder erstaunt, sondern anklagend, was meine Mutter entsprechend quittierte: »Warum bin ich nackt? Weil ich auf dem Weg in die Badewanne bin. Weil ich mich ausgezogen habe, darum bin ich nackt!« Sie schaukelten sich gegenseitig weiter auf, stritten und keiften.

»Sollen wir uns dann trennen?«, warf Mario zum Schluss in den Ring.

Meine Mutter zuckte nur die Schultern, als stünde sie über der ganzen Sache, und sagte: »Hm.«

Damit war Mario wieder am Zug: »Ja, gut. Dann trenne ich mich jetzt von dir.«

Woraufhin meine Mutter sagte: »Okay.«

Das war ihr Abschiedsdialog. Die Beziehung war schon im Niedergang, aber wenn keiner über seinen Schatten springen kann, dann enden die Dinge eben so. Unnötig unschön.

Ich selbst versuchte, wegzudrängen, was mein Leben in der Doppelhaushälfte belastete. Ich achtete mehr auf mich und hörte gewissenhafter in mich hinein, als ich es vor meinem Unfall getan hatte. Ich fand, das schuldete ich meinem Körper. Und dem Schicksal, das mir ein neues Leben geschenkt hatte. Ich schlief dann, wenn mein Körper es brauchte. Ich aß, was mir schmeckte und guttat, hörte Musik, wie es mir gefiel, war live auf Instagram, telefonierte, schaffte es sogar zu dem Musikfestival, für das ich die Tickets schon vor meinem Unfall gekauft hatte, kam spät nach Hause, wenn ich mal ausging. Ich tat, was für mich wichtig und richtig war, und bemühte mich trotzdem, mich in unser Zusammenleben einzufügen – erst in unserer Dreier-WG, dann nachher, als ich mit meiner Mutter allein lebte. Trotzdem reichte es nie. Egal, was ich tat, wie weit ich mich anpasste, es war nie genug für meine Mutter. Natürlich hatte ich damals das dringende Bedürfnis, keine Sekunde meines Lebens auf Dinge zu verwenden, die für mich keine Priorität hatten. Ich war fast gestorben und reklamierte deshalb für mich, erst einmal zu leben. Und das durchaus auch nach dem Jetzt-erst-recht-und-hoppla-hier-komme-ich-Prinzip. Aber es war kein Egoismustrip, ganz im Gegenteil: Nichts von dem, was ich tat, hätte meine Mutter tangieren müssen. Schließlich machte es für sie keinen Unterschied, ob ich morgens, mittags, abends oder nachts schlief, ich störte sie ja nicht. Wann ich telefonierte, ausging oder nach Hause kam, konnte ihr auch egal sein, solange ich nicht ihre Hilfe brauchte, um zu nachtschlafender Zeit ins Haus und ins Bett zu kommen. Es störte sie trotzdem. Alles störte sie. Ich tanzte nach ihrer Pfeife, aber ich tanzte nicht gut genug. Nichts, was ich für unser beziehungsweise in unserem Zusammenleben tat, war gut genug.

Lange Rede, kurzer Sinn: Auch ohne Mario ging es mit meiner Mutter und mir nicht gut in der hübschen Doppelhaushälfte. Unsere Leben waren zu gegensätzlich, ich fühlte mich unfrei, was wahrscheinlich auch normal ist, wenn man eigentlich alt genug ist, um flügge zu sein, und trotzdem zu Hause wohnt. Außerdem wurde ich Stück für Stück mobiler und begann, mein neues Leben auch außerhalb unserer vier Wände zu leben. Im gleichen Maße, in dem mein Freiheits- und Bewegungsdrang anstieg, wuchsen die Hindernisse in der Doppelhaushälfte. Nicht weil sie tatsächlich größer oder mehr wurden, sondern weil sie mir öfter als zuvor im Weg waren. Wenn man das Haus nur sporadisch verlässt, stören Hindernisse nur sporadisch. Verlässt man das Haus aber dreimal am Tag, dann gewöhnt man sich nicht daran, dass mit dem Rollstuhl alles furchtbar umständlich ist, sondern es nervt bloß mit jedem Mal mehr.

Zusätzlich wollte meine Mutter, dass ich neben dem Pflegegeld auch das Geld an sie abgab, das ich durch Social Media und meine Kooperationen verdiente. Das Pflegegeld abzugeben, war völlig in Ordnung, meine Mutter pflegte mich, und ich lebte bei ihr. Es ging ihr eigentlich auch nicht darum, dass ich einen größeren Beitrag leisten sollte; sie hatte eher Angst, dass ich mein Geld aus dem Fenster geschmissen hätte, wenn ich selbst darüber verfügte. Meine Mutter ist grundsätzlich ein sehr vorsichtiger Mensch. »Risikofreudig« ist kein Wort, das ich jemals mit ihr in Verbindung bringen würde. Sie hatte Sorge, was aus mir werden würde, später. Damals war alles sehr ungewiss; niemand von uns wusste, wie es langfristig weitergehen würde, sowohl, was meine berufliche, als auch, was meine finanzielle Perspektive anging. In der Erfahrung meiner Mutter sind Menschen mit Behinderung gemeinhin nicht die, die leicht und unbeschwert durchs Leben gehen oder mit unendlichen Möglichkeiten und ausreichend finanziellen Mitteln gesegnet sind.

Also machte sich meine Mutter Sorgen um mich und meine Zukunft. Ich denke, dass sie mein Geld deswegen an sich nehmen und – in ihren Augen – in Sicherheit bringen wollte. Und dann waren da auch noch die Mutter*rolle* und Mutter*kontrolle:* Meine Mutter wollte nichts davon aufgeben. Sie wollte den Heldinnenumhang anbehalten, ihn stolz vorzeigen, so wie mein Vater, der seinen Umhang im Krankenhaus ausgepackt hatte. Die pflegende, aufopferungsvolle Mutter. Anfang zwanzig hat man die Weisheit zwar nicht gepachtet, aber dass ich meine Beine verloren hatte, hieß noch lange nicht, dass meine Mutter über mein Leben bestimmen durfte. Ich war dankbar für ihre Hilfe, aber Einmischung und Entmündigung wollte ich nicht. Keine Superheldinnenallüren, bitte. Es ist manchmal für beide Seiten schwierig zu erkennen, wo das Hilfegeben und Hilfeannehmen aufhört und wo die Einmischung anfängt. Muss man eventuell übermäßige Hilfe annehmen oder ein wenig Einmischung tolerieren, weil man in der Schuld steht und Dankbarkeit erwartet wird? Wann und wie sagt man »Stopp, bis hierher und nicht weiter!«, egal ob man derjenige ist, der Hilfe gibt, oder derjenige, der Hilfe annimmt? Schwierig. Ich habe auch keine Lösung. Ich merkte damals nur, dass es mir zu viel Bevormundung wurde, während wir in unserem Zusammenleben ansonsten ja auch nicht unbedingt harmonierten.

Meiner Mutter ging es nach der Trennung von Mario nicht gerade blendend, im Gegenteil. Egal, wie schlecht es am Schluss in der Beziehung gelaufen war: Ein zentraler Teil ihres Lebens endete. Sie fiel in ein Loch. War emotional erschöpft, schlief viel und wollte ihre Ruhe haben. Brauchte eine Pause von der Realität. Ich schlief auch viel, aber wie gesagt zu anderen Zeiten. Immer wieder gerieten wir aneinander, wenn ich Lärm machte und sie störte. Kinder, die Lärm machten, die man hörte: Das hatte meine Mutter noch nie gemocht, auch nicht, als wir jünger waren. Wenn ich *angeblich* Lärm machte, würde ich im

Rückblick sagen. Manchmal hatte ich das Gefühl, meine bloße Existenz war schon zu viel. Meine reine Anwesenheit. Zu laut in ihren Ohren und in ihrem Leben. Als könnte mein Ein- und Ausatmen ausreichen, um einen Streit zu entfachen.

Es war mir irgendwann klar, dass es in der Doppelhaushälfte nicht mehr funktionierte. Besser gesagt: Meinem Körper war es klar. Ich hatte nämlich mehr oder weniger aufgehört zu essen. Ich konnte kein Essen herunterkriegen oder zumindest nur das allernötigste; mir wurde sofort schlecht. Nicht aus Trotz oder Ähnlichem, sondern weil mein Körper streikte. Eigentlich war es meine Psyche, die streikte, aber sie hatte den Job, mich aufzurütteln und zu einer Veränderung zu zwingen, an meinen Körper weitergegeben. Ich war von dem dauernden Stress und den Streitereien zu Hause vollkommen fertig. Hinzu kamen die rein praktischen Probleme mit dem Rollstuhl.

Als ich im Krankenhaus gelegen hatte, hatte der Bürgermeister angerufen. Er kannte mich gar nicht, hatte aber mitbekommen, dass ich – Bürgerin seiner Stadt – einen schlimmen Unfall gehabt hatte. Es war ein tolles Gespräch, einfach weil es mir Zuversicht gab: Ich hatte Unterstützung, wenn ich sie brauchte. Er sagte, die ganze Stadt sei für mich da, und gab mir seine private Handynummer. Wenn irgendwann etwas sein sollte oder ich etwas bräuchte, sollte ich mich bei ihm melden. Das tat ich jetzt. Ich brauchte eine eigene, barrierefreie Wohnung. Einen Tag später hatte er den Kontakt zu einer Hausverwaltung hergestellt, wo ich sofort zwei Besichtigungstermine bekam. Noch einen Tag später zog ich aus. Zwei Tage. Wer schon mal eine Wohnung gesucht hat, der weiß, dass das eigentlich unmöglich ist.

Zwei Dinge haben mich in meinem Beschluss auszuziehen bestärkt. Zum einen war ich am selben Tag, als ich den Bürgermeister wegen der Wohnung kontaktiert hatte, bei der Familie meines Noch-nicht-Doppel-Ex-sondern-lange-her-Ex-dann-Bekannter zu Besuch. Mit seiner Schwester war ich gut befreundet, und auch zu seinen Eltern hatte ich seit der Zeit vor einigen Jahren, als wir kurz ein Paar gewesen waren, noch guten Kontakt. Die Familie hatte mich zum Abendessen eingeladen; sie wussten, dass es mir zu Hause nicht gut ging. Und ich aß. Ich konnte ohne Probleme essen, konnte es sogar genießen. Klick. In dem Moment wusste ich, dass die dauernde Übelkeit und meine Unfähigkeit zu essen nicht an mir lagen, sondern an der verfahrenen Situation zu Hause. *Zu Hause* konnte ich nicht essen.

Zum anderen war ich tagsüber mit der Mutter meines Noch-nicht-Doppel-Ex-sondern-lange-her-Ex-dann-Bekannter shoppen gewesen. Als sie mich abends, nach dem gemeinsamen Essen, nach Hause fuhr, habe ich es mitsamt meinen Einkäufen allein ins Haus und allein hoch in mein Zimmer geschafft. Sonst hatten meine Mutter oder Mario mir immer helfen müssen. Weil ich außerdem ein, zwei Tage vorher richtig schlimm mit meiner Mutter gestritten hatte, wollte ich sie nicht um Hilfe im Bad bitten. Ich packte den Oberschenkel, dessen Wunden sich noch nicht geschlossen hatten, doppelt und dreifach in Tüten und versiegelte das Ganze mit Klebeband, als wäre es Fort Knox. Mein anderer Stumpf war in der Zwischenzeit so weit verheilt, dass das Wasser kein Problem mehr war. Statt wie üblich zu duschen, rollte ich anschließend mit dem Rollstuhl vor die Badewanne, hievte mich hinein und duschte mich darin ab. Allein. Ich war erstaunt, wie gut es ging. Was ich alles allein hinbekam. Stück für Stück schaffte ich jeden Tag etwas Neues. Ohne Hilfe. Es lag nicht daran, dass ich keine Hilfe annehmen wollte. Es war bloß ein überwältigendes Gefühl, wieder selbstständiger zu werden. Ja, das mit dem Alleinleben würde funktionieren. Ich war mir jetzt sicher.

Am gleichen Abend schickte mir mein Noch-nicht-Doppel-Ex-sondern-lange-her-Ex-dann-Bekannter eine Nachricht. Auch ihm war bei dem Abendessen mit seiner Familie aufgefallen, dass es mir nicht berauschend ging.

>>Wenn du Hilfe brauchst, wenn irgendwas ist, ich bin für dich da<<, schrieb er.

Ich sah die Nachricht erst am nächsten Morgen, als ich gerade den ersten Wohnungsbesichtigungstermin bekommen hatte. Also schrieb ich zurück:

>>Du bist immer für mich da? Dann könntest du gleich eine Wohnung mit mir angucken.<<

>>Wann?<<, schrieb er nur zurück.

>>In einer halben Stunde?<<, antwortete ich.

>>Machen wir<<, textete er.

Mein Noch-nicht-Doppel-Ex-sondern-lange-her-Ex-dann-Bekannter holte mich postwendend ab, fuhr mit seinem winzigen Auto vor. Mein Rollstuhl passte trotzdem ohne Probleme und ohne die Rückbank umklappen zu müssen in den Kofferraum. An diesem Tag lief alles reibungslos. Als hätte das Schicksal es genau so vorgesehen.

Die Wohnung war fantastisch. Badewanne, Balkon, breite Türen, großzügig und hell. Ich wusste sofort, dass ich sie nehmen wollte. Das Gefühl, als ich in den großen Flur rollte … genial. Der Flur verband alle Räume, alle Zimmer hatten riesige Fenster, es gab sogar einen Abstellraum in der Wohnung und einen Wäscheraum im Haus. Mit dem Aufzug fuhr ich superbequem direkt vor die Wohnungstür. Für meine Zwecke war es ideal. »Lass uns die andere Wohnung trotzdem noch angucken«, sagte mein Noch-nicht-Doppel-Ex-sondern-lange-her-Ex-dann-Bekannter. Brauchte ich nicht, machten wir aber trotzdem. Am Ende nahm ich die erste Wohnung.

Meine Mutter verlieh meinem Auszug Momentum (und damit meine ich eine Extradosis Bewegungskraft). Eigentlich hatte ich geplant, in Ruhe umzuziehen. Als ich nach der Besichtigung aber in die Doppelhaushälfte zurückkehrte und berichtete, dass ich eine tolle Wohnung gefunden hatte und sie nehmen würde, sagte meine Mutter: »Wann ziehst du aus? Wenn du ausziehst, zieh heute aus, ansonsten wirst du sehen.« Sollte das eine Drohung sein? Wollte sie mich aus verletztem Stolz auf die Straße setzen? Weil ihre erwachsene Tochter sie verließ? Ich bin sicher, dass sie so reagiert hat, weil mein Auszug sie kränkte. Aber was sollte ich machen? Bleiben, damit wir uns wieder und wieder verletzten, nur auf andere Art? Abgesehen davon reagiere ich allergisch auf Drohungen und Zwang. Nicht meine stärkste Seite, aber eine meiner effektivsten. Ich rief ruckzuck bei der Hausverwaltung an – mit dem Erfolg, dass ich zwei Stunden später in meine neue Wohnung einziehen durfte. Im Handumdrehen standen unheimlich viele Freunde und Bekannte auf der Matte, die mir sofort – hier und jetzt – beim Umzug halfen. Sie bauten mein Schlafzimmer in der Doppelhaushälfte ab und in der neuen Wohnung wieder auf. Schleppten Sideboard, Fernseher und Klamottenkisten. Ein großer Teil meiner Sachen war eingelagert, seit meine Mutter und Mario meine vorherige Wohnung nach dem Unfall aufgelöst hatten. Auch diese Besitztümer fanden Stück für Stück den Weg in mein neues Zuhause. Ich hatte kein Sofa, aber jemand bot mir nicht nur ein Sofa an, sondern lieferte es mir noch am selben Tag in die neue Wohnung. Weil ich außerdem keinen Kleiderschrank besaß, besorgten mir andere ein paar Kleiderstangen. Innerhalb von drei, vier Stunden war meine neue Wohnung einzugsbereit. Ich könnte heulen, wenn ich heute daran denke. All diese Menschen waren und sind einfach nur toll.

Meine Mutter konnte sich nicht überwinden, beim Umzug zu helfen. Sie saß in der Doppelhaushälfte mit ihrem Hund im Arm und weinte, während die Leute, die meine Sachen aus dem Haus schleppten, an ihr vorbeiliefen. Rein, raus, rein, raus. Immerzu an ihr vorbei. Den meisten war es furchtbar unangenehm. Mein Onkel und meine Tante waren auch da, sie waren sofort gekommen, als ich sie um Hilfe beim Umzug gebeten hatte. Meine Tante sprach mit meiner Mutter, aber die ließ sich nicht beruhigen, nicht trösten, nicht zu einem anderen Verhalten oder wenigstens zu einem anderen, weniger prominenten Sitzplatz bewegen. Was meine Mutter in diesem Moment dachte, weiß ich nicht. Vielleicht war es ihr – wie auch meinen Umzugshelfern – unangenehm, vielleicht wollte sie ihren Schmerz aber auch zur Schau stellen, vielleicht hoffte sie auf Trost und darauf, dass sich jemand auf ihre Seite stellte. Dabei ging es für die Leute, die halfen, doch gar nicht darum, Partei zu ergreifen. Sie halfen einfach und zogen mein Leben um. Wertfrei.

»Du bist für mich gestorben.« Das war das, was meine Mutter mir nachher mitgab auf den Weg in meine neue Wohnung und in mein neues, selbstständigeres Leben. Sie wollte erst einmal keinen Kontakt mehr zu mir haben. Knapp ein Jahr lang sprachen wir nicht miteinander und sahen uns auch nicht. Es war die Zeit, in der sie mir mit einem Fakeprofil folgte, um trotzdem zu wissen, wie es mir ging.

Die neue Wohnung war mein eiskaltes Wasser. Ich war auf mich allein gestellt, musste alles selbstständig hinkriegen. Ich rollte zum Einkaufen, ich kochte, putzte, wusch, kümmerte mich um alles Bürokratische, richtete mich ein. Anfangs hatte ich nur den Rollstuhl, etwas später bekam ich meine Prothesen. Es lief gut. Mein Noch-nicht-Doppel-Ex-sondern-lange-her-Ex-dann-Bekannter war oft bei mir. Er half mir, Möbel aufzubauen, Lampen und Lichterketten aufzuhängen, wir hingen zusammen bei mir ab und wurden dabei zu Freunden.

Da war nichts Romantisches im Spiel. Er hatte zu dem Zeitpunkt eine Freundin, von der er sich jedoch nach einiger Zeit trennte. Die Trennung hatte nichts mit mir zu tun, aber ich interpretierte trotzdem etwas hinein. Ich begann, etwas für ihn zu empfinden, zum einen, weil wir wirklich gute Freunde geworden waren; wir verstanden uns jetzt sogar besser als zu der Zeit, als wir kurz zusammen gewesen waren. Zum anderen, weil es schön war, dass auf einmal jemand da war. Ich sage immer, dass ich niemanden brauche – keinen Vater, keine Mutter – und dass man sich nur auf sich selbst verlassen kann. Dass ich trotzdem Freundinnen habe, auf die ich zu hundert Prozent vertraue, ist ein Bonus, ein Extraglück im Leben. Trotz meiner Ich-brauche-niemanden-Überzeugung sehnte ich mich damals nach jemandem an meiner Seite, nach einer Beziehung. Irgendwann verliebte sich mein Noch-nicht-Doppel-Ex-sondern-lange-her-Ex-dann-Bekannter-schließlich-guter-Freund auch in mich, und wir wurden ein Paar.

Als wir uns anderthalb Jahre später wieder trennten, lag es zu einem großen Teil daran, dass ich mich zu selbstverständlich fühlte, das habe ich schon erzählt. Selbstverständlich kochte, putzte und wusch ich für ihn, während er nichts selbstverständlich für mich tat. Den Grundstein dafür hatte ich allerdings selbst gelegt. Sogar als wir nur gute Freunde waren und er bei mir in der neuen Wohnung war, hatte ich oft gefragt: »Soll ich für dich kochen?« Ich mache solche Hausarbeiten wirklich gern, und zusätzlich brauchte ich damals eine Aufgabe – in diesem Fall war es eben die Aufgabe, ein Heim zu schaffen und mich um jemanden zu kümmern. Für ihn war das auch anderthalb Jahre später noch genug. Für mich nicht.

Nachträglich muss ich hier eine kleine Einschränkung machen: Vielleicht war es auch für ihn nicht genug, vielleicht war es für ihn vor allem praktisch. Später habe ich nämlich Dinge erfahren, die mich im Rückblick an unserer Beziehung und an seinen Gefühlen für mich zweifeln lassen. Ihr wisst ja, was ich in einem solchen Fall mache: aussortieren. Keinen weiteren Gedanken darauf verschwenden. Keine Zeit für etwas opfern, was mir nicht (mehr) guttut. Außerdem hat mich das Schicksal – frei nach Friedrich Nietzsche – ja wohl eines gelehrt: Was mich nicht umbringt, macht mich stärker.

Mein Jetzt-Doppel-Ex war nie offiziell bei mir eingezogen, aber er war so oft bei mir, dass es schon fast ein Zusammenwohnen war. Sosehr ich meine Wohnung auch liebte und so wenige Gedanken ich später an meinen Doppel-Ex verschwendete: Die Trennung, die mir trotz allem schwergefallen war, schwang in meinen vier Wänden noch nach – erst recht, als später die Zweifel hinzukamen. Es war wie eine kleine, dunkle Wolke, die hier und da durch die Zimmer schwebte und den Raum verdunkelte. Sie löste sich nicht auf, verflüchtigte sich nie ganz, hing nur manchmal relativ unsichtbar in einer ungenutzten Ecke des Raumes oder über dem Kleiderschrank. In diesen Fällen konnte ich sie ignorieren. Ansonsten war sie da, klein und zurückhaltend zwar, aber sie nagte an meinem Unterbewusstsein. Gleiches galt für das Jahr nach meinem Auszug aus der Doppelhaushälfte, in dem meine Mutter keinen Kontakt zu mir wollte: Auch dieses Erlebnis war zu einer kleinen, dunklen Wolke geworden. Auch wenn mir das kontaktlose Jahr zeigte, dass ich meine Mutter nicht *brauchte,* um mein Leben zu leben, so ist es dennoch schön, es mit ihr zu *teilen* – ganz ohne Ansprüche oder Erwartungen. Das hat uns beide in unserer Mutter-Tochter-Beziehung inzwischen viel freier gemacht. Zunächst hatte ich aber diese beiden Wolken in meiner Wohnung, die mich immer wieder an zwei nicht besonders schöne Ereignisse in meinem Leben erinnerten.

Freundlicherweise hatte das Schicksal eine Lösung parat: Eher zufällig stolperte ich über ein neues Wohnungsangebot. Drei Zimmer, schönes Bad, viel Licht und Luft, ebenerdig im Erdgeschoss mit kleinem Garten. Barrierefrei und hunde-freundlich. Natürlich schlug ich zu. Als ich den Vertrag unter-schrieben, den Schlüssel bekommen hatte und das erste Mal die Tür zu meiner dritten neuen Wohnung aufschloss, wusste ich sofort: Das war ein Schlüsselmoment. Der Auftakt zu einem wieder neuen Abschnitt in meinem Leben. Ich nahm meine Mutter mit zum Küchenkauf, gönnte mir meine Traumküche, drehte ein YouTube-Video in den leeren Räumen, das ich nach-her komplett neu sprechen musste, weil es wegen der Akustik vollkommen unverständlich war, zog schon vorab einzelne Kartons und Kisten um, damit der eigentliche Umzug locke-rer über die Bühne gehen würde. Ich stellte mich in die Mitte der Räume, starrte auf die leeren weißen Wände, träumte und plante. Damit hatte ich schon neue gute Erinnerungen geschaf-fen, bevor ich überhaupt eingezogen war. Genau damit mache ich seitdem jeden Tag weiter.

KAPITEL 14

NIX MIT HAPPY END

Auf den ersten Seiten habe ich gesagt, dass meine Beine, Darios Auto und meine Lieblingsleggins bei dem Unfall einen Totalschaden erlitten haben. Aber nicht mein Leben. Wenn ich bei diesem automobilen Bild bleibe – immerhin war es ein *Auto*unfall, und bei dem Begriff »Totalschaden« kommt einem gemeinhin sofort ein Fahrzeug in den Sinn –, wenn ich also bei diesem Bild bleibe, dann ist mein heutiges, zweites Leben ein toprestauriertes, nigelnagelneues Fahrzeug. Eines, das es ohne den vorhergegangenen Totalschaden niemals gegeben hätte. Die Restaurierung war nicht einfach eine Wiederbelebung. Keine Kopie des Alten. Stattdessen habe ich diesem Fahrzeug ein ordentliches Upgrade verpasst. Man sieht ihm seine Geschichte an, das schon. Das soll man auch. Aber ich habe seinen Charakter herausgearbeitet, die vielen feinen Details sichtbar gemacht und ans Licht gebracht, damit sie sich klar und präzise vor jedem Hintergrund abheben. Außerdem habe ich das Fahrzeug mit vielen neuen Funktionen ausgestattet. Wir reden hier nicht von Sitzheizung und Tempomat, sondern von Batmobilsupersonderausstattungen. Eine Fülle an

Extras und Maßanfertigungen, die dieses Fahrzeug einzigartig machen.

Ich sage, *ich* habe das alles gemacht. Das stimmt. Natürlich habe ich keine Ahnung, wie man ein tatsächlich geschrottetes Auto restauriert. Aber dieses spezielle Fahrzeug ist mein Leben, und für das sehe ich seit meinem Unfall viel klarer. Vor allem habe ich es nie als Totalschaden angesehen. Ich habe es nicht auf den Schrottplatz oder in die Werkstatt gebracht. Ich habe es nicht in fremde Hände gegeben, um mir die eigenen voller Verzweiflung vors Gesicht zu schlagen. Ich habe nicht darauf gehofft, dass die Originalteile noch beziehbar sind. Habe nicht gewartet, bis sich jemand an die Reparatur gemacht und mir die Arbeit abgenommen hat. Habe mich nicht überreden lassen, eine Sitzheizung sei doch auch was Feines, weil meine Extrawünsche unerfüllbar waren. Ich habe selbst in Angriff genommen, was in Angriff genommen werden musste. Mein Glück ist meine Entscheidung. Ich kann mich hinter meinem tragischen Schicksalsschlag verkriechen und an meinem Leben verzweifeln. Oder ich kann die Dinge in die Hand nehmen und sie zu dem allerbesten, wunderbarsten, erfülltesten, verrücktesten und glücklichsten Leben machen, das ich mir vorstellen kann. Ihr kennt den Spruch von den Zitronen und der Limonade. Ändere die Dinge, die du ändern kannst. Und akzeptiere die, die du nicht ändern kannst. Für mich heißt das: Meine Beine sind weg, und sie bleiben weg, egal, wie viele Tränen ich vergieße. Deshalb spare ich mir die Tränen und lebe das Leben, wie wir beide – ich und mein neues Leben – es verdient haben. Ich gehe unbekannte Wege, springe mit Anlauf ins eisige Wasser, mache mich auf zu neuen Ufern, wage mich aufs Eis und folge dem Regenbogen. Jeden Tag finde ich heraus, was ich mit meinen neuen Beinen, meinem neuen Leben und meiner Geschichte anfangen kann und will.

Was ich auf keinen Fall will, ist, mich zurücklehnen und die Beine hochlegen. Ich würde vor Langeweile sterben. Was schade wäre angesichts des Unfalls, den ich auf wundersame Weise überlebt habe. Nein, ich lebe *von* meinen und *für* meine Ziele. Es ist nicht so, dass ich ein, zwei große Lebensziele hätte. Natürlich habe ich einige zentrale Lebenswünsche wie, Kinder zu bekommen oder eine Familie zu gründen. Aber meine Ziele im Hier und Jetzt sind vielfältig und abwechslungsreich, denn der Weg zum Ziel macht mich fast glücklicher als das Gefühl, tatsächlich am Ziel anzukommen. Ich mag die Herausforderung, das Kräftemessen, das An-die-Grenze-gehen-und-alles-Geben. Mal sind meine Ziele mit einem kurzen Sprint zu erreichen, mal muss ich einen Marathon laufen. Ab und zu ist sogar ein Triathlon nötig. Dennoch sind es immer greifbare Ziele. Nicht, weil sie mal eben im Vorübergehen zu erledigen wären. Diese Art von Greifbarkeit meine ich nicht. Meine Ziele sind konkret. Ich ziehe lieber einen tollen Kooperationspartner an Land, als mir irgendwann für die Zukunft einen diffusen Traummann zu wünschen. Ich sage lieber für ein spannendes Projekt zu, statt auf vage Da-ist-doch-noch-mehr-drin-Optionen zu hoffen. Ich arbeite lieber härter, um mit Prothesen schnellstmöglich auf die Beine zu kommen, als meine Zeit in einem weichen Sessel im Wartezimmer des Lebens zu verbringen, nur um nicht ins Schwitzen zu geraten. Ich mache lieber Nägel mit Köpfen, als Entscheidungen ewig lange zu wenden und vor mir herzuschieben. Ich sage lieber ja zu Neuem, als Altem hinterherzuweinen.

Ein Schicksalsschlag wie mein Unfall macht aus deinem Leben zwei: eines davor und eines danach. Mein erstes und mein zweites Leben. Wobei ich Worte wie »Schicksalsschlag« und das damit verbundene »tragisch« eigentlich vermeide. Das Schicksal hat mir zwar einen heftigen Schlag verpasst, und tragisch war das Ganze auch. Aber beide Begriffe klingen völlig falsch in meinen Ohren. Sie deuten an, dass das, was danach kommt, schlechter ist. Elendiger sein muss. Ein dunkler Abgrund, ein Fall ohne Boden. Mit Glück noch ein schlechter Abklatsch des

Vorhergegangenen. Für mich ist es das nicht. Für mich ist mein zweites Leben der Anfang von etwas Neuem, von etwas Großartigem. Weil ich mich dafür entscheide, es zu etwas Neuem und Großartigem zu machen. Ich habe deshalb falschgelegen, als ich am Anfang sagte, das Schicksal hätte – trotz des Unfalls – ein glückliches Ende für mich vorgesehen. Das ist nicht richtig. Es ist kein Happy End, weil all das erst der Anfang ist. Ein *Happy Beginning.*

DANKE

Ich sage zwar immer, dass ich gelernt habe, mich auf mich selbst zu verlassen. Aber ich habe noch etwas anderes Wichtiges gelernt: Es gibt unendlich viele wunderbare Menschen, die für mich da waren und sind. Auf die ich mich verlassen konnte und kann. Die sich nicht haben abschrecken lassen, als mein Leben in Stücke ging und ich ganz neu beginnen musste. Die mein Ich-verlasse-mich-nur-auf-mich-Mantra kennen, aber es ignorieren und trotzdem an meiner Seite stehen. »Susi«, die trotz aller Widrigkeiten, die zwischen uns standen und auch in Zukunft vielleicht zwischen uns stehen werden, immer meine Mama ist und es auch bleiben wird. Meine Schwester, die inzwischen selbst eine tolle Mutter ist. Meine Oma, die sich selbst finden muss und dennoch immer für mich da ist. Mein Opa, der mein sicherer Hafen war und weiterhin über mich wacht, wo immer er jetzt auch ist. Mein Onkel und meine Tante, die mich mein Leben lang unterstützt haben. Meine Familie, die ein Teil von mir ist. Meine allerbeste Freundin Gianna, die mir auch Dinge sagt, die ich nicht hören will. Meine Freundin Larissa, die echte Wunden genauso wie Seelenwunden heilt. Meine Freundin-Slash-Tante Ela, die mir half, direkt in die Vollen zu rollen. Meine Freundinnen und Freunde, die mit mir das Leben feiern, die mich Treppen hochtragen, mich von der Tanzfläche aufsammeln, die für mich in Eckschränke kriechen, die mit mir Spaß haben und auch mit mir weinen. Tim, dessen Video mir Mut gemacht hat. Die Menschen, mit denen ich »nur« in den sozialen Netzwerken zu tun habe und die mir trotzdem unglaublich nahe sind. Die Menschen, die mir online Kraft, Herzenswärme und Denkanstöße schicken. Die Menschen, die nicht bloß meine Behinderung, sondern mein ganzes Ich sehen. Die Menschen, die Spenden für mich gesammelt haben. Die Menschen, die mit Worten und Taten halfen und helfen. Die Menschen, die auf der Autobahn wie im Krankenhaus mein Leben gerettet haben. Meine Prothesentechnikerfamilie, die mich wieder auf die Beine gebracht hat. Die Menschen, die mich und meine Geschichte zu einem Teil ihrer Geschichte gemacht haben. Die mich als würdige Botschafterin ihrer Marke, ihres Projekts oder ihres Themas sehen.

Ihr seid der Wahnsinn! Danke.

Zeitfracht Medien GmbH
Ferdinand-Jühlke-Straße 7
99095 Erfurt, Deutschland
produktsicherheit@kolibri360.de

Druck:
CPI Druckdienstleistungen GmbH
im Auftrag der
Zeitfracht Medien GmbH
Ein Unternehmen der Zeitfracht - Gruppe
Ferdinand-Jühlke-Str. 7
99095 Erfurt